韩兵　徐鲁强　耿新鹏　/　著

多式联运生态组织与协同管理

DUOSHI
LIANYUN
SHENGTAI
ZUZHI
YU
XIETONG
GUANLI

大连海事大学出版社
DALIAN MARITIME UNIVERSITY PRESS

图书在版编目（CIP）数据

多式联运生态组织与协同管理／韩兵，徐鲁强，耿新鹏著. — 大连：大连海事大学出版社，2023.12

ISBN 978-7-5632-4481-2

Ⅰ.①多…　Ⅱ.①韩…②徐…③耿…　Ⅲ.①多式联运—交通运输管理　Ⅳ.①F511.41

中国国家版本馆 CIP 数据核字（2023）第 230214 号

大连海事大学出版社出版

地址：大连市黄浦路523号　邮编：116026　电话：0411-84729665（营销部）　84729480（总编室）
http://press.dlmu.edu.cn　E-mail：dmupress@dlmu.edu.cn

大连金华光彩色印刷有限公司印装　　　　　大连海事大学出版社发行

2023 年 12 月第 1 版　　　　　　　　　2023 年 12 月第 1 次印刷

幅面尺寸：184 mm×260 mm　　　　　　　　　印张：14.75

字数：365 千　　　　　　　　　　　　　　印数：1～500 册

出版人：刘明凯

责任编辑：魏　悦　　　　　　　　　　　　责任校对：张　慧

封面设计：解瑶瑶　　　　　　　　　　　　版式设计：解瑶瑶

ISBN 978-7-5632-4481-2　　定价：45.00 元

前　言

随着我国区域综合交通网络的快速发展和不断完善,货物运输选择范围不断扩大,多式联运体系将是未来我国交通物流发展的重点方向。多式联运凭借其可以充分发挥各种运输方式的整体优势,通过一次托运、一次计费、一份单证、一次保险的方式,实现各批次货物在起讫点之间的高效运输,正成为提高交通物流运输效率、降低运营成本的关键领域。为促进多式联运产业的发展,近年来国家和相关部门相继发布《交通强国建设纲要》《国家综合立体交通网规划纲要》《交通运输部、国家发展改革委关于开展多式联运示范工程的通知》《交通运输部等十八个部门关于进一步鼓励开展多式联运工作的通知》《国务院办公厅关于推进多式联运发展优化调整运输结构工作方案(2021—2025年)的通知》等文件,进行了4个批次总共116个多式联运示范工程的推广,多式联运产业升级已经成为推动交通运输现代化发展的重要方向之一。

首先,本书致力于构建多式联运全息生态系统整体架构,对多式联运不同组织模式的发展现状进行了系统总结。本书分析了当前多式联运组织模式的发展趋势,详细介绍了多式联运中所涉及的各类货运枢纽、联运装备以及生态系统下的货运枢纽设计,探讨了多式联运生态系统构成、组织要素一级多模态体系。在此基础上,探索了以货票一单化、物流链条化、商流一体化、信息共享化以及资金多元化为原则的生态系统功能设计、模块构成、交互机制以及相关法律制度体系。

其次,本书从供需匹配机制方面,研究了多式联运运价智能预测方法,从多式联运全息生态系统中的供需端特征分析,到供需匹配关系和价格影响因素挖掘,提出了运价智能预测模型与机制及算法设计;从多式联运经营人的角度出发,构建运输服务供应商的服务质量评价体系,建立供应商的动态选择模型,继而分析了影响运输组织方案的因素,基于效用最大化提出了关于多式联运运输组织方案的优化模型;同时,为了更好地对多式联运作业层进行优化设计,对铁路请车、空箱资源、公路卡车、接驳转运、干支线路衔接等方面进行概念界定、调度流程和模式分析并提出响应优化策略。

再次,本书从收益分配机制方面,对多式联运全息生态组织多元主体结构进行系统分析,从运输主体、服务主体和监管主体角度界定了多式联运多元主体构成、功能及运作模式,研究了多式联运全息生态组织多元主体资源共享模式,从运输企业、监管部门以及金融服务企业等多主体角度出发分析了资源共享需求;在此基础上,研究了多式联运生态组织多元主体收益分配模式,从多式联运运营风险和多式联运运输服务两个角度分析了多式联运生态组织多元主体收益分配的影响因素,并结合风险共担、利益共享原则,构建了多式联运生态组织多元主体收益分配模型,并提出了收益分配实施与完善的对策建议。

最后,为满足多式联运多元化需求,本书探讨了多项增值服务,基于“一单制”视角构建了整合运输链、信息链、产业链以及价值链四链合一的资源整合模式,提出了包含战略目标、关键业务、功能需求等方面的多式联运多元主体资源共享平台;对多式联运全息生态系统的关键要素,本书详细介绍了包括保险种类与条款设计、多式联运融资模式、担保货权、货权质押、仓单质押等多项多式联运金融服务,提出了构建多式联运智慧运营平台架构设计方案;在智慧运营平台的基础上,借助交感技术、通信、人工智能、云计算等信息技术提出了货物全流程状态追踪、交付风险预警、商业智能决策、综合绩效评估等平台增值服务设计。

综上,本书全面阐述了多式联运生态系统的发展现状、组织模式与功能设计,介绍了多式联运全息生态组织的整体架构与制度体系,研究了多式联运供需匹配、收益分配等协同管理机制,设计了多项多式联运增值服务以及协同管理平台,将完整产业链条串联成生态链,达到跨生态链资源整合、信息共享、资金融汇一站式服务和精细化管理,共同构筑多式联运全息生态系统,以期推动多式联运向着高效、智能、协同的发展方向迈进,促进多式联运生态组织的资源共享、利益共享,为我国多式联运产业创新发展提供理论支持与实践参考。

本书可以作为交通运输类专业的本科生和研究生的学习参考书,也可为物流、供应链管理、交通运输等领域专业人员提供相关理论知识与实践指导。

本书由韩兵教授(大连海事大学)策划、设计及统稿,徐鲁强正高级工程师(辽宁港口集团有限公司)和耿新鹏博士(大连海事大学)参与了本书的写作工作。具体写作分工如下:韩兵负责第1~4、6~9章,徐鲁强负责第5、10章,耿新鹏负责第11~14章。此外,大连海事大学博士生和硕士生于深名、万民、王孟君、李洪鑫、于昊楠、张逸菲、蓝欣悦、雷志鹏、周菲菲、董家铭、陈金威在对相关材料的组织与整理工作做了大量细致工作。

本书在编写过程中受到以下基金项目资助:(1)国家重点研发计划项目:多式联运智能集成技术与装备开发(2019YFB1600400)、课题一多方式综合运输一体化服务支撑体系(2019YFB1600401)专题研究任务"多式联运全息生态链形成机制与组织模式研究"、"多式联运组织一体化协同运作管理与服务机制研究";(2)国家自然科学基金面上项目:基于多源数据融合的集装箱多式联运运力资源优化研究(72173013)。

由于作者学识有限,书中难免存在诸多不足之处,欢迎广大读者批评指正。

作　者
2023 年 7 月

目　录

第 1 篇　整体架构

1 多式联运组织模式发展现状 ……………………………………………………………… 3
  1.1 联运组织模式发展现状 ………………………………………………………………… 3
  1.2 运输组织模式发展现状 ………………………………………………………………… 8
  1.3 多式联运实践现状分析 ……………………………………………………………… 11
  1.4 多式联运组织模式发展趋势分析 …………………………………………………… 14
2 多式联运枢纽及其设备设施 ……………………………………………………………… 22
  2.1 综合货运枢纽 ………………………………………………………………………… 22
  2.2 多式联运设备 ………………………………………………………………………… 27
  2.3 多式联运货运枢纽设计 ……………………………………………………………… 38
3 多式联运生态组织模式 …………………………………………………………………… 42
  3.1 多式联运生态系统概述 ……………………………………………………………… 42
  3.2 多式联运生态系统组织要素 ………………………………………………………… 44
  3.3 多式联运生态系统多模态体系 ……………………………………………………… 49
  3.4 多式联运生态组织模式概念模型 …………………………………………………… 55
4 多式联运生态组织功能设计 ……………………………………………………………… 57
  4.1 多式联运生态组织功能设计原则 …………………………………………………… 57
  4.2 多式联运生态组织交互规则 ………………………………………………………… 60
  4.3 多式联运生态组织功能模块 ………………………………………………………… 64
  4.4 多式联运生态组织功能模块集成平台 ……………………………………………… 68
5 多式联运法律制度体系 …………………………………………………………………… 69
  5.1 多式联运法律编制 …………………………………………………………………… 69
  5.2 多式联运合同的构成与权责 ………………………………………………………… 73
  5.3 我国多式联运法律体系的实践 ……………………………………………………… 79

第 2 篇　供需优化

6 多式联运运输组织优化 …………………………………………………………………… 85
  6.1 供应商服务质量评价 ………………………………………………………………… 85

6.2 供应商动态选择模型 ……………………………………… 87

6.3 运输组织方案优化 ………………………………………… 90

7 多式联运运输作业优化 ……………………………………… 94

7.1 铁路请车调度 ……………………………………………… 94

7.2 空箱资源调度 ……………………………………………… 97

7.3 公路卡车调度 ……………………………………………… 99

7.4 接驳转运调度 …………………………………………… 101

7.5 干支衔接调度 …………………………………………… 104

8 多式联运运价智能预测 …………………………………… 106

8.1 需求端客户群体画像 …………………………………… 106

8.2 供给端定制化运输服务 ………………………………… 108

8.3 运价智能预测模型 ……………………………………… 111

第 3 篇 主体收益

9 多式联运生态组织多元主体结构分析 …………………… 125

9.1 多式联运生态组织多元主体构成 ……………………… 125

9.2 多式联运生态组织多元主体结构类型 ………………… 134

9.3 多式联运生态组织多元主体运作模式 ………………… 139

10 多式联运生态组织资源共享模式 ………………………… 143

10.1 多式联运生态组织多元主体共享需求分析 ………… 143

10.2 多式联运生态组织多元主体资源整合模式 ………… 149

10.3 多式联运生态组织多元主体资源共享平台架构 …… 158

11 多式联运生态组织收益分配模式 ………………………… 161

11.1 多式联运生态组织多元主体收益分配影响因素 …… 161

11.2 多式联运生态组织多元主体收益分配方法及模型 … 163

11.3 多式联运生态组织多元主体收益分配策略 ………… 171

第 4 篇 增值服务

12 多式联运"一单制"内涵及模式 ………………………… 177

12.1 多式联运"一单制"概述 ……………………………… 177

12.2 多式联运相关单证研究 ……………………………… 183

12.3 多式联运"一单制"模式 ……………………………… 187

12.4 多式联运"一单制"案例:厦门自贸区 …………… 191

13 多式联运金融服务 ………………………………………… 193

13.1 多式联运保险 ………………………………………… 193

13.2 多式联运金融服务模式 ……………………………… 196

13.3 多式联运担保货权 …………………………………… 198

   13.4 多式联运货权质押融资 ·· 201

   13.5 多式联运仓单质押 ·· 204

14 多式联运生态组织协同管理平台设计 ······························· 206

   14.1 平台设计需求分析 ·· 206

   14.2 平台建设规划与设计 ··· 211

   14.3 平台建设相关技术 ·· 214

   14.4 平台功能设计 ··· 218

   14.5 平台增值服务设计 ·· 223

参考文献 ··· 227

第1篇 整体架构

1 多式联运组织模式发展现状

1.1 联运组织模式发展现状

1.1.1 铁水联运组织模式

铁水联运是集装箱通过水路转到铁路运输或者铁路转到水路运输,可细分为"铁路-内河-海运""铁路-内河航运""铁路-海运"联运。铁水联运作为一种集约、高效的运输组织模式,能够充分发挥铁路与水运的优势,达到提高物流运输效率、降低运营能耗等目的。

如图1-1所示,以集装箱铁水联运出口运输组织为例。集装箱经由铁路干线运输至新港站(接轨站),在新港站通过铁路支线转运至港口站,按照集装箱货物分类标准,对运输列车进行分类并划分为不同的车组,各货物车组在分区车场进行集结,以取送调车的方式送往港口装卸线;在装卸线完成卸装作业后进入集装箱堆场,等待运输船舶到达后,由港内集卡运至泊位前沿,借助集装箱桥吊运送进入货船。如图1-2所示,铁水联运组织中集装箱换装是铁水联运中最为关键的衔接部分,包括港口铁路与港外港湾站间换装、港口铁路与港内作业区间换装等。

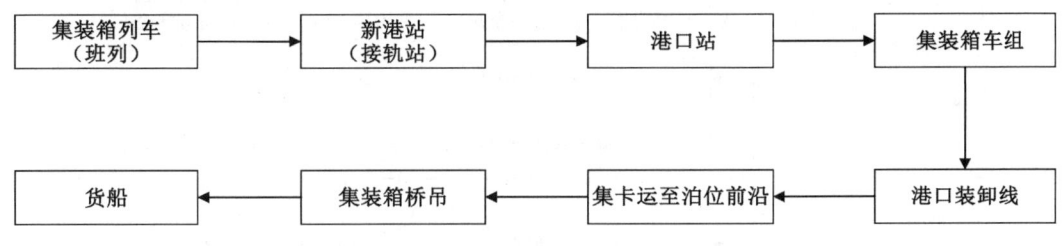

图 1-1 铁水联运组织流程

集装箱铁水联运组织中涉及众多主体,包括铁路公司、船务公司、物流公司以及外轮理货公司等,如图1-3集装箱铁水联运数据交互流程所示,其中铁路公司涉及出货、卸货、铁路运输等相关数据,船务公司涉及运单、运费等相关数据,物流公司涉及舱单、运单等相关数据,外轮理货公司涉及舱单等相关信息。

通过对天津港、大连港、青岛港、上海港等进行调研,本书梳理了我国铁水联运组织模式发展取得的成效与不足。在取得的成效方面,各大港口进一步完善了基础设施建设,提升了铁水联运的组织效率。例如,天津港已经建成港口铁路专用线,经由铁路运输的货物可以通过专用线直接进入港口货场区进行装卸作业,避免了中间采用拖车进行转运的环节;此外,天津港建成新港站作为接轨站,承接地方与总线的链接,实现货物与车辆的分配。在发展不足方面,主

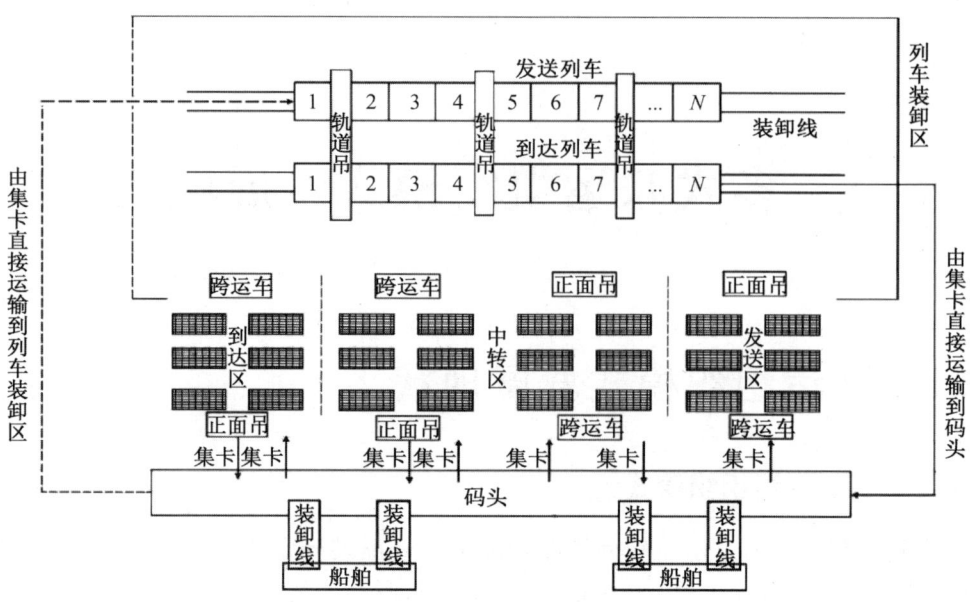

图 1-2　铁水联运集装箱换装作业

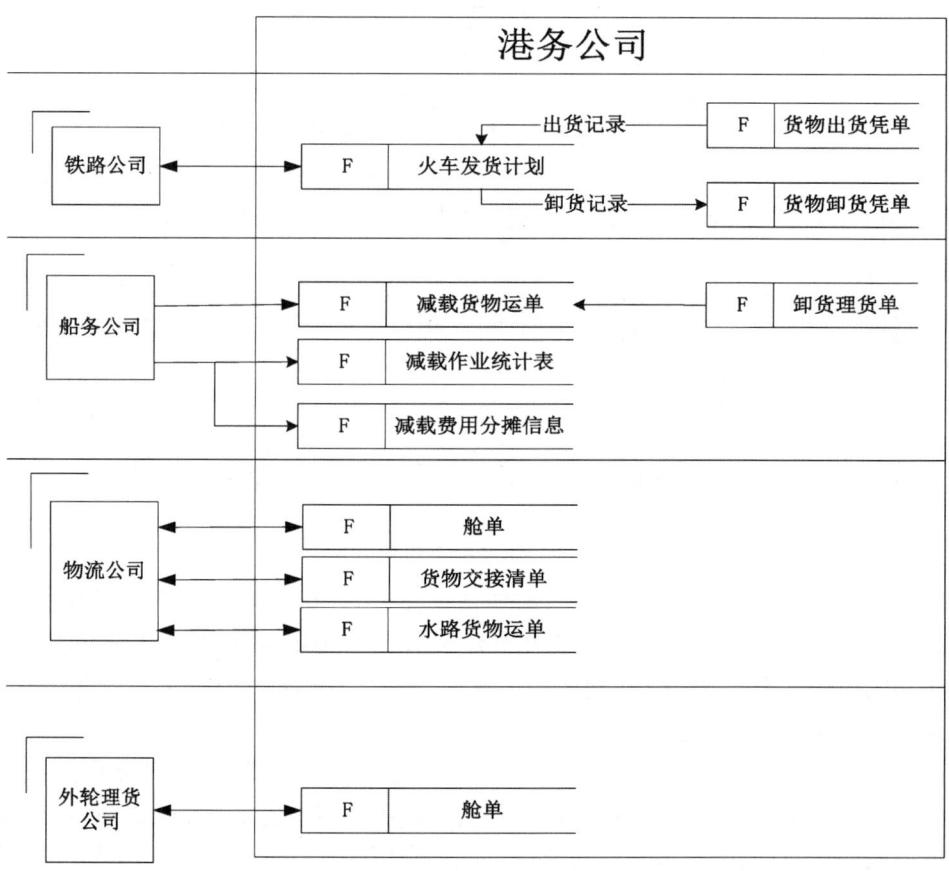

图 1-3　集装箱铁水联运数据交互流程

要体现为集装箱换装"中间一公里"和多元信息融合两方面问题。集装箱换装方面仍需要在设施衔接、服务效率、规则制定等方面展开深入研究与实践探索。一是提升港口、铁路、公路硬件设施衔接水平;二是有机结合港口服务和铁路服务,提高两个部门的协同处理能力;三是在提单认同、品名归一、理赔规范、服务标准等方面,将海洋规则与内陆规则进行对接。在多元信息融合方面,目前铁水联运组织模式是通过铁路货运部门提供的多式数据交换平台进行物流信息交换,这种交互模式未能与业务系统进行有机融合。

1.1.2 公铁联运组织模式

公铁联运是公路及铁路两种运输方式的联合运输,通常是以集装箱为运输单元,通过一次托运、一次付费、一份单据、一次保险,由公路、铁路区段承运人共同完成货物的全程运输。公铁联运具有手续简便、责任统一、高效安全、环保绿色等特点。图 1-4 为公铁联运组织流程,其中涉及客户、办理站、物流公司、铁路公司等多元主体。

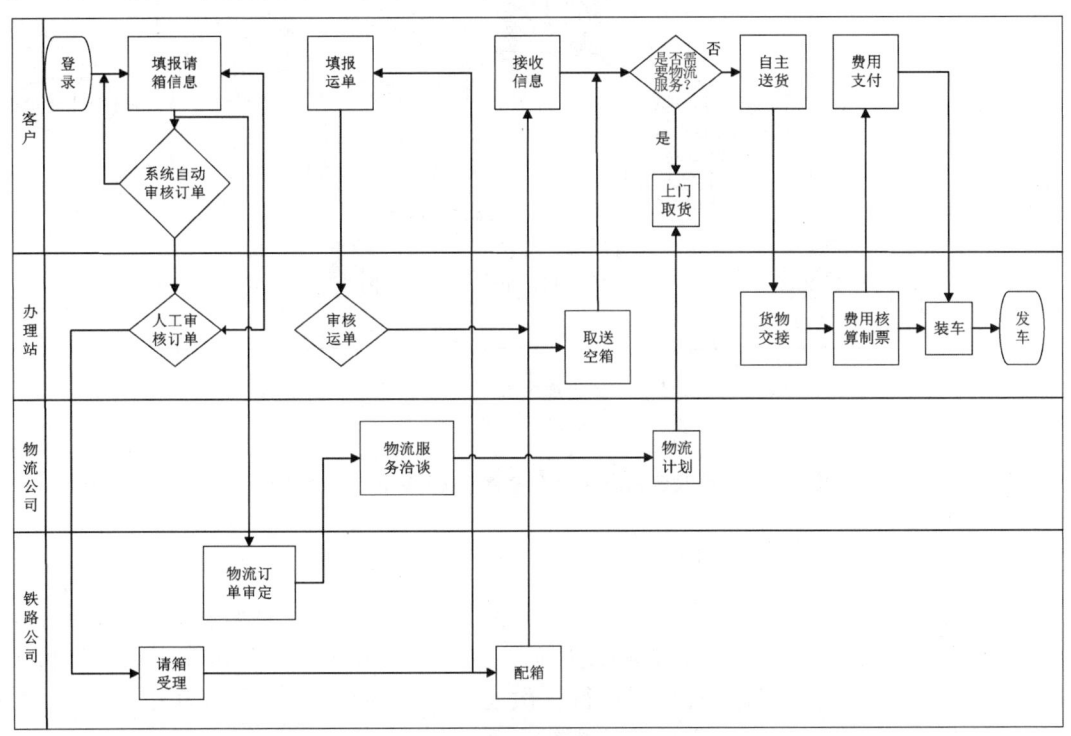

图 1-4　公铁联运组织流程

目前,美国公铁联运运量在其全部多式联运运量中的占比为 53%,周转量的占比为 57%,公铁联运已成为美国主要联运方式。欧洲公铁联运也取得巨大进展,以德国为例,其公铁联运运量近几年保持年均 7%~8% 的强劲增长,并计划在 2025 年公铁联运运量占铁路总运量的比例达到 50%。

我国公铁联运在实践操作与信息交互方面均取得了显著的进步。在实践操作方面,目前已建成当阳市江山贝尔公铁联运物流园、浙西公铁联运综合物流项目、霍尔果斯丝路荣腾跨境综合物流园等多个公铁联运示范园区,涉及汽车、光伏原材料、农产品外贸出口等多个行业。在信息交互方面,如图 1-5 所示,以无车承运人作为多式联运承运人为例,涉及信息主体包括客户、供应商、公路运输企业、铁路公司等,涉及信息类型包括货物清单信息、提货单信息、车辆预订信息、车皮预定信息、货物转运信息、费用清单信息、运输合同信息等。多式联运承运人通过信息共享、风险共担、决策支持等方式保障多式联运运输高效运行,为客户提供高品质的物流服务。

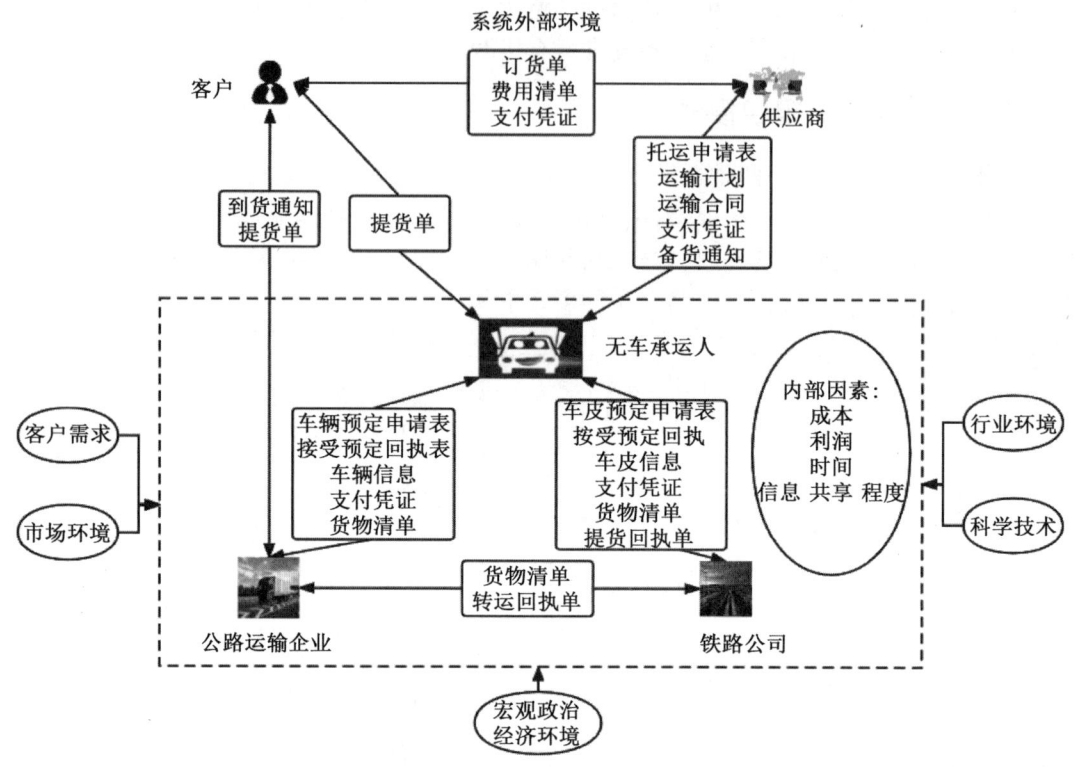

图 1-5　公铁联运信息交互示意图(以无车承运人为例)

1.1.3　公水联运组织模式

公水联运通常采用滚装的形式进行。滚装运输是指集装箱卡车,或装有货物的带轮托盘,或各种机动车作为货运单元,牵引进船舶的货舱后,进行货物运输的一种运输方式。公水联运作业方式灵活便携,装卸效率高,有利于进行二次运输。图 1-6 所示为公水联运组织流程,具体分为公水联运出口货运流程和公水联运进口货运流程。

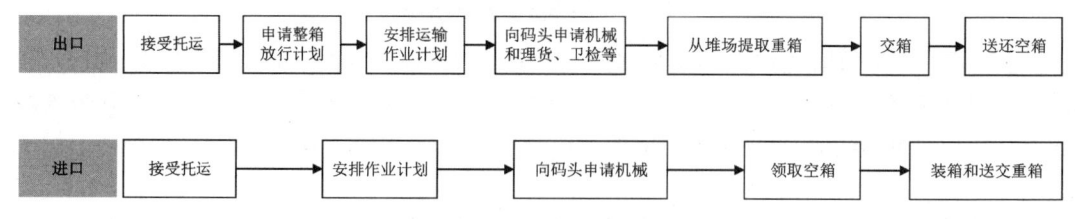

图 1-6　公水联运组织流程

多式联运在欧美等国家的起步时间早,较受重视,同时得益于欧美等国家发达的基础设施与优越的内河交通网,公水联运在欧美等国家的发展和相关研究已经达到了较为深入的地步。

2010—2020 年,欧洲滚装船运输运量占其国内水运运量的比例从 10% 左右提高到 13% 左右;2015—2020 年,美国滚装船总吨位增长 5.4%,同时关于公水联运快速通道的研究也在不断涌现。

目前,我国公水联运主要承担大型装备、汽车等产品的国内运输服务和工业制品外贸集装箱业务运输服务,已建成成都公水联运物流基地、建德十里埠港外贸集装箱公铁联运线(建德—乍浦—宁波),海南泛宇外轮代理有限公司等物流公司积极开展探索公铁联运业务组织模式,公水联运的运输组织模式大大降低了物流成本。

1.1.4 空陆联运组织模式

空陆联运是指采用航空和陆路两种运输方式完成的多式联运。货物在航空港进行中转,空运以腹舱带货为主,结合陆运的卡车、铁路专列,整个过程无缝衔接,高效安全。图 1-7 所示为国际货运的空陆联运组织流程。近年来空陆联运得到了广泛认可。

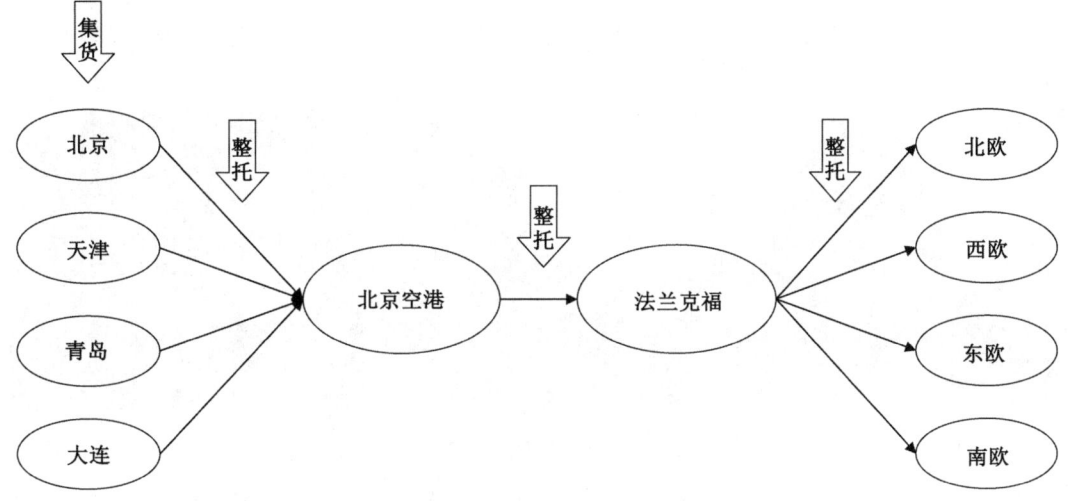

图 1-7 空陆联运组织流程(以国际货运为例)

2017 年 8 月,四川省机场集团有限公司、中国铁路成都局等多个单位共同推出了空铁联运货运服务,为成都附近的货运企业提供了新的选择。具体流程为:在四川绵阳收运的货物通过"绵成乐"动车组到达成都双流国际机场,然后搭乘川航班机飞往上海浦东国际机场。货物从收运到登机全程在 4 h 以内,是公路转运时间的 1/2。在现有业务的基础上,又推出跨境空铁联运货运服务,该服务使得货物可从中国香港通过川航班机直达成都,再经由动车到达绵阳,大力推动了四川境内的国际贸易发展。目前,空铁联运组织模式包括直达式、邻近式、接驳式等组织类型。

1.2 运输组织模式发展现状

1.2.1 驮背运输组织模式

驮背运输是在多式联运各运输工具的连接点,由牵引车将货运汽车或集装箱直接开上火车的运输,到达目的地再从火车上开下。驮背运输充分发挥了铁路运输节能环保和公路运输方便灵活的优势,加速了车辆周转,扩大了货物单元,节约了装卸换载作业时间,提高了作业效率。驮背运输现已成为欧美等国家发展"门到门"快捷运输服务的重要方式之一,是多式联运的重要组成部分。

如图 1-8 所示,美国将驮背运输解释为:把半挂车放在铁路平板车上的多式联运服务,主要以 53 ft 厢式半挂车为运载单元。欧洲国家驮背运输除半挂车驼背运输模式外,率先采用了公路卡车放在铁路平板车上进行运输的模式,大大提高了驼背运输的中转效率。目前欧洲国家驮背运输在铁路多式联运的占有率保持在 18% 左右。

美国驮背运输　　　　　　　　　　欧洲国家半挂车驮背运输

图 1-8　欧美等国家驮背运输

2016 年 6 月,驮背运输(公铁联运)以其国内首创、节能环保、运输方式转换便捷等优势和特点,被交通运输部、国家发展改革委纳入全国"第一批多式联运示范工程项目"。目前,驮背运输车样车试制、驮背运输装卸作业站场基本条件要求编制、驮背运输信息管理平台建设等工作已完成。当前,我国驮背运输运营存在的问题和阻碍主要有以下几个方面:一是我国多式联运基础设施建设相对薄弱,影响驮背运输装卸作业站场的选择;二是驮背运输作为我国新兴的运输方式,缺乏相应的价格体系等规则支撑;三是缺少保障驮背运输健康、持续发展的相应扶持政策;四是多式联运转运体系完善程度有待进一步提高。

1.2.2 箱驮运输组织模式

箱驮运输,也称为双层集装箱运输,货物需要装入集装箱,在专用集装箱列车上摞至两层。美国集装箱箱驮运输如图 1-9 所示。箱驮运输具有手续流程快捷、货物包装便捷、运转周期快、途中损耗小、批量效果好、运营费用低等特点,已成为许多国家铁路集装箱运输的重要方式。

美国将箱驮运输定义为:把集装箱放在铁路平板车上的多式联运服务。为了尽可能提高运输效率,美国大力提倡铁路双层集装箱运输的发展,有效扩大了箱驮运输在市场上的应用范围。目前,美国集装箱箱驮运输的标准运载单元主要包括国际标准箱和 53 ft 国内标准箱两种。BNSF 铁路公司被公认为世界最大的铁路多式联运承运商之一。

图 1-9 美国集装箱箱驮运输

目前,箱驮运输在我国处于初级发展阶段,涉及载运单元标准化设计、铁路运力网络规划、接卸转运装备适配性等多方面现实问题,可行的实践路径是设立箱驮运输试点专线,开展试点活动,凸显箱驮运输的优势,进而引导更多主体参与箱驮运输组织模式的创新实践。

1.2.3 甩挂运输组织模式

甩挂运输是汽车列车按照计划在各装卸点甩下原有的挂车并挂上指定的挂车后,继续下一阶段运输的一种方式,也称为甩挂装卸。在相同的运输组织条件下,甩挂运输可以增加汽车的实际装载量和缩短装载停歇时间,这些均可以提高汽车运输生产率。如图 1-10 所示,通过将车头(牵引车)和车厢等主体分离,汽车列车在各装卸点、作业点甩下原挂车并挂上指定的挂车就可以了,尽可能缩短货车停歇时间,最大限度地利用牵引能力,提高运输效能。

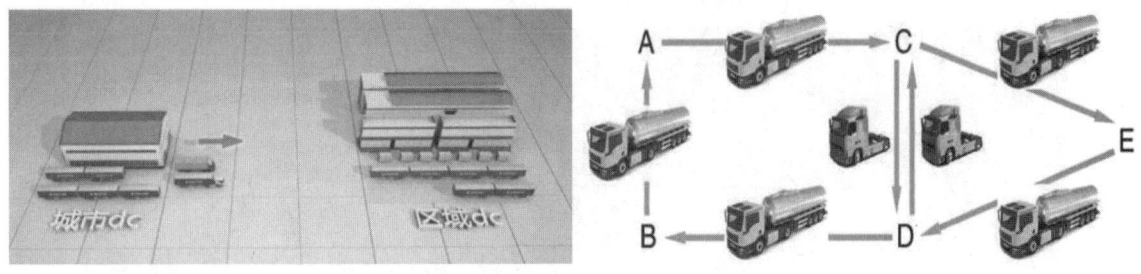

图 1-10 甩挂运输组织示意图

欧美等国家在 20 世纪就已经开始大量使用甩挂运输,经过多年的发展,这种模式占据了主导地位。以牵引车拖带挂车组成的半挂车的运输量占据总运输量的 70% ~ 80%,牵引车与挂车数量比达到 1∶2.5。

为促进我国甩挂运输的发展,交通运输部于 2010 年选择了 10 个省(市)和中国邮政、中外运长航等企业开展甩挂运输试点工作,并公布了我国自主研发的甩挂运输推荐车型。目前,我国发展甩挂运输组织模式存在以下四个方面的问题:货源稳定性较差;车辆性能仍需提升;基础设施规划不健全;道路交通不够通畅。

1.2.4 铁路轮渡组织模式

铁路轮渡是指铁路机车车辆渡过辽阔内河或海峡的一种方式,列车解体后通过轮渡将机车车辆渡至彼岸,同时机车车辆通过专设的铁路轮渡栈桥送上渡轮,渡轮上有轨道可以容纳机车车辆。该方式换装时间短、周转快,同时不需要港口堆场、仓储等费用,运输效率高。如图1-11 所示为铁路轮渡作业流程。

车辆上船作业流程

到达场	→	待渡场	→	栈桥	→	轮渡
(列车到达,解析)		(列车待渡)		(船岸链接设施)		(载运工具)

车辆下船作业流程

轮渡	→	栈桥	→	待渡场	→	到发场
(载运工具)		(船岸链接设施)		(列车待编)		(列车编组,待发)

图 1-11 铁路轮渡作业流程

全球铁路轮渡分布情况:欧洲占比约为 45%,北美占比约为 30%,亚洲及南太平洋地区占比约为 25%。目前,我国有 3 条在运营的铁路轮渡线:2002 年,江阴铁路轮渡开通,从北岸的靖江跨越长江至南岸的江阴;2003 年,我国第一条跨海铁路轮渡粤海铁路轮渡开通,从雷州半岛南端的海安横跨琼州海峡至海南岛的海口,由粤海铁路有限责任公司负责运营;2016 年,烟大铁路轮渡开通,北起大连市旅顺口区长岭子站,南到烟台市珠玑站,海上运输距离86.28 n mile。如图 1-12 所示为铁路轮渡场景。

图 1-12 铁路轮渡场景

我国铁路轮渡发展面临的主要问题:一是铁路轮渡货运能力趋于饱和,运力水平亟须提升。二是铁路轮渡联运系统集成关键技术创新能力有待提升。跨海(内河)铁路轮渡实施系统是一个复杂的系统,涉及总体架构、接口技术、多功能需求等,对核心技术能力和关键技术创新水平提出较高要求。

1.3   多式联运实践现状分析

1.3.1   服务范围与区域辐射

根据中国集装箱行业协会发布的《2020 年中国集装箱行业与多式联运发展报告》,2015—2020 年,我国国内累计开通 690 余条多式联运线路,形成连通我国东部沿海城市,长江经济带城市,西北、华北、东北内陆城市的综合立体多式联运辐射网络,并依托"一带一路""交通强国""RECP""中日韩自贸协定"等,以中欧班列、北极航线等组织形式开展国际多式联运业务,业务辐射区域包括北美、欧洲、非洲、东南亚、东北亚等。铁路轮渡场景如图 1-12 所示。

(1)贯通欧亚大陆的公铁联运冷链物流通道示范工程——打造"百色一号"品牌,构建南北公铁联运大通道。项目已开通"百色一号"果蔬绿色专列线示范线路 1 条,该线路起点为广西百色东站,终点为北京大红门站,辐射国内 8 个地级市和 2 个国际城市,总长 2 968 km,其中公路段 160 km,铁路段 2 808 km。

(2)大连东北亚国际航运中心"亚太–东北地区"通道集装箱海铁公多式联运示范工程——打造商品车、冷链专业化物流服务体系,积极推进"亚太–东北地区"多式联运通道建设。一是构建内外贸结合的多式联运线路。通过乌海—京唐港集装箱班列将乌海的 PVC 等货物运至港口,同时进口日韩货物,海运至京唐港后经铁路运输至蒙古国,再将二连浩特过境业务自备集装箱调配至乌海。该线路通过整合网络运输资源,联动调配,减少外贸回空箱、乌海排空箱,降低运输成本,实现内外贸相结合的大循环多式联运业务,如图 1-13 所示。二是构建网络化大循环多式联运线路。通过京唐港—新疆集装箱班列将来自广西的进口氧化铝运送至新疆三葛庄,并充分揽取新疆回程的块煤、铝锭、PVC、面包铁等货源,吸附沿线鄯善、哈密等地区的煤炭货源。在回程货源开发的同时,开发新疆—山西地区的区间运输货源,利用区间货物配送后空箱还至山西朔州、安塘、五寨、大同等站台,装载块煤集港,培育"京唐—新疆—山西—京唐"大循环班列,如图 1-14 所示。

(3)辽宁省"东南沿海—营口—欧洲"通道集装箱公铁水联运示范工程——大力发展多式联运推动综合物流体系建设。该示范工程积极融入我国"一带一路"倡议,依托东北物流大通道、南北沿海物流大通道等国家物流大通道和大连的亚太外贸航线,以冷链、汽车零部件及整车、零担"散改集"专业化多式联运示范线路为重点,开展"亚太–东北地区"通道集装箱海铁公多式联运示范工程建设。对外,依托亚太外贸航线,辐射韩国、日本等国际主要贸易地区;对内,依托东北物流大通道,辐射沈阳、长春、哈尔滨、大庆等主要内陆点;依托南北沿海物流通道,辐射秦皇岛、烟台、上海等国内主要贸易地区。现已开通海铁联运班列线路 37 条,每周稳定运行 70 余班;开通中欧班列线路 5 条。

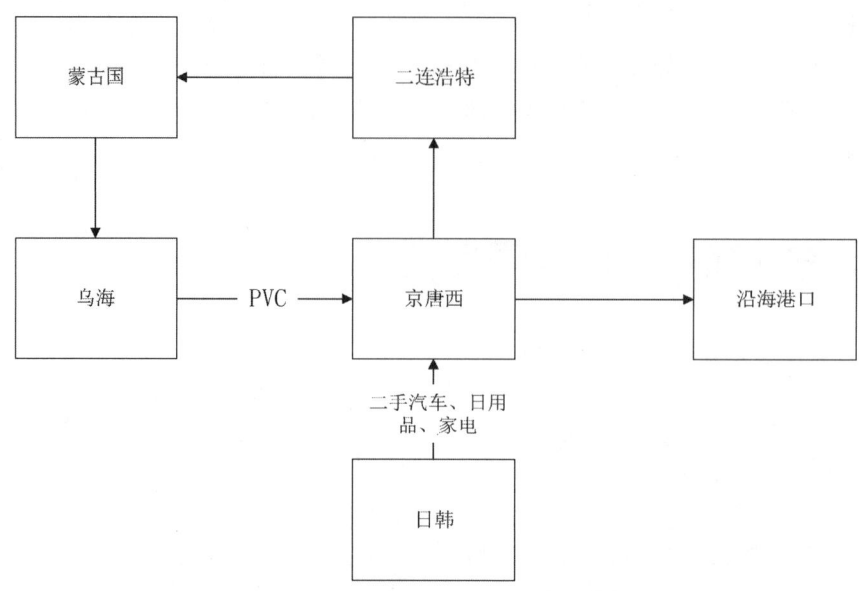

图 1-13　内外贸结合的多式联运线路

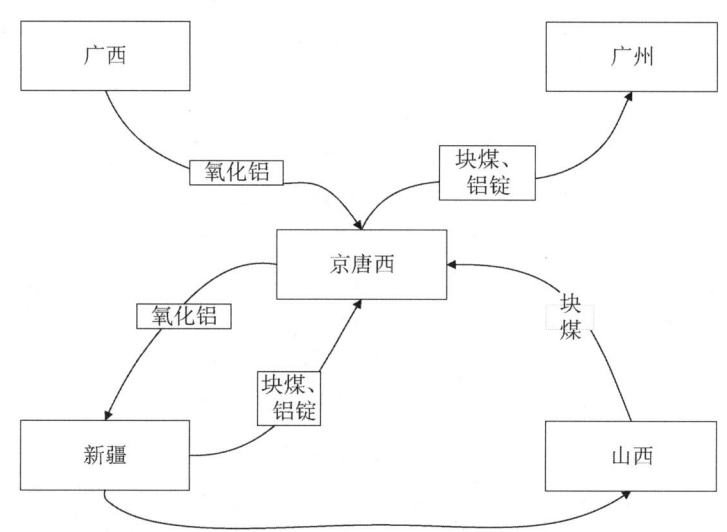

图 1-14　网络化大循环多式联运线路

1.3.2　经济互动与国际化发展

我国经济社会发展与交通运输行业发展相辅相成。

第一,经济发展对交通运输行业提出新的发展需求。首先,从国家层面分析,我国正处于"世界百年未有之大变局"的时代背景。鉴于此,我国提出"一带一路""双循环""海洋强国""交通强国"等,为国家持续健康发展做出规划。其中,交通运输行业作为基础型服务行业,是国家经济社会健康发展的必要条件,相应地对我国交通运输行业在安全、高效、低成本、低排放、智能化等方面提出新需求。多式联运作为一种能够发挥公、铁、水、空多种运输方式整合优势的运输组织形式,拥有较大发展空间。其次,从区域层面分析,近年来我国粤港澳大湾区、环渤海经济区、长江经济带等区域在经济、人文、社会等多方面获得长足发展,形成了人员、资源、信息、物资的聚集,产生了旺盛的物流运输需求,相应地在交通运输基础设施、运输服务能力、运输效率、运输排放等方面提出了新的挑战。多式联运组织模式以其节能环保、高效便捷的特点,成为一种新兴的运输模式,能够满足区域经济社会发展的各项需求,为区域经济社会发展提供高质量、高效率、低成本、低排放的交通运输服务。最后,从城市层面分析,我国东部沿海城市、长江经济带城市是我国交通运输较为发达的城市,更易形成集水运、铁路、公路、航空等多种运输方式为一体的综合交通运输枢纽城市。此类城市的经济建设与发展规划同其交通运输具有更强的关联关系,例如天津市与大连市均提出"以港兴市,港城共荣"的发展口号,因此各城市为进一步促进经济社会发展,需要在交通运输方面走创新发展路径,使交通运输发展能更好地为经济社会发展服务。

第二,多式联运组织运输模式对经济社会发展的促进作用。首先,从国家层面分析,多式联运组织模式创新不仅是我国综合交通运输网络规划、交通强国战略、海洋强国战略等发展战略实施的基本途径和方式,同时会改变我国三大产业在全球的价值重构和利益分配,还是我国实现产业转型升级、引领世界发展的重要机遇和手段。其次,从区域层面分析,多式联运组织模式涉及政府、多式联运经营人、运输承担方、托运方等多元主体,能够显著促进区域间运输企业协同发展、政府部门体制机制改革、优势产业集聚、贸易交易量扩大、专业型人才聚集等。例如,在我国玉米等农产品生产、加工、运输、销售活动中,多式联运组织运输模式将改变传统的"北粮南运"模式,改为在农产品生产地区将玉米等农产品加工成乙二醇等高附加值产品,再通过多式联运组织形式在南北方地区进行运输。最后,从城市层面分析,多式联运组织模式通过发挥不同运输方式的整合优势,降低了运输企业运营成本,提升了企业运行效率,为企业壮大发展提供了空间。并且,多式联运组织模式能够起到明显的产业聚集效应,促使当地产业的聚集发展,形成产业聚集优势。此外,多式联运组织模式能够起到延长产业链条的作用,产业链条的延长意味着产生了更多的企业发展机遇,因而提升了产业的价值效益,能够提供更多的就业岗位,进而促进当地经济社会发展。

从国际化趋势来看,多式联运组织运输模式发展是我国应对经济全球化、多元化、多极化的必然选择。随着全球的技术革命、国际化发展趋势愈发明显,全球化、国际化对我国发展提出了新的挑战和机遇。

一方面,经济全球化重构了全球生产、交易、政治格局,制造业经历了向中国、某些东南亚国家转移的过程,在全球化浪潮中只有不断创新,我国企业才能长久生存。作为向各类生产活动、贸易活动等提供基础运输服务的交通运输行业,同样面临新的挑战,国际化已成为不可逆转的趋势,多式联运组织运输模式以其多主体参与、标准化制定等优势,能够更好地适应国际化背景下的发展需求。另一方面,多式联运组织运输模式创新是我国实现弯道超车的良好机遇,多式联运组织运输模式的创新发展能够带动我国相关企业向产业链高附加值转移,实现产业的转型升级、提质增效。

中欧班列是落实我国"一带一路"倡议和实施"交通强国"等国家战略的重要抓手,是我国多式联运组织模式创新的重要组成部分,是我国应对经济发展全球化、贸易交流国际化、资源共享世界化的具体举措。中欧班列自 2011 年开通以来,取得了长足进步,成为连通我国与欧洲大陆、推动丝绸之路经济带发展的重要载体,承担了全球经贸活动中稳定器和动力源的重要角色。

1.3.3　多式联运示范工程建设

2016 年年底,经国务院同意,《交通运输部等十八个部门关于进一步鼓励开展多式联运工作的通知》(交运发〔2016〕232 号)印发实施,进一步明确了多式联运在国家层面的战略定位,该通知成为新时期推动多式联运发展的工作纲领。2016 年 6 月,交通运输部与国家发展改革委联合公布了第一批 16 个多式联运示范工程项目名单;2017 年 11 月,交通运输部和国家发展改革委联合公布了第二批 30 个多式联运示范工程项目名单;2018 年 11 月,《交通运输部国家发展改革委关于组织开展第三批多式联运示范工程申报工作的公告》发布,确定"中国物流'三区六品'多式联运示范工程"等 24 个项目为第三批多式联运示范工程项目;2022 年 11 月,交通运输部办公厅和国家发展改革委办公厅公布第四批多式联运示范工程,包括天津荣程智运公铁水联运信息互联共享集成应用和"一单制"示范工程在内的 46 个示范工程获批。至此,我国共建设多式联运示范工程 116 个,如表 1-1 所示。多式联运示范工程是包含公、铁、水、空多种运输方式的联合组织运输形式,具体涉及铁水、公铁、公水、空陆、海公铁、公铁空、驮背、箱驮、甩挂、铁路轮渡等联运运输组织模式。多式联运示范工程实施以来,各相关企业在运输组织模式创新、信息互联互通、装备研发应用、多源数据集成等方面先行先试,积极探索和创新,并取得了良好成效。

1.4　多式联运组织模式发展趋势分析

1.4.1　"一单制"趋势

目前,我国公、铁、水、空多种运输方式间存在管理体制相互割裂,票证单据、检验检疫等服务规则不统一,多源异构数据孤岛现象凸显,接驳转运装备不同运输方式间协同性差等突出问题。因此,如何促使公、铁、水、空不同运输方式间在联运单证互认、多源信息共享、接口标准化建设等方面融合发展,创新发展多式联运组织运输模式,成为进一步促进我国交通运输发展的关键所在。多式联运运输组织模式的核心优势在于能够采用"一次托运、一次结算、一单到底"的组织模式,向客户提供具有低运输成本、低污染排放、低货差货损、高效率的运输服务。

然而,我国多式联运发展仍存在资源信息不共享、联运组织效率低、方式衔接不通畅等痛点。多式联运"一单制"的核心是通过综合应用区块链技术、移动互联技术、物联网技术、云计算技术等技术手段,从统一多种运输方式单证格式、健全法律保障制度、构建全链条金融体系、搭建多源信息融合平台等方面展开研究,构建支持"一次委托、一票到底、一次保险、一次结算"的多式联运"一单制"服务平台,解决多式联运发展面临的问题,实现多式联运运单的全程通用性。

多式联运"一单制"模式创新已成为我国多式联运发展的必然趋势。实现多式联运"一单制"需要以标准装备、标准服务和流程、标准契约规则和标准信息语言研究为前提,项目组围绕多式联运"一单制"问题,开展基于"一单制"的智能运输运载术语及定义、运输运载服务流程规范及技术标准、"一单制"多式联运理论支撑要素等相关研究内容。

表 1-1 多式联运示范工程

序号	第一批多式联运示范工程
1	驮背运输（公铁联运）示范工程
2	河北省"东部沿海—京津冀—西北"通道集装箱海铁公多式联运示范工程
3	大连东北亚国际航运中心"亚太—东北地区"通道集装箱海公多式联运示范工程
4	辽宁省"东南沿海—营口—欧洲"通道集装箱公铁水联运示范工程
5	江苏省新亚欧大陆桥集装箱多式联运示范工程
6	"宁波舟山港—浙赣湘（渝川）"集装箱海铁公多式联运示范工程
7	青岛"一带一路"跨境集装箱海铁公多式联运示范工程
8	河南省郑欧国际货运班列"一干三支"铁海公多式联运示范工程
9	湖北省武汉市推进"一带一路"倡议，长江经济带战略"集装箱铁水联运示范工程
10	中外运（广东）"东盟—广东—欧洲"公铁海河多式联运示范工程
11	贯通欧亚大陆的公铁联运冷链物流通道示范工程
12	重庆市渝新欧多式联运示范工程
13	四川省成都国际铁路港集装箱公铁水多式联运示范工程
14	云南省"昆明—东南亚，长江经济带，广西北部湾"一心三点轴辐射型"集装箱公铁海多式联运示范工程
15	兰州南亚国际班列公铁联运示范工程
16	新疆生产建设兵团国际多式联运示范工程
序号	第二批多式联运示范工程
17	天津港中蒙俄经济走廊集装箱多式联运示范工程
18	河北省长久物流商品车公铁水多式联运示范工程
19	太原铁路局"一核两网三联四通"铁海公集装箱多式联运示范工程

续表

20	山西方略保税口岸型国际内陆港"一园双网两级多维"大宗货物集装箱多式联运示范工程
21	"西北地区一京津冀区域"铁路多功能车智慧铁公海多式联运示范工程
22	液体化工（甲醇、成品油）罐式集装箱铁公海多式联运示范工程
23	吉林省华航集团打造一汽物流供应链服务体系多式联运示范工程
24	黑龙江省牡丹江国际（国内）陆海联运通道集装箱多式联运示范工程
25	南京区域性航运物流中心"心"连长江、通欧亚、对接沿海，辐射中西部"多式联运示范工程
26	顺丰航空集装器空陆装卸运示范工程
27	依托长江黄金水道，立足皖江城市带马鞍山多式联运示范工程
28	连通"一带一路"的厦门东南国际航运中心海铁多式联运示范工程
29	赣州港"一带一路"多式联运示范工程
30	环渤海鲁辽公铁水滚装联运示范工程
31	河南省机场集团打造"空中丝绸之路"空空联运示范工程
32	服务自贸区战略构建中原"米"字型高铁物流网络铁公空多式联运示范工程
33	长江中游黄石新港"打造一体化铁路港前站场服务港产协同发展"铁水公联运示范工程
34	湖南城陵矶新港水公铁集装箱多式联运示范工程
35	广东盐田港亚太一泛珠三角一欧洲国际集装箱多式联运示范工程
36	广西服务"一带一路"倡议"西南一北部湾一中国一东盟/中国沿海"点线并举，境外布局多式联运示范工程
37	四川省"空中+陆上"丝绸之路国际空空铁公多式联运示范工程
38	重庆果园港服务长江经济带战略铁水公多式联运示范工程
39	贵州省贵州国际陆港连通川贵地区一粤港澳大湾区集装箱铁水联运示范工程
40	云南省面向南亚东南亚的"一核、三轴、多节点"国际多式联运示范工程

续表

序号	
41	西安港建设"一带一路"内陆中转枢纽海公陆空多式联运示范工程
42	甘肃省兰州新区空铁海公多式联运示范工程
43	"东部沿海—宁蒙地区（石嘴山）"——"中阿国家"集装箱公铁海多式联运示范工程
44	新疆"东联西出"集装箱公铁水联运示范工程
45	新疆（奎屯）双向开放、多点支撑的"两主两拓展 X 型"物流大通道多式联运示范工程

第三批多式联运示范工程

序号	
46	新疆生产建设兵团大宗物资国际多式联运示范工程
47	中国物流"三区六品"多式联运示范工程
48	中欧班列集装箱多式联运信息集成应用示范工程
49	河北黄骅港"西北内陆—东南沿海"集装箱海铁联运示范工程
50	安通控股打造"陆海河联动，内外贸融合"网络化多式联运示范工程
51	哈尔滨局"一核心两网络三通道"多式联运示范工程
52	安吉物流沿江沿海经济带商品车滚装多式联运示范工程
53	中国储运"陆港一体"大宗物资多式联运示范工程
54	苏南地区集装箱公铁水多式联运示范工程
55	台州湾区公铁水多式联运示范工程
56	公铁两用挂车运输支撑长江物流通道建设多式联运示范工程
57	"陆港海联动，公铁两用车创新"智慧海公铁绿色多式联运示范工程
58	液化天然气罐式集装箱网络化陆（江）海多式联运示范工程
59	长江三峡枢纽"大分流、小转运"水铁公多式联运示范工程
60	武汉打造长江经济带粮食物流核心枢纽与供应链金融服务平台多式联运示范工程

续表

序号	
61	武汉长江中游航运中心鄂州三江港区国际物流铁水公空一体化多式联运示范工程
62	传化智联商品车及集装箱铁水公联运示范工程
63	武陵山片区四省联动共推"一带一路",长江经济带战略集装箱公铁水运示范工程
64	顺丰铁路多式联运平台示范工程
65	粤港澳大湾区"7+5"多层节点网络多式联运示范工程
66	国际陆海贸易新通道(南向通道)集装箱多式联运示范工程
67	中国西部汽车物流多式联运示范工程
68	渝黔联动公铁水集装箱多式联运示范工程
69	陆海联动,多点协同的集装箱多式联运示范工程
70	银川公铁物流港多式联运智能骨干网建设示范工程
	第四批多式联运示范工程
序号	
71	荣程智运公铁水联运信息互联共享集成应用和"一单制"示范工程
72	河北秦皇岛港服务"一带一路"建设,助力京津冀协同发展"两端跨境,三局衔接,四向连通"集装箱海铁联运示范工程
73	石家庄打造京津冀内陆物流中枢的"一核驱动,多点支撑,内外联动,点轴辐射"集装箱公铁海多式联运示范工程
74	山西焦煤集团优化调整运输结构打造智能绿色能源物流体系多式联运示范工程
75	山西打造"要素链、技术链、产业链"创新升级网络化多式联运示范工程
76	易大宗"打造中蒙经济走廊煤炭能源进口样板,创新无人运输通关物流供应链"多式联运示范工程
77	建设东北陆海新通道双循环战略走廊支点服务中蒙俄锦州港经济走廊能化多式联运示范工程
78	长春国际陆港打造陆空立体智能化联运服务网络多式联运示范工程
79	中谷物流服务国内大循环打造"航港能"一体化、高效智慧标准协同"的内贸集装箱多式联运示范工程
80	打造淮海经济区区通"一带一路"与长江经济带内外贸集拼集运铁河海多式联运示范工程

续表

81	浙江省衢州市四省边际多式联运枢纽港公水联运示范工程
82	浙江金华"一带一路"中欧班列集结中心公铁海多式联运示范工程
83	湖州对接冷链和电商供应链,连通中欧班列多式联运示范工程
84	服务于安徽制(智)造长三角——"一带一路"国际走廊中欧班列集装箱多式联运示范工程
85	芜湖港支撑长三角一体化,中部崛起战略,打造"铁水联运主枢纽,内外连通全链条"多式联运示范工程
86	申易物流助力双循环打造"公铁水联动,内外贸融合"的供应链一体化多式联运示范工程
87	"日韩—威海—欧亚""四线四品"海陆联动国际多式联运示范工程
88	山东"一群两心三圈沿黄达海,畅联欧亚"国际物流多式联运示范工程
89	山东济宁"瓦日铁路—京杭运河—长江黄金水道—东南沿海"大通道智慧绿色铁水多式联运示范工程
90	服务双循环战略,打造"网上丝绸之路"跨境电商网络化陆空多式联运示范工程
91	武汉港武湖港区"协调联动,智慧运营,枢纽集聚,网络辐射"集装箱铁水联运示范工程
92	荆州依托"双十字"通道服务构优化调整集结构铁水公运多式联运示范工程
93	鄂州花湖机场(专业性货运枢纽)多式联运示范工程
94	湖南神龙万里打造长株潭西部门户枢纽"双核联动,三区一体,四向拓展,全程一单"公铁空多式联运示范工程
95	湖南省衡阳铁路陆港集装箱公水多式联运示范工程
96	广州港贯通中南、西南—粤港澳,打造"双港协同,港铁互融,板组集散"集装箱多式联运示范工程
97	广西"一东盟""双循环"区域协同陆海联动多式联运示范工程
98	重庆路黄与万州港"双港联动,铁水一单,干支衔接,集散转换"多式联运示范工程
99	秦巴无水富港打造成渝地区战略支点,"四向通达"公铁水"新生态泛亚贸易通道公铁海多式联运示范工程
100	成渝"(德阳)构建"一核两支点"新生态泛亚贸易通道公铁海多式联运示范工程
101	云南水富港公铁水多式联运示范工程

多式联运生态组织与协同管理

续表

102	云南瑞祥锦程"连通东盟",覆盖国内,畅通双循环"跨境智慧物流多式联运示范工程
103	智能蓄冷装备支撑"云花出滇"全程冷链多式联运示范工程
104	华阳物流"一核集成,两网联动,三同辐射"集装箱公铁多式联运示范工程
105	陕鲁能源联动"双核驱动,三向辐射"铁水公多式联运示范工程
106	黄河流域"连欧亚,畅南向,衔长江"大宗物资数字化多式联运示范工程
107	打造中吉乌公铁联运服务"中欧班列"国内国际双循环多式联运示范工程
108	中国锰产业链高效协同国际多式联运示范工程
109	德昌铁路物流中心"打造西北内陆枢纽,辐射东南沿海城市"服务"一带一路"倡议"公铁水多式联运示范工程
110	服务国际物流供应链体系安全畅通打造全球领先的跨境多式联运示范工程
111	中储对接晋鲁豫国家物流枢纽,打造大宗物资散改集多式联运示范工程
112	中国物流股份"一核三极四廊"双循环多式联运示范工程
113	中铁快运打造"全程全网,快货快运,智慧低碳"多式联运示范工程
114	天佑京铁物流打造"一核引领,绿色集约,数字赋能,畅通高效可靠"公铁海多式联运示范工程
115	中国五矿打造大宗商品绿色智慧供应链,畅通新亚欧陆桥物流大通道海公铁多式联运示范工程
116	中铁特货商品汽车多式联运网络一体化运营示范工程

1.4.2　智能决策趋势

多式联运组织涉及托运人、多式联运承运人、分段运输承运人、海关部门、检验检疫部门等多元主体，涉及装运、接卸、运输、接驳、转运、仓储等多个环节，涉及交通运输、物流、保险、代理、金融等多个相关产业，是一个具有复杂性、多元性、异质性的超级复杂网络。因此，如何通过智能决策，实现多式联运全程组织优化与协同调度成为多式联运组织模式创新的核心技术难点。

多式联运全程组织优化与协同调度具体细分成技术与装备的"智能化与无人化"、运输与调度智能决策、资源动态分配、智能仓储以及转运同步调度等几个方面。围绕以上几个方面的研究内容，项目组综合利用"耦合建模""统一语义表达""人工智能""深度学习"等技术方法，构建满足实时调度需求的高效求解器，实现多式联运组织过程的智能决策，达到多式联运全程组织优化与协同调度的目标。

1.4.3　安全防护与监控趋势

多式联运组织研究不仅涉及组织管理层面的模式创新，还涉及技术层面的装备、技术创新，并且装备技术创新是实现多式联运组织的基本保障。目前，多式联运组织多存在载运单元多、载运方式不适配、载运单元智能化程度不高、载运单元安全防护与监控水平较低等问题，严重限制了多式联运的发展。因此，如何围绕多式联运智能运载单元及支撑技术、多式联运自动化转运接驳装备及支撑技术，开展多式联运组织全过程安全防护与监控成为多式联运组织模式创新的核心技术难点。

一方面，针对多式联运智能运载单元及支撑技术，以运载单元智能化水平和容积载重比提升为导向，采用货物-运载单元-载运工具多维度精准识别及动态适配技术方法，研发多变环境下全程高精定位、状态监测和主动式安全防护技术；另一方面，针对多式联运自动化转运接驳装备及支撑技术，以直接、自动化接卸转运作业为导向，研究多元状态监测、风险评估预警及多层级安全防护等技术，实现实时监测吊具-载运单元-载运工具-载运装备等动态行为和安全作业保障。

1.4.4　绿色低碳趋势

随着"绿水青山就是金山银山""碳达峰、碳中和"等新发展理念和相关政策的贯彻落实，能源消耗多、污染排放量大的交通运输行业面临新的发展形势与需求，体现为如何发挥多种运输方式的整合优势，降低碳排放量，如何优化各地区的交通运输结构，形成满足运输需求的高效绿色运输结构。

多式联运承运人通过对多种运输方式进行整合，以提升整体运输服务水平、降低成本、减少碳排放量等为优化目标，根据客户特异性需要，选择最优联运方案完成货物运输。目前，低碳驱动技术、低耗能技术、清洁能源技术等在多式联运组织过程中得到一定程度的应用，并且在提高作业效率、提升业务水平、降低能源消耗、减少污染排放等方面取得了显著成效，同时"绿色低碳"发展战略也为多式联运相关企业转型升级、实现可持续发展提供了保障，因此在多式联运组织发展中"绿色低碳"将继续成为不可逆转的发展方向。

2 多式联运枢纽及其设备设施

2.1 综合货运枢纽

在货物运输系统中,货运场站既是货物集散、拼装、接收发送的基地,又是载运工具停放、维护、保养的设施空间,其服务对象不仅有需要运输的货物,还包括为货物运输提供支持的各类载运工具及设备,在日常工作中为货物集散提供硬件保障,为运输方式和方向的转换提供运作空间。货运场站作为货运网络中的关键节点,是各类运输方式统筹组织、高效衔接的主要载体,对于多式联运的稳定运行以及未来发展有着深远的影响。

货运场站本质上属于一类交通建筑,根据货运场站主营的运输业务,货运场站可分为公路货运场站、铁路货运场站、港口货运场站和航空货运场站,各个场站的功能和服务模式具有差异性。

2.1.1 公路货运场站

公路货运场站是公路运输网络的节点设施,是货物运输干线支线的交会地、货运集散组织的中枢,处于公路货运的核心地位。公路货运场站的功能区可分为车辆作业区、装卸作业区、仓储区、站务管理区四大类,其主要生产设施包括库(棚)设施、信息交易中心、场地设施和道路设施等,各功能区的职能如表 2-1 所示。

表 2-1 公路货运场站各功能区的职能

功能区种类	功能区的职能
车辆作业区	负责运输车辆的暂存维护保养,同时也是车辆调转发收的集合地
装卸作业区	又称月台,负责货物的装卸、拼箱与拆箱、包装等一系列工作
仓储区	负责货物的储存与安全,以及货物的出入库等工作
站务管理区	负责货运场站中各功能区工作的协同调度,以及整个场站的管理工作

评估公路货运场站的发展前景时,最重要的调研目标便是公路货运场站的区位优势和内部布局。完善的运营可以提升公路货运场站的下限,但合理的规划决定其发展的上限。公路货运场站的规划流程可分四步进行:前期调研、选址、内部布局、可行性分析。

1. 前期调研

调研工作是公路货运场站规划的奠基石,只有获得了准确的信息,才能更好地深入选址问题和开展后续的一系列工作。调研中值得优先关注的信息有:公路货运场站周边地区货物集散需求量、公路货运场站周边基础设施的发达程度、公路货运场站周围集散的分布方式、公路货运场站所在地区的地价成本与物价水平、当地政府的政策导向和环境标准等。

2. 选址

选址工作可分为两步:第一步,确定公路货运场站地点;第二步,确定公路货运场站规模。公路货运场站位置的选择要考虑两方面的影响:一方面是货物来源地的位置与货物性质;另一方面是选址位置与外界运输的便利程度。以京东本地仓为例,京东本地仓的定位客户是城市居民,公路货运场站中的主要货物是日用品和快消品,因此选址在城市边缘,且接近城市主干道的郊区地带。公路货运场站规模的确定与当地物价水平、周边货物需求量相关,物价水平影响公路货运场站的建造与维护成本;周边货物需求量则直接关系到公路货运场站建设规模的上限,在建设时,公路货运场站设计占地面积都会比调研中需要的面积大 1.2~1.5 倍,以契合当地的发展速度,延长使用年限。

3. 内部布局

合理的内部布局可以提高公路货运场站内部货物集疏运的效率。原则上,布局时应根据不同的货运核心业务,按功能区分别布设相应设施,保证合理的生产关系。生产设施和设备的布局应遵循生产工艺的要求;公路货运场站中各功能区的连接道路应统一规划,合理使用。道路的设计要保证站内车流、货流、人流、机械流各自运作良好,互不干扰。公路货运场站的办公楼要毗邻主干道,且与仓库的间隔要有一定距离。

4. 可行性分析

在选址工作和内部布局工作结束后,需要对总体规划的建设进行可行性分析。可行性分析主要分为三部分:第一部分是货运能力与规模匹配分析,根据货物处理量来定位公路货运场站等级,进而确定公路货运场站的内部布局和占地面积是否合理。我国公路货运场站等级划分如表 2-2 所示。第二部分是成本分析,计算建设公路货运场站的固定成本、运营公路货运场站的变动成本,并与公路货运场站的可能营运收入做比较,从而确定公路货运场站建设的周期与预算适配程度。第三部分是未来发展状况分析,根据当地的经济发展速度与物价水平来确定未来货物的需求量变化,从而适当地对公路货运场站规模进行修正。

表 2-2 我国公路货运场站等级划分

货运站等级	适配货物需求量/(万吨/年)
一级	≥60
二级	大于等于 30 小于 60
三级	大于 15 小于 30
四级	≤15

2.1.2 铁路货运场站

铁路货运场站主要负责货物的装卸作业,根据需求也会办理货物联运手续以及相关的换装作业。铁路车站根据技术作业和职能分配可分为中间站、区段站、编组站。中间站负责办理列车的通行、避让、越行等技术作业,有时承担少量的摘挂调车任务,主要服务人群是旅客;区段站的主要任务是机车的更换、整备、维修、保养等,为铁路作业的进行提供后勤保障;编组站的功能则是办理大量货物列车的解体、编组等技术作业,主营业务便是货物的运输。在实际生活中,大部分铁路货运场站属于编组站,在铁路干线汇集的地点,还会给编组站额外配备区段站,形成铁路货运枢纽,从而提高铁路作业的协同处理能力。

铁路货运场站需要办理大量货物列车的解体和编组工作,因此很少承担客运业务。相对于客运场站,铁路货运场站的设备布置有以下特点:

(1)占地面积比客运场站更大,一般情况下有数千米长、数百米宽。

(2)配置改编列车的到发设备,包括到达场、出发场以及列车到发所需的到发线。

(3)配置改编列车调车及编组设备,主要有驼峰、牵出线、调车场和调机等。

(4)配置通过车场,以帮助无改编作业需求的列车通过场站。

(5)配置站内外线路连接设备,包括进出站线路、站内联络线、机车走行线等。

铁路货运场站通过四个功能区实现运输生产作业,分别为调车场、装卸区、货物堆场、流通加工区。其中,调车场负责列车的调度问题,包括车头的解挂接挂、车皮的空间分配、行驶线路选择、车皮的解体与重新编组作业等;装卸区管理列车车皮中货物的存储、货物的装配和收容等工作;货物堆场负责存放各类货物,并根据运输需求对货物进行调配;流通加工区则根据客户或者运输的需求,负责特定货物的加工和包装工作。实际运输工作中,各个功能区往往又会进行更详细的划分,例如货物堆场会因货类差异分为集装箱堆场、干散货堆场、长大笨重货物堆场,装卸区根据货物流向不同分为到货区、发货区、理货区等。

由于运输线路固定,大部分铁路货运场站的选址都有据可循,因此不再赘述。这里主要考虑的问题是内部各功能区的布局。铁路货运场站各功能区通常有两种布置方法:第一种是按作业区块的重要度逐步布置,例如部分场站主要负责货运列车的中转,其调车场的位置优先级就会更高;第二种是按照预测的各种货物的货运量大小进行布置,布置结束后再根据集疏运的效果及运输作业的流畅程度,对部分功能区的位置进行调整。实际的场站功能区布置中,一般会结合两种方法的优缺点,首先明确该场站的主营业务侧重点,对各功能区的优先级进行排序,综合考虑铁路货运场站的整体布局及地理条件进行初步布局。然后根据预测的货运量的大小,秉持工作效率最大化的原则对功能区内部的连接及设备分布进行调整,同时预测未来当地发展水平、生产能力的增长,在铁路货运场站周围为未来可能的扩建预留规划空间。最后在铁路货运场站投入运营后,按照实际营运效果和集疏运表现对布局加以微调。

2.1.3 港口货运场站

港口是水路运输中停靠船舶、装卸货物、上下旅客的地点。港口既是水路交通运输的终端,又是连接水路运输的中转站。一个大型港口往往存在客运和货运两种码头,专营货运的码头即为港口货运场站,其工作内容除了船舶货物的装卸和中转,也包括船舶本身的停靠、补给、修理、维护。港口货运场站保证了水路运输货物的顺利流通。

港口货运场站连接水陆,既有水上区域,又有陆上区域。以下根据区域的划分,对港口货运场站所包含的各类功能区进行介绍。

港口水域是指船舶进出、停靠及作业相关的水上区域,其主要设施有进出港航道、港池、锚地、回旋水域等。

1. 进出港航道

进出港航道是指由海上航线和内河航道通往港内水域的连接航道。进出港应保持足够的水深和宽度,且不应有角度过大的转弯,以保障船舶安全驶入港口。

2. 港池

港池指码头附近供船舶停靠并进行装卸作业的水域,也应当有足够的水深和宽度,能保证船舶安全驶离。根据港口周围地势地形的不同,部分港池会修建防波堤以抵御海上风浪和泥沙的影响。

3. 锚地

锚地是专供船舶在水上进行停靠、避风、应急、接受检查、编解队、水上过驳等各项水上作业的水域。锚地要求有足够的水深,即使在风浪条件下,抛锚船舶也必须留有足够的富余水深。锚地位置应选择在靠近港口、海底平坦、水域开阔、船锚抓地能力好的区域。

4. 回旋水域

回旋水域是指为船舶靠离码头、进出港口时调头或改换航向而设定的水域。该水域可以同航行水域共用并有相同的水深。

5. 港口陆域

港口陆域是指货物装卸、堆存及转运所使用的陆地空间,其主要设施有码头与泊位、仓库与堆场、港口铁路与道路、港口作业机械、港口辅助生产服务设施等。

6. 码头与泊位

码头和泊位是港口重要设施。其中,码头是船舶停靠、货物装卸的场地,水域和陆域的交界,也称码头岸线;泊位是码头空间的一种,是船舶停靠的场所。码头规模由泊位停船的吨位和泊位数量来体现,码头种类由其主要装卸的货物种类决定。

7. 港口铁路与道路

港口铁路由港内线和港外线组成,港外线包括专用线和港湾站,港内线包括车场、联络线、装卸线等。港口铁路与道路既负责港口货物向内陆的运输转运包装,又负责港口腹地地区货物向海外的出口,其工作是港口货物集疏运中的重要一环。

8. 码头堆场

码头堆场可分为码头前沿区、前方堆场和后方堆场三个区域。码头前沿区负责各类运输生产机械的储存;前方堆场指的是即将装上或卸下的货物集合地;后方堆场则为存放较长时间的货物提供存储空间。堆场也可根据所堆放的货物种类分为干散货堆场、集装箱堆场、件杂货堆场等。

9. 港口装卸设备与运输机械

港口装卸设备可用来完成船舶和车辆的装卸作业、堆场中货物的堆码拆垛转运;运输机械负责港口内部货物的调配与转移。

10. 港口辅助生产服务设施

港口辅助生产服务设施包括港口的给排水设备、供电设备、通信设备、后勤保障设备等。它虽不直接参与港口的生产工作,但对维护港口货运场站的日常运作有着重要意义。

港口货运场站的选址受到两方面因素的影响：一方面是水文条件，如港口水域的水深、风浪、海底柔软度；另一方面是地理条件，如海岸类型、海岸面积、腹地货物集散需求等。在港口内部设施的布局规划中，考虑因素主要有货物种类、货物数量、船舶类型、货物流向、集疏运条件、港口自然条件和码头平面布置等。其中，货运码头前沿线的平面布置需满足建设地点的自然条件、船舶靠离岸作业的需求，并支持陆上货物集疏运和仓储作业的顺利运作，常见的布置形式有顺岸式、突堤式、挖入式和离岸式，具体见表 2-3。集装箱码头应设置在码头用地充足并与公路连接良好的地点；工业港区应设置于港区尽头并与城市规划工业用地结合；港口辅助用船及其码头停泊区多设置于靠近主要港区的水域或港口办公区域附近的防波堤处。

表 2-3　港口货运码头平面布置形式

码头平面布置形式	内容	特点
顺岸式	货运码头前沿线与自然岸线大致平行，在河港、河口港、中小型海港中较为常用	陆域宽阔，集疏运系统设置便利，建造工程量小
突堤式	货运码头前沿线与自然岸线有着较大的角度，常见于大型海港	在一定的水域可容纳更多的泊位，但宽度有限，作业难度大
挖入式	港池和泊位由人工挖掘而成，常见于大型的河港或河口港	开挖土方量较大，但对面积的利用效率很高
离岸式	在距离港口较远的海域所建设的码头与泊位，常用于干散货或者液体散货的输送	装卸效率低，建设难度大，但可更安全地输送特种货物

2.1.4　航空货运场站

航空货运场站的工作是对航空货物进行收运、安检、存储、驳运、分解组装等一系列作业，从而完成货物从陆运到空运的转换，因此航空货运港必须包含一定的货物存储空间、货物作业空间以及管理空间。航空运输有着速度快、安全性好的特点，但由于运输工具的限制，航空运输也同样存在载运量小、运输成本高的问题，因此航空货运在多式联运中的应用范围较小，更多的是负责特种货物或有时间要求的货物的运输，例如易损的贵重品、鲜活易腐货物、生鲜时令物品、邮件包裹等。

航空货运场站一般由三个部分组成，分别是飞行区、货物运输服务区、机务维修区。

1. 飞行区

飞行区是指为保障飞机安全起降而设立的区域，是航空港的主要区域，占地面积最大，包括跑道、滑行道、停机坪，以及各种保障飞行安全的设施、无线电通信导航系统和目视助航设施等。

2. 货物运输服务区

货物运输服务区是指货物、邮件运输服务设施所在的区域。货物运输服务区包括客机坪、货品仓库、停车场、加油站等;货运量较大的航空港还会配备专业的货品加工设施和货物转运设备。

3. 机务维修区

机务维修区是指飞机维护修理和航空港正常工作所需要的各种机务设施的区域,包括维修厂、维修机库、维修机坪、配件仓库、储油库、后勤保障设施等。

在通常情况下,航空港的布局都会以跑道位置的安排为基础,根据跑道位置的定位来布置滑行道、客机坪、货坪等其他飞机活动场所。航空货运场站的整体布局大多是"一"字形布局,满足航空货运作业性质和货物流向的需要,即分为空侧、陆侧两个方向进货,设计简洁直接。在进行航空货运场站的设计前,调研中要更多地注意货物种类、货物流量、流动特性等对航空货运场站运输产生的影响,并考虑地形地貌、用地面积、建造预算、企业规划等多方面因素的干预,尽可能采用最经济的规划来布局航空货运场站。航空货运场站的设计成功与否,可以通过其占地面积与处理货流量大小的比值来加以判断。表 2-4 为国外部分高效率航空货运场站的统计数据。

表 2-4 国外部分高效率航空货运场站的统计数据

货运站名称	面积指标(年货物 t/m²)
法兰克福(Iufthansa)	8
法兰克福(FAG)	6.5~7
伦敦希思罗	8
伦敦盖特威克	12~15
伦敦满都	3
圣保罗	3

2.2 多式联运设备

多式联运设备是指为了完成多式联运工作或提高工作效率而投入使用的硬件设备。近年来,多式联运发展迅速,多式联运设备的研究也取得很大进展。考虑设备有不同的规格与类型,例如机车、卡车、内河或远洋船舶、正面吊、起重机、集装箱、底盘等,各设备在多式联运中也具有独特的作用与功能。

2.2.1 装载单元

成组运输是指以标准化装载单元运输货物,可以是单批货物,也可以是货运代理管理的较小货物的拼装货物。一个标准化单位通常称为多式联运单位(ITU)或多式联运装载单位(ILU),其装载单元通常是国际标准化组织(ISO)标准集装箱(见图 2-1,以下简称集装箱)、托盘或半挂车。

1. 集装箱

集装箱作为应用最广的装载单元,其最大的优点是坚固结实,可有效保护里面的货物,其次是可以作为标准单位进行堆叠,极大地减轻了港口或运输场站的用地压力。因此,集装箱被称作最成功的装载单元。多式联运的发展不仅得益于这些集装箱的发明和采用,更因集装箱标准化的演变而受益良多。集装箱标准化的发展是一个漫长的过程,在这一过程中关于集装箱的制造标准逐渐统一,以下是三个货运集装箱规格的重要 ISO 标准:

ISO 668:2020(货运集装箱——分类、尺寸和等级)

ISO 6346:2022(货运集装箱——编码、识别和标记)

ISO 1161:2016(货运集装箱——角配件——规范)

图 2-1 ISO 标准集装箱

如今,国际贸易中使用的集装箱种类繁多,市场上仍然存在几种长度、高度和宽度不同的尺寸类型,但随着集装箱应用范围的扩大,各运输企业逐渐对集装箱的标准尺寸达成共识。在现有的运输市场中,集装箱的标准高度为 8′6″,尽管存在其他高度,但 9′6″(称为高集装箱)越来越普遍,因为它们允许额外的容积。标准宽度为 8′,但其他宽度也是可能的,在欧洲,8′2″(称为托盘宽度)很受欢迎,因为它更接近半挂车的负载能力。标准长度是 40′或者 20′,当然,在不同国家中也会有其他长度的集装箱,例如在英国,有 45′长度的集装箱供欧洲内部的运输。

20′集装箱的最大总重量为 30 480 kg,40′集装箱的最大总重量为 34 000 kg。考虑到集装箱的自重,因此,20′集装箱的有效货物载重减少到大约 28 380 kg,40′集装箱减少到 30 100 kg,这意味着两个 20′集装箱可以比一个 40′集装箱承受更多的重量。20′集装箱更适合较重的货物,因为重量限制意味着 40′集装箱将在装满空间之前达到其重量限制,这种现象在行业中称为"容积溢出",即集装箱的容积由于其重量限制而无法用完。

集装箱通过转角铸件固定在其运输设备上(例如船的甲板、公路拖车或铁路货车),每个转角都是空心立方体,将其放在扭锁上,然后转动扭锁,集装箱就可被固定于相应的平面,同规格的集装箱可以用相同的方式固定并堆叠在一起。空间上集装箱是完全封闭的,通常在一端有一个门,用来与外界进行货物的交换。

通用集装箱是运输消费品和各种干货的主要容器类型,一般情况下,货物会装在木箱、纸箱或其他各类容器里,放在托盘上;但货物也可以散装存放在集装箱,或者装在麻袋、圆桶、捆包中堆叠起来。总体来说,通用集装箱的装载限制较少,对货物要求低,但随着运输需求的更新,集装箱的种类也在不断细化,更多的特殊集装箱被设计并生产以满足多样的运输需求。其他种类集装箱的统计描述如表 2-5 所示。

表 2-5 其他种类集装箱的统计描述

集装箱名称	特点	适用货物
冷藏集装箱	箱内配备冷却系统,需要恒定功率,运输载具需要有相应的电源设施,建造成本高昂	对温度敏感的货物,例如生鲜或水果
开顶集装箱	顶部不封闭	大件货物,不可拆卸货物
扁平集装箱	部分侧面不封闭	机械货物,例如车辆
罐式集装箱	罐体嵌入标准集装箱的框架中	液体或气体

2. 托盘

托盘可以在公路和铁路车辆之间进行交换存放,但不够坚固,无法堆叠或用于海上运输。它们可以直接作为货物容器,也可在侧面加装挡帘后进行运输。它们的底部有空隙和间隔,以便叉车等起重机械进行搬运。由于不具有与集装箱相同的框架强度,因此它们不能通过起重机从上方吊起,而必须通过下方的间隔固定并托起。与通用集装箱相比,托盘占地面积更小,而且扁平的设计使得托盘占据的容积小,重量轻,更容易进行转移和再回收。货物堆叠在托盘上,直观且易装卸,同时托盘也可作为货物的存放单位,数个托盘能以集装箱堆叠的方式进行放置,减小占地面积。对于卡车司机而言,搬运它们也不需要太多的机械,运输工作会更便利。从实用角度看,托盘适用于运输体积小的件杂货,在短途运输、货物暂存或场站内的货物中转中有着更好的应用前景。

3. 半挂车

半挂车又称铰接式卡车,广泛应用于公路运输和铁路运输中。半挂车的形状类似于集装箱,但在长方体的一端有一个门。与集装箱不同的是,它在下方加装了轮胎以便进行公路甩挂运输,同时还配备了可以控制高度的支架,方便在牵引车离开时可以保持平衡。半挂车如图 2-2 所示。半挂车没有动力系统,它的行驶需借助卡车或吊车进行,卡车可根据需求挂载最多两个半挂车单元,这种运输被称为双挂。除了在公路上行驶,半挂车可以在铁路场站由吊车吊起安置在铁路车皮上,进行铁路运输。与永久连接的单元相比,半挂车的使用增加了灵活性。此外,它还可以与不同类型的牵引车相结合,用于码头运营和运输。

拖车是专门负责半挂车牵引运输的动力轮式车辆,在公铁联运中,运载单元可以是半挂车,也可以是集装箱。运载单元到达铁路终端后,半挂车直接从火车卸下,集装箱从火车上卸载到等待的底盘上,司机将只带着拖车到达,并挂在半挂车或底盘上,完成公路运输。相较于

图 2-2　半挂车

集装箱而言,半挂车在公铁联运中更有优势,因为其自带轮胎,不需要额外的底盘与牵引车连接,省去了很多操作步骤。在美国和欧洲,半挂车已经有了明显的应用分类,例如厢式车、冷藏车、油罐车、双层车等。

2.2.2　处理设备

处理设备是指在各个场站中为多式联运服务的硬件设备。这些设备不参与货物的运输,但货物的中转和流通需要它们的助力。以下介绍处理设备。

1. 叉车

叉车有多种类型,根据其功能和制造商的规格而有所不同,如图 2-3 所示。叉车主要用于仓库或码头区域。在仓库,叉车用于处理各种托盘货物、麻袋、圆桶等。在集装箱码头,叉车往往专门用于搬运空集装箱。许多类型的叉车有后轮转向,这增加了在狭窄地带操作的机动性。叉车的缺点是其不稳定。在装卸时,须将叉车和装载货物视为一个整体,其重心随着负载的每次移动而不断变化。叉车绝不能在负载升高的情况下高速转弯,否则离心力和重力可能会导致叉车翻倒。

2. 正面吊

正面吊是中小型码头和港口集装箱装卸作业中最受欢迎的装卸设备之一。该设备非常灵活,它能够非常快速地短距离运输集装箱,并根据其通道将它们堆放在不同的位置当中,如图 2-4 所示。与龙门起重机所需的主要投资相比,正面吊对于中小型码头来说是一种更节省成本的选择。

图 2-3 叉车

图 2-4 正面吊

3. 轮胎式龙门起重机

轮胎式龙门起重机（Rubber Tyred Gantry Crane，RTG）是用于堆场搬运标准集装箱的设备，如图 2-5 所示。它在大型港口、集装箱码头和集装箱堆场处理系统中常见。当跨越多条集装箱通道时，RTG 非常有效。与轨道式龙门起重机（Rail Mounted Gantry Crane，RMG）相比，它的优势在于可以更轻松地移动到不同位置，从而提高设备的利用效率。

图 2-5　轮胎式龙门起重机

4. 轨道式龙门起重机

RMG 在轨道上行驶，使用吊具（或双吊具，如果需要）在堆场区域提升并堆放集装箱，如图 2-6 所示。RMG 有多种型号，具有不同的跨度和悬垂。与 RTG 相比，RMG 具有电力驱动、起重量更大、行驶速度更快等优点。事实证明，RMG 对于大批量的铁路/公路转运特别有效，因为起重机能够在纵向和横向两个方向上快速移动，大幅提升了转运效率。RMG 也常用于大型港口，用以搬运成堆的集装箱。

5. 岸桥起重机

岸桥起重机（Ship-to-Shore Crane，STS）是用于港口码头装卸船舶的大型龙门起重机。大型集装箱港口同时使用多台起重机来装卸大型集装箱船，岸桥起重机的尺寸往往是按照所操作船舶的尺寸量身定制。STS 具有更广的覆盖范围，处理时间更短，如图 2-7 所示。

6. 跨运车

跨运车以门形车架跨在集装箱上，由液压升降系统吊起集装箱，根据需求进行提升、运载或堆放，如图 2-8 所示。它在港口用于装卸区和集装箱堆垛之间集装箱的移动运输。跨运车可以有效提高小型集装箱堆场的存储效率；但在大型码头，一般会使用场桥来进行集装箱的堆

图 2-6 轨道式龙门起重机

图 2-7 岸桥起重机

垛工作。

图 2-8 跨运车

7. 自动导引车

自动导引车(Automated Guided Vehicle,AGV) 跟随地下的标记或电线,或者使用视觉标记或激光来将货物安置在预定的区域,如图 2-9 所示。它最先在工业领域被投入使用,负责在设备或仓库周围移动材料。一些港口使用 AGV 来建设全自动集装箱码头,但由于其高投资和高维护的要求,对于大多数集装箱码头运营商而言,该系统仍被认为不如跨运车等传统系统具有竞争力。

8. 移动装载设备

对于没有资金购买昂贵设备的小型码头,或者对于短期需要租用设备且没有联运码头的客户来说,拖车等移动设备是必需的。例如,一些码头可能没有设置货物的装卸区,需要司机将集装箱放在地面上,用拖车进行运输;或者客流量很少的小型联运码头需要将货物运送至火车货运站,移动装载设备可以不借助正面吊就完成这项工作。

2.2.3 载运设备

多式联运中最常见的运输方式为公路、铁路、水路。公路运输需要机动车辆,铁路运输和水路运输需要火车与货船等相关载运工具。公路中的主要运输载具前文已有提及,因此这里主要介绍铁路和水路运输中常用的载运设备。

1. 火车头/动力机车组

机车本身没有有效载荷能力,专门用于牵引铁路货车。火车机车头如图 2-10 所示。在货运中一列车组往往只有一辆动力机车,这意味着车组只需更换货车就可以很容易地从一个货

图 2-9　自动导引车

运任务转移到另一个货运任务。机车可分为三种主要类型:电力机车、非电力机车和混合动力机车。非电力机车使用蒸汽、汽油和柴油等燃料。混合动力机车包含柴油发动机与电动发动机相结合的机车。除了为货运设计的机车外,还有为在码头调车和编组货车而设计的机车。这些机车不需要运输货物,可以以较低速度运行,因此,它们被设计得比普通货运机车更紧凑。机车需要为运送数千吨重的货物设计出足够的牵引力,在欧洲使用的常规货运机车通常具有高达 4 000 kW(相当于约 5 400 马力)的功率。在高轴载能力的铁路线上运输原材料(如铁矿石)等货物的机车可配备功率超过 10 000 kW 的发动机。

2. 车厢

车厢相互连接,构成货运车组,车组与机车连接,从而形成铁路货运列车。车厢如图 2-11 所示。车厢是火车列车组中运输货物的部分。近几十年来,用于拖运集装箱的平板车已成为主要的车厢类型,取代了必须手动装卸货物的车厢。然而,许多特殊种类的车厢仍有很大的应用空间,例如部分平板车厢允许将半挂车开上火车,从而在公路和铁路之间实现转运。

3. 远洋集装箱船

远洋集装箱船的设计指标支持长途的集装箱运输,船上配有单元导轨,用来固定 20′ 或 40′ 的集装箱。集装箱之间可以通过扭锁和角铸件连接,堆放在最上层的集装箱用绑扎杆进一步固定。远洋集装箱船如图 2-12 所示。远洋集装箱船的发展历程与全球货运需求联系密切。远洋集装箱船的设计规模、最大可装载 TEU、造价都在不断提高。远洋集装箱船的发展也极

图 2-10　火车机车头

图 2-11　车厢

大地影响着全球海运网络。随着时间的推移,海运网络已经从港口之间的点对点运输发展为轴辐式系统,越来越多的大型船只在枢纽之间运输数千个集装箱,然后将成百上千个集装箱转运到较小的支线船上,运往较小的端口,反之亦然。

图 2-12　远洋集装箱船

图 2-13　支线集装箱船

4. 支线和近海集装箱船

支线集装箱船(见图 2-13)与深海集装箱船属于同一类型,但运力较小,适用于从枢纽港到没有足够需求直接挂靠的较小港口或"轮辐"港口来往。许多支线集装箱船还可以根据天气条件穿越海洋航线,因此支线集装箱船的分类在某种程度上与贸易要求有关。与支线相反,近海指的是点对点航线上的直接交通流,即直接贸易,而非在中间港口转运的货物,近海运输在区域性的贸易运输中应用更广泛。

5. 滚装船

滚装船是一种设计用于运载轮式货物的船舶。汽车、卡车、半挂卡车、拖车和火车车厢等货物通过船上自带的装卸坡道上下船。滚装船如图 2-14 所示。滚装船允许半挂车直接驶入船内,半挂车既可以独自进入船内,也可和牵引车一起留在船上;集装箱也可以放在平板车或其他移动装载平台上,使用牵引车运进船舶,然后在卸货点由牵引车装运。得益于滚装运输体系的成熟,在欧洲北部,牵引车挂载半挂车进入滚装船的运输模式应用十分广泛。

图 2-14 滚装船

2.3 多式联运货运枢纽设计

2.3.1 设计思路

货运枢纽主要指具备较大规模以及功能较为完善的物流园区与物流中心。综合货运枢纽的内部交通系统是枢纽物流活动正常运转的基本保证,起到联系各功能分区及联系外部的重要作用,是枢纽运行效率的决定性因素,同时也是枢纽消防安全与内部景观构成的重要因素。其主要由以下几个部分构成:枢纽内部道路网、搬运设备、货场及堆场、装卸作业场所、仓储或信息服务设施/设备等。在规划综合货运枢纽场站布局时,需要全面考虑不同交通运输方式的特点和适用条件,其目标是确保经济高效、便捷灵活、安全可靠,从而为货物运输提供优质服务。在规划配套工作中,要尽可能实现货物的直达运输,以最大限度地减少因中途多次转运而导致的货损和时延造成的损失。

2.3.2 设计原则

综合货运枢纽场站的位置受到多方面因素的影响,如货物需求集中区域、交通网络特点和自然环境等。在相同的地域范围和交通网络下,不同枢纽场站的布局会产生不同的货物运输效率,创造不同的社会经济效益。规划综合货运枢纽场站时,应基于城市布局,综合考虑各交通方式线路的连通性,确保设施之间有效衔接,从而保证货运的便捷、高效,同时最大限度地减少对城市环境和道路系统的影响与干扰。

具体来说,综合货运枢纽场站的布局规划需遵从以下原则:

1. 综合货运枢纽场站与城市发展的协调规划

综合货运枢纽场站与城市整体发展规划以及交通运输网规划的协调配合,有助于规划合理的交通结构和功能布局。作为城市的一部分,综合货运枢纽场站的布局规划和建设应该与城市的定位和总体规划相一致,特别在土地利用和城市用地功能方面要保持一致。同时,还需要适度考虑未来的发展需求,以适应城市产业布局和产业结构调整的需要。

2. 综合货运枢纽场站布局与交通网络的有机衔接

根据国家综合运输发展战略,并结合城市总体规划、交通规划以及综合交通运输体系,充分利用现有的交通设施资源,合理规划货运枢纽场站的布局。在规划过程中,要充分考虑货运枢纽在整个交通运输网络中的地位,以及各交通方式在货运体系中的分担比例。通过有效的规划布局,实现不同交通方式货运场站的有机衔接,从而减少货物的装卸和运输次数,确保整个运输过程的连续性。

3. 综合货运枢纽场站的选址与布局优化

为适应现代物流发展,综合货运枢纽场站的选址应考虑靠近主要物流通道,以提高货物流转的便捷性、物流组织的效率和科学性。该货运站前应设有停车场,方便装卸货物,并且通过辅道连接停车场与城市货运干道。鉴于货运枢纽场站通常需要较大的占地面积,并且与城市交通网络的布局有较大关联,因此最好选择在城市边缘布设货场,且靠近对外交通干线和城市主要干道的连接线,以确保货物及时集散,并在中转过程中尽量减少对城市交通流的干扰。

4. 统筹兼顾、优化资源配置

货运枢纽场站的布局需要综合考虑城市或区域的产业结构、工业园区、高新发展区、产业集群、空间利用率等因素,并充分估量场站用地面积和资金投入的可能性。为了减小土地占用面积、节省投资成本,应结合实际情况,在原有货运枢纽场站布局的基础上,采取现有场站的更新改造和新建场站相结合的方式,优化资源配置。同时,要确保在满足近期和远期货运需求的前提下,提供切实可行、操作性强的方案,以有效实施货运枢纽场站的布局规划。

5. 动态规划、重视发展

在规划综合货运枢纽场站的布局时,应充分考虑城市经济和运输业的发展状况,并具备一定的前瞻性,以避免对社会经济和交通运输业本身的发展造成阻碍。然而,如果过度超前规划,则可能导致投资效益降低,造成资金和土地资源的浪费。因此,综合货运枢纽场站的规模应基于动态发展理念,综合考虑现实需求和长远发展需求,确保近期有超前规划,远期能满足需求,采取分期实施和稳步推进的方式。这样可适应经济发展和人民生活水平提高对货运枢纽的不断要求。

6. 布局均衡、科学管理

货运枢纽场站的布局规划应综合考虑以下两个方面:首先,优化确定货运枢纽场站的布局结构,并建设必要的服务设施;其次,认真研究并建立能够充分发挥硬件总体性能的"软件"平台,包括科学合理的组织管理系统。这两个方面需要形成相互配套的体系。

2.3.3 布局方案的实施规划

通过交通规划和网络优化理论与方法,综合货运枢纽场站的合理布局是基于对社会经济发展和交通需求预测的结果。在规划范围内综合考虑货物发生吸引源的分布情况、交通运输条件和自然环境等因素,对货运枢纽场站的数量、空间分布、规模以及与其他枢纽的相互关系进行优化和调控,从而提高枢纽乃至整个综合交通运输体系的运转效率。

首先,选择备选场站。通过对综合货运枢纽服务范围内货运量的预测以及现有货运枢纽场站的现状分析,初步确定场站的数量和规模。然后,在进行区域考察分析的基础上,进行定性分析,以确定备选位置、布设货运枢纽场站。其次,利用一定的模型进行位置优选。采用定量模型对货运枢纽场站的备选位置进行优选,得出理论结果,从中确定场站的最佳定点范围。最后,进行方案评估和确定,结合货运枢纽场站布置的综合分析,对理论结果进行必要调整,提出具体的布局规划方案。

2.3.4 核心功能及实现策略

多式联运枢纽的运营目的是为在不同运输方式之间的货物转运提供便利,确保高效性。枢纽本身所具备的功能都是为运营目的所服务的,这些功能的综合运作可以提高货物运输的效率和安全性,促进不同运输方式之间的衔接和协同,推动多式联运的发展。表2-6是对多式联运枢纽场站功能的介绍。

表2-6 多式联运枢纽场站功能的介绍

多式联运枢纽场站功能	介绍
货物转运和中转	多式联运货运枢纽应具备货物转运和中转的功能,能够对不同运输方式的货物进行转运和换装,实现不同运输模式之间的衔接
货物分类与分拣	货运枢纽应具备货物分类和分拣的能力,根据货物的性质、目的地等进行分类和分拣,确保货物的准确性和高效性
运输管理和调度	货运枢纽应具备运输管理和调度系统,能够对各种运输方式的货物进行管理和调度,确保货物的及时到达和顺利运输
转运设施和设备	货运枢纽应配备相应的转运设施和设备,包括货物装卸设备、存储设备、运输工具等,以满足货物转运和换装的需求
信息管理和跟踪	货运枢纽应具备信息管理和跟踪系统,能够对货物的运输状态、位置等信息进行实时监控和管理,提供准确的货物跟踪服务
仓储和配送	货运枢纽应提供仓储和配送服务,包括货物的临时存储、分拣和配送等环节,以满足货物转运和派送的需求
安全和安检	货运枢纽应设有安全和安检措施,确保货物在转运过程中的安全性和完整性,防止盗窃、损坏和非法物品的流入
支持服务设施	货运枢纽应提供支持服务设施,如办公楼、停车场、餐饮和住宿等,以满足员工和客户的需求

多式联运货运枢纽的功能实现是一个系统工程,只有各功能协调运作,共同配合,才能提高货物运输的效率、安全性和可持续性。多式联运货运枢纽的功能实现,需要的是与之配套的管理人员、高素质的专业人才、先进的管理理念以及各类信息化技术与高科技手段,具体包括

如下几个方面：

1. 物流信息管理系统

建立一个全面的物流信息管理系统，以实时监控、管理和跟踪货物的流动。这可以通过物流管理软件、传感器技术、物联网等实现。该系统能够集成不同运输方式的数据，提供货物跟踪、运输计划和调度管理等功能，实现物流信息的共享和交流。

2. 装卸设备和自动化技术

高效的装卸设备和自动化技术，如起重机、输送带、机器人等，可以提高货物的装卸效率和准确性。这些设备和技术能够实现货物的快速装卸和换装，减少人工操作，并提供更安全和可靠的货物处理过程。

3. 多式联运设施和设备

为不同运输方式提供相应的设施和设备，如铁路货场、公路码头、水路码头、航空货仓等。这些设施和设备能够方便地实现货物的转运和衔接，包括货物的转换、换装和分拣等环节。

4. 合作伙伴关系的建立

与各种运输公司、物流服务提供商和供应链合作伙伴建立紧密的合作关系，通过共享资源、信息和网络，实现货物运输的无缝衔接和协同作业。合作关系的建立可以通过签订合作协议、共享物流平台、建立共同的数据接口等手段来实现。

5. 安全措施和管理

采取一系列安全措施和管理措施，保障货物运输过程的安全性和完整性。这包括安全检查、视频监控、安全培训、货物追踪系统等。同时，建立应急预案，制定风险管理措施，以应对可能发生的突发情况。

6. 效率优化和流程改进

通过不断优化货物流程和改进流程，提高货物运输的效率和准时性。这可以通过流程再造、优化调度算法、数据分析等手段来实现。同时，借助先进的技术和工具，如人工智能、大数据分析等，进行预测和优化运输计划，提高货物的运输效率和准时性。

7. 环境可持续性的考虑

在设计和运营货运枢纽时，考虑环境可持续性的因素，采取节能减排的措施，如使用清洁能源、推广电动车辆、减少包装废物等，以降低对环境的影响。

3 多式联运生态组织模式

多式联运全息生态系统是由多种主体共同构成的体系,具有复杂的结构。在搭建多式联运全息生态系统前,需要通过对多式联运生态系统的组织要素以及体系进行系统分析,构建多式联运生态系统的组织模式概念模型。

3.1 多式联运生态系统概述

3.1.1 多式联运

多式联运(Multimodal Transport/Intermodal Transport)的概念诞生于 20 世纪 60 年代的美国。随着技术的不断进步和发展形式的日趋多样,各国对于多式联运的概念和内涵的界定也有所不同,其中《联合国国际货物多式联运公约》对国际多式联运的定义如下:按照国际多式联运合同,以至少两种不同的运输方式,由多式联运经营人把货物从一国境内接管地点运至另一国境内指定交付地点的货物运输。我国对于多式联运的定义是:两种及以上的运输方式协同承担的货物运输。其中,国家标准《物流术语》(GB/T 18354—2021)将“多式联运”定义为“货物由一种运载单元,通过两种或两种以上运输方式连续运输并进行相关运输物流辅助作业的运输活动”。

根据定义可知,多式联运必须满足以下基本条件:

(1)在运输过程当中只能存在同一种多式联运提单或单证。

(2)多式联运经营人凭借签发的多式联运提单或单证对运输的全过程负责。

(3)货物运输全过程涉及两种或两种以上运输工具。

多式联运作为一种复合运输方式,它是由两种及以上的运输方式相互协作完成货物运输的一种运输组织形式。由于从装运地到目的地的运输过程中涉及两种以上的运输方式,因此它与单一的运输方式必然存在一定差异。根据全程运输中不同运输方式的组合,它可分为公-铁联运、公-水联运、公-铁-水联运和空-公联运等;按运输区域,它可分为国际多式联运、国内多式联运。由于多式联运的形成与发展和集装箱的出现是密不可分的,因此在实际操作中通常将集装箱多式联运概念与多式联运等同,将集装箱多式联运简称为多式联运。

与传统运输模式相比,多式联运具有以下优势:

1.安全性

集装箱作为多式联运的最小运输单元,具有良好的封闭性。针对运输危险货物而设计的集装箱能够最大限度地将箱内货物与外界环境分离开来,包括温度影响以及各种冲击,从而减少危险货物的运输安全隐患。集装箱作为危险货物的运输载体,其优势在于结构强度大,更具安全性,可以重复循环使用,制造成本等比塑料桶低,并且由于节省了运输包装而不存在内部包装碰撞导致泄漏的危险。

2. 快捷性

当进行距离较远的异地运输时,多式联运可以充分发挥各种运输手段的优势,规避每种运输手段的劣势,并且随着信息技术以及组织管理水平的提高,各运输方式之间的转运衔接紧密,配合流畅,使得货物中转更加迅速。各运输方式之间使用大型机械设备进行快速装卸、搬运,不仅能够最大限度地缩短作业时间、货物的储存与待运时间,还能够提供"门到门"运输服务,实现快速运输。

3. 经济性

经济性主要体现在采用多式联运的运输组织方式可以节约运输成本。由于多式联运全程只需要一张单证、实行单一费率,整个运输过程中,无论运输距离和中转次数,托运人只需签订一次运输合同,简化了手续,节约了人力和物力。承运人只需根据当时的线路情况和货物运输的目的地来选取风险最小、成本最低、时间最短的方式完成货物的运输,因此多式联运能够显著提高运输效率,充分利用各类运输方式的运输能力。

3.1.2 多式联运生态系统

1. 多式联运主体

(1)货主、货代:是运输货物法律意义上的所有人,他们对货物运输的需求催生了物流活动。货主、货代需要专注其企业核心业务,因此选择合适的多式联运经营人代为开展货物的运输业务是其缓解压力的有效途径。

(2)多式联运经营人:是指本人或委托他人以本人的名义与托运人签订多式联运合同的当事人。多式联运经营人并没有货物所有权,但在货物交与多式联运经营人运输期间,多式联运经营人对货物的安全承担责任;同时多式联运经营人负责联络实际承运人,设计货物的运输以及中转方案,跟踪全程的货物运输流程,但不参与某一实际运输行程的进行。

(3)公/铁/水运输供应商:又称为实际承运人,是指接受多式联运经营人委托,从事货物运输或部分流程运输的企业。运输供应商拥有完成运输服务所需的载运机具和专业人员,是承担货物完成物理位移行为的主体。

(4)码头/场站运营商:码头/场站负责货物中转中的预处理、拆拼箱、站内搬运等一系列操作,是货物在中转过程中的暂留地;多式联运经营人需要联络码头/场站运营商,以追踪货物在中转过程的流程细节,并协调码头/场站运营商与运输供应商进行配合。

2. 增值服务

(1)全程状态追踪

全程状态追踪是指在物体移动的全部过程中,实时追踪其状态的过程。当前多式联运行业的跟踪定位服务并未实现真正的货物全程可视,而是以货物轨迹节点可视和对车的定位跟踪为主流服务。

(2)交付风险预警

交付风险是指在交付的过程中信息不流畅或由突发事件、失误等原因引起的交付活动偏离预期目标的可能性。交付风险与多式联运货物运输中间环节相关,交付风险在多式联运货物交付前会一直存在,交付风险的鉴别、责任界定和权责承担需要在运输前就通过合同加以确定,并实时监控预警运输途中的货物风险状态。

（3）商业智能决策

商业智能决策对客户群体进行分析,智能化地进行信息自动采集、存储、管理、计算、判别、取舍、显示,为多式联运各参与方提供客观的辅助方案,以便各方能够直观地做出合理的决策和判断。

（4）综合绩效评估

对于多式联运的综合绩效评估,主要从组织层面和管理层面分别进行评估。一套完整、科学、全面的评价指标体系可以对多式联运发展做出真实客观的评价,有助于把握多式联运未来的发展方向,及时做出有效的判断。

3.2　多式联运生态系统组织要素

多式联运生态系统的构成包括节点和线路两个要素。节点通常包括港口、货运站、中转站等;线路则是指运输线路,可以视为带权重的边,每条边上的流量都指代这条线路上的货运量。集装箱多式联运依靠线路与节点共同完成物流过程。运输过程依靠线路实现,货运集装箱的保管、装卸等活动则发生在节点上。线路是一个通道,它贯通各个网络节点,产生货运量。线路要素包含流向和流量,能够清晰地展示出各个网络节点之间的联系,运输网络节点则具备货物的聚集、接收与中转的功能。此外,在集装箱多式联运网络当中,两个节点之间可供选择的运输方式通常有铁路、水路、公路三种方式,而一般情况下网络节点是指代完成集装箱各种类型作业的中转站。

3.2.1　运输链要素

1.线网设施

连接两个多式联运生态系统运输节点的连线就是集装箱多式联运的线网设施,网络中资源和信息流动于这些网络路线。在理想状况中,货物可以通过网络路线从全球上任意一处运送至另一处,但在实际情况下,并非所有线路都从属于多式联运经营人的经营范围,多式联运经营人只能重点办理其中的几条线路。从广义角度理解,海、陆、空包括内河航道在内的所有可供进行集装箱运输的连线都可称作线路;从狭义角度理解,线路只代表现有的合乎规定的可供进行集装箱运输的路线。运输行业所定义的网络路线通常对应的是其狭义理解,有形的物质线路和无形的信息通信线路共同构成了多式联运生态系统的运输线路。

多式联运系统的线路由公路、铁路、航运、内河水运等运输方式组成,不同的运输方式之间的运输技术往往有较大差别,因此在多式联运系统中,不同运输方式所承担的功能也各不相同。铁路线路由于运载量高、运输速度快的特点,适合承担内陆长途大运量的干线运输功能;铁路线路的运输设备包含铁路路线、铁路车辆、铁路机车、铁路车站以及铁路信号和通信设备,我国的铁路经营网络、信息网络、设施网络已覆盖全国大部分面积,具有完备的基础设施设备和运力资源条件,坐拥大批边境口岸站与港口站等物流运输设施,这些都是组成集装箱海陆多式联运系统的重要基础载体。可达性高、覆盖范围广泛的公路运输可以承担配送和接取的功能。海运航线和内河水运由于成本低、承载量大等特点,通常也会承担干线运输功能,尤其是贸易大国之间的国际运输往往都依靠海运线路来完成。

集装箱多式联运的发展促使多式联运线路越来越成熟。一般情况下,多式联运线路被认为是一片指定的宽阔地带,属于特定的地理区域范围,将多个集装箱产生地和接收地连接起来。这个宽阔地带往往表现出货流充足、流向不变且稳定的特征。该区域所涉及的箱流量通常量大且稳定,可供选择的运输方式和组合也是多种多样的。构成线路的基本条件主要有两方面:一是运输基础设施的建设。如果没有基础设施的完善,网络内节点很难做到沟通无阻,"门到门"运输也必然不会实现。二是相关软件的完善。多式联运各个参与方之间的沟通协作离不开软件的支持,无论是信息的及时交流,还是多式联运各方的统一组织管理,都需要有一定水平的软件的支持。在多式联运运输网络的建设中,硬件与软件缺一不可,硬件提供运输保障,软件支持运输环境的提升,两者相结合才能真正发挥多式联运的优势,提升整体运输效率。

2. 场站设施

单一的运输线路具有局限性,故整个联运过程需要多个不同的运输线路的有效衔接。多式联运场站指的是能够实现运输方式间转载功能的集装箱港口、铁路货运站和物流配送中心,主要包括铁路集装箱中心站、港口码头、公路货运站以及堆场和仓库等设施。

集装箱港口的重要功能之一便是衔接了水运与陆运,同时也可承担不同水运路线之间的中转任务。站在多式联运的角度,集装箱港口的功能是完成多种运输方式的换装与转运。集装箱港口通常涉及大量的集装箱吞吐量,因此铁路是内陆集疏运的主要承担者,港口附近通常都会修建铁路场站来与之配合。但并非所有铁路场站都位于集装箱港口外部,修建在港口内的铁路场站更好地利用了地理位置的优势,直接利用港口设备来完成集装箱船只与铁路车辆间的换装作业。直接将铁路场站修建在港口内的理想情况现如今只占少数,大部分的铁路场站实际上被修建在港口后方的某个区域,距港口保持一定距离。场站之间的联络通过铁路和集卡运输等方式实现。

铁路货运站主要负责货物的调配、发送、装卸,集装箱的装箱、拼箱、中转以及换装的重要场所是铁路运输货物时的必经之地。铁路货运站是运输网络中的节点,维持着货物运输的流通性。铁路货运站需要对经由此处的中转列车编排轨道,对站内车辆做行车组织计划,保证列车与站内、车辆运输的安全与高效,提升站内、站间车辆的运输速度,进一步提高车辆的生产效率和利用率。铁路货运站就是这样一个能够组织安排、协调调度车辆与线路的功能场所。

物流配送中心处理末端用户的订货信息,分拣来自供应链上游的货物,再根据用户订货的要求进行拣选、加工配送等活动,最后进行送货。物流配送中心的建立能够减少交易次数和流通环节,减少客户库,并能够通过产生规模效应降低运输成本。由于物流配送中心面向的服务对象与竞争市场复杂多变,现代化物流设备所承担的功能可谓举足轻重。自动化分拣系统、自动化装卸系统、自动化仓库、商品条码分类系统、输送机等,都在促使物流配送中心迈向自动化、现代化的全新发展阶段。

3. 运输设备

多式联运运输设备是多式联运的载体和物质基础。根据一般情况,多式联运运输设备可分为以下几类:

（1）装载单元：主要指集装箱（ISO 国际标准集装箱），可细分为专用集装箱、内陆集装箱、交换箱体（即欧洲 swap-body）等三种，以集装箱为主。

（2）运载单元：针对货物的标准化专用载运设备，包括半挂车、专用滚装船舶、铁路专用平车等。

（3）接卸转运装备：在货运接卸转运过程中的换装专用设备，通常包括吊装类设备（顶吊、底吊）、半挂牵引车、平移类设备、滚装类设备（公铁、公水、铁水滚装）等类型。

3.2.2　信息链要素

多式联运的高效开展离不开信息数据的互联共享，使各种资源和利益方无缝对接、协调联动。多式联运生态系统通过构建基于数据驱动的智能物流云平台，收集价值链、物流链的信息资源，力求消除信息"孤岛"，解决信息不对称等问题，加强多式联运各项业务与装卸作业协同，实现相关业务的流畅衔接并全程可视化。通过收集业务信息资源，推动物流节点之间的协同作业与信息交流，提升物流便利化程度，降低物流交易成本，提升整体业务效率。

1. 订单信息

订单信息包括多式联运的起点与终点、发货人与收货人信息、选取的运输方式、托运货物以及多式联运经营合同相关信息，订单可以实现发货人确认发货、收货人确认收货等功能。

2. 运输管理信息

运输管理信息包括铁路运输管理、公路运输管理、航运运输管理、货代业务管理、船代业务管理以及港口业务管理等多源信息，基于运输管理信息可构建以下系统：

（1）公路信息系统。公路运输信息中主要包括公路运输承运人信息、车辆信息、货物状态信息、运价信息以及路线管理信息等，可以为多式联运经营人等相关管理人员提供公路运输阶段的信息。通过该信息系统，多式联运经营人可以根据货物的特性来选择最优决策，包括路线、运价及运输资源优化等。

（2）港口信息系统。港口信息系统中主要包括码头信息系统、场站信息系统、集装箱管理信息系统，涵盖港口综合信息、船务公司综合信息、场站管理信息、集装箱在港作业信息、码头信息、公路网信息和铁路网信息等。

（3）铁路信息系统。铁路运输具有固定的路线、班次以及约定的运货量。通过铁路信息系统，多式联运经营人或货主可以全面了解铁路货运时间、运单、编组等信息。

（4）船代信息系统。船代信息系统主要由集装箱联运系统、班轮到发系统等子系统组成。船代信息系统涵盖船舶的供给与需求信息、集装箱船舶信息（运输状态、位置等）以及船位的安排信息等。

（5）单证信息。多式联运作为一种高级的运输组织方式，全程只需一张单证，界定了运输起讫点、全程运费、大致的运输时间限制以及全程运输责任归属。

3.2.3　价值链要素

1. 货主

货主收货人或托运人是多式联运服务的需求者。货主既是多式联运服务的购买者，又是所运输产品的消费者或制造者，所托运的货物通常是高附加值商品和中间产品，适合集装化运输。托运的货运量规模往往决定了货主的地位。托运人通常可以以较为优惠的服务价格运送大批量货物,而小批量货物的托运人一般只能联系某些拼装业者、货运代理商等中介方,才能够获得基本的服务。基于此种情况,一些小批量货物的货主成立了货主联盟,旨在节省更多的运输成本,这也是运输业规模经济的体现。

2. 多式联运货运代理

货运代理从业者是运输服务提供者与运输服务购买者之间交易的桥梁。如铁路运输代理、轮船运输代理等都属于运输服务的提供方。前者代理方代表着货主的需求,以求寻找运能;后者代理方代表着运输服务提供者的需求,旨在创造运量。传统货代的主要任务包括仓储管理、单据处理和信息管理、小件货物的拼装、货物通关以及载运箱具供给。

3. 多式联运承运人

只有具备签订多式联运合同资格的企业,才可被称作多式联运承运人。多式联运承运人负责向托运人提供一站式的"门到门"服务,并且根据多式联运合同的详细要求,对提供的运输产品质量负责。多式联运的实际经营者通常有两种代表:第一种是综合性的运输企业;第二种是具备缔约资格的运输企业或货代企业。

4. 场站经营业者

场站经营业者通常指代对场站设施拥有管理权和所有权的企业,例如一些码头企业、集装箱港口、物流区域经营者以及多式联运场站经营者。场站经营业者负责堆存、装卸、换装等业务,并且提供设备的仓储和维修等服务。

5. 运输公司

运输公司既包括为"港(内陆货运站)到内陆货运站(港)"间提供大运力且进行长途运输的干线运输企业,又包括负责"门(内陆货运站)到内陆货运站(门)"的运输企业。前者一般可指代航运公司和铁路运输公司,也可指代提供干线运输服务的大型卡车公司。但与卡车公司不同的是,航运公司和铁路运输公司有自己的场站设施,故可以兼备货运站经营者的身份。

3.2.4 产业链要素

产业链是各个产业部门之间具有一定的经济技术关联,以产业从上至下各相关环节为基础,由价值链、企业链、空间链与供需链四大维度结合而形成的类似链条的结构。产业价值的创造和实现促使多式联运产业链更加完整;反过来,产业链的存在也开辟了实现产业价值的多种渠道。

随着生产技术水平的不断提高,运输生产的过程逐渐成熟和完备,并被详细地划分为一系列环节。经济的发展催生出不同的分工与交易活动,对这一现象的研究在当下也逐渐普及起来。多式联运企业的组织结构伴随分工的详细而逐渐扩展,当前的组织结构有以下三种类型:

1. 市场契约结构

在多式联运链条上各经济主体可能通过签订市场契约的方式来治理相互间的经济关系,也即通过价格机制来组织交易过程。多式联运生态系统市场契约组织结构如图3-1所示。

契约关系的约束促使各参与主体互相协作,共同实现完整运输过程。多式联运合同需要对运输起讫点、运输费用、运输责任以及大致的运到时限做出规定,再由次级契约对负责不同

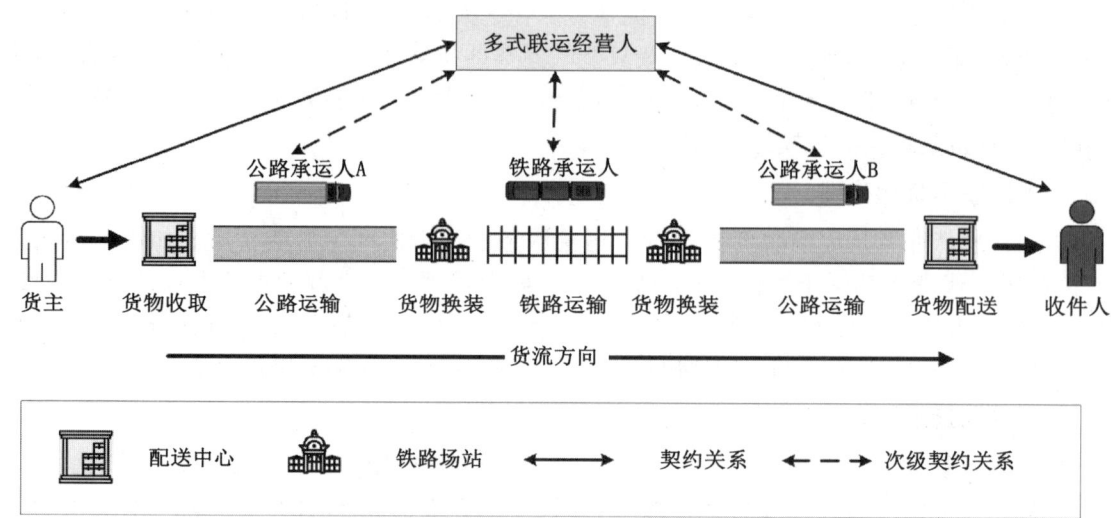

图 3-1　多式联运生态系统市场契约组织结构

区域的承运人和运输主体的服务价格、运输责任及运输保障进行界定。虽然运输市场允许一些短期契约的存在,但大部分现存的市场契约是长期合同,它们为维持各主体间恰当的经济关系起到不可或缺的作用。这些长期契约并非长时间一成不变,相反,长期契约可以为交易主体做出变动,尤其是在与交易主体的合作次数频繁时。

2. 纵向一体化结构

大规模的综合运输企业利用自己的运输工具和运营网络来搭建运营服务组织这种一体化结构。大规模运输企业在处理业务流程当中对协调各环节之间关系的命令具有权威性,即企业所颁布的调度指令对运输资源的合理分配起到关键作用。多式联运生态系统纵向一体化组织结构如图 3-2 所示。

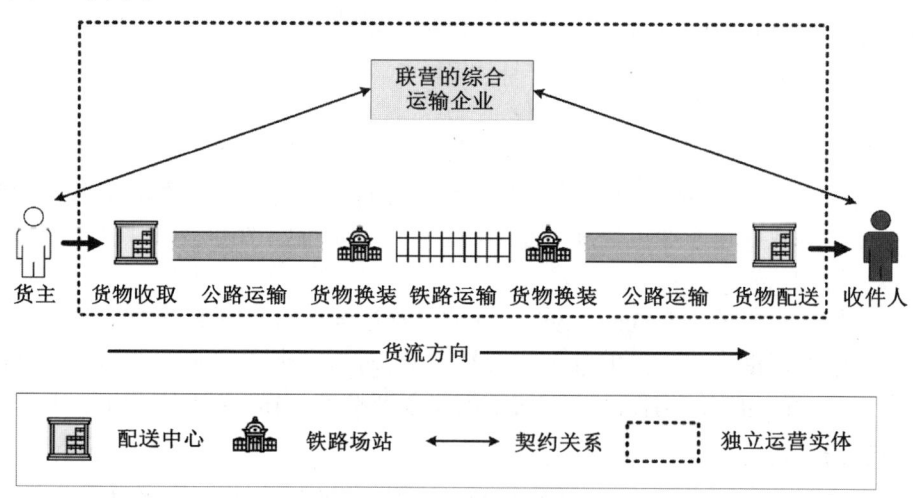

图 3-2　多式联运生态系统纵向一体化组织结构

纵向一体化将导致生产内部化,与自由交易市场机制不同的是,科层制在管理范围和强度方面都要更胜一筹,信息的获取与收集也更可靠。但是科层制有其自身避免不了的缺陷,这就导致纵向一体化的收益增长存在瓶颈。随着成本高昂的运输资产被投入使用,且考虑到运输资源时空分布的不均衡性,综合性运输企业的发展规模存在瓶颈,故综合运输企业欲取代其他所有组织形态的运输方式并不现实。

3. 混合组织形态结构

混合组织形态是多种形态的集合,也是纵向一体化和契约结构的特殊组合方式。多式联运生态系统混合组织结构如图 3-3 所示。如合资、企业联盟等居于市场和科层组织之间的组织结构形态反映着合资、企业联盟等在强度反馈、适应水平和科层体制成本等方面的表现。

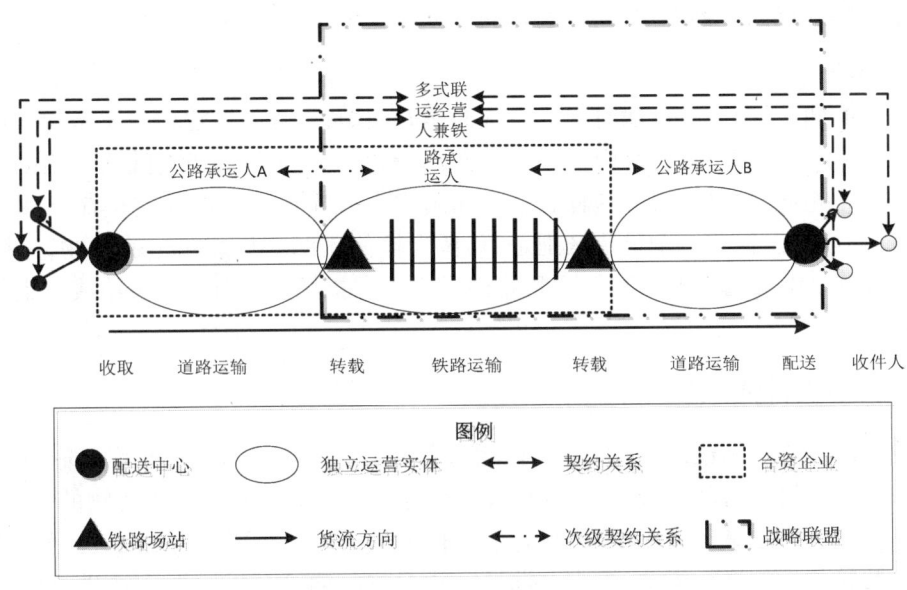

图 3-3　多式联运生态系统混合组织结构

3.3　多式联运生态系统多模态体系

3.3.1　多模式体系

运输模式是指组合内陆配送网络中集装箱选择的起始点到目的地的运输方式。选择运输方式时,需要设立合理的运输方案,经过比较和计算来确定。总的来说,集装箱多式联运有四种主要的联运形式,如公铁联运、海陆联运、陆桥联运和海空联运。

1. 公铁联运

公铁联运是国内区域间多式联运的重要组织形式。它是公路和铁路的联合运输。这种联运方式的基础主要是通过大容量、长距离的铁路与公路运输,实现更大范围的覆盖,提供更好的服务。在具体操作中,往往以集装箱为运输单元,整个运输经营者将货物从货物接收地运输到指定地点交付。

2. 海陆联运

海陆联运是国际多式联运的主要组织形式。该模式以海运为基础,与航线两端的内陆运输部门开展联运业务,并由海上货物运输公司签发。在我国,集装箱海陆联运是指用集装箱将货物运往沿海各港口和码头,然后货物通过海运船运输,或者通过相反方向的陆海联运。一些距离航运港口较近的货物通常采用陆海联运,由集装箱汽车运输和远洋船舶运输相连接,离航运港口较远的货物则通常采用集装箱和远洋船舶的铁海联运。

3. 陆桥联运

陆桥联运是指利用横贯大陆的铁路或公路作为多式联运之间的"桥梁",利用专门的集装箱火车或卡车将内陆集装箱航运路线的两端连接起来,组织成连贯的运输模式。严格来说,陆桥联运也是海陆联运的一种形式,两者的不同之处在于侧重哪一种运输方式。

4. 海空联运

海空联运有两大好处:总运输时间比全程海运时间短;全程总运输成本比全程空运成本低得多。然而,由于空运和海运的局限性,一般的海运和空运不可能在没有陆路运输的情况下直接与海运和空运相连。严格地说,这种联合运输组织方式应该称为海陆空运输。关于运输组织,陆桥运输与航空运输的一个重要区别是,陆桥运输使用同一集装箱运输货物,过境时无须改变货物的操作。采用海空联运时航空货物通常需要在机场转为航空集装箱或在集装箱内转为航空集装箱。

3.3.2 多货种体系(一)

在传统的国际货物运输过程中,每个托运人都只托运小批量货物,导致运输组织是混乱的,这使得在内陆运输过程中难以实现规模经济效益。使用集装箱改变了货物的运输方式,无论是在全程流通过程还是运输组织上,都有了变化。采用集装箱运输货物时,分散的小批量货物可以在集装箱货运站进行集中,组成大批量货物后进行内陆运输。对货物进行标准化运输后,运输过程实现了装卸机械化,很大限度地缩短了船只在港口停泊的时间和货物在仓库里存放的时间,不仅可以提高货物运输效率,还降低了运输成本。运用集装箱进行货物的装卸,可以确保货物在运输过程中完好无损,降低了货物损坏和损失率,从而大幅度降低赔偿和损害的风险。

在集装箱货物的运输过程中,货物的集散方式主要有两种:整箱货和拼箱货,它们具有不同的流转程序。

(1)整箱货。整箱货通常是指由发货人负责对货物进行装箱、计数及填写相应的装箱单。随后,海关将对整箱货进行加封,以确保货物在运输过程中不被擅自打开或篡改。通常情况下,整箱货的拆箱工作由收货人负责处理,不过,在实际操作中,有些收货人可能会委托承运人在货运站进行拆箱操作。承运人对整箱货以箱为交接单位。整箱货运输是承运人从发货人手中接过海关铅封后的整箱货,通过公路、铁路、水路等各种运输方式,在运输过程中不进行掏装箱作业,一直运送到目的地,即收货人指定的交货地点交付。这种形式即所谓的"门到门"运输。这种运输方式一般适用于批量较大的货物,这些货物通常都来自同一个发货人且送至同一个收货人,目的地也是一致的。

(2)拼箱货。拼箱货一般指那些无法填满一整个集装箱的小批量货物。这样的货物通常由承运人依次揽收,并在集装箱货运站内按照目的地、货物种类等因素进行分类,最终将两票或更多的货物拼配在一个集装箱中进行运输,当到达目的地的集装箱货运站时,拼装的集装箱会被拆箱,再分别进行交货。在拼箱货运输中,货主通常会将货物通过普通汽车送到集装箱货运站。承运人会对所有的货物进行分类,并将两票或更多的货物配装在一个集装箱中,这些货物可能来自不同的发货人,但都是要运往相同的目的地,之后,拼装好的集装箱会被运往集装箱码头堆场并等待装船。接下来,承运人会利用普通汽车将货物从集装箱货运站运送到相应的收货人处。采用这种运输形式的货物可以来自不同的起运地,但必须运往同一目的港。

通过多式联运进行运输的货物可分为普通货物和特殊货物。

(1)普通货物。普通货物一般被称作百杂货。相较于特殊货物,百杂货的装卸和保管方式更为简单,同时,百杂货可以按件计数进行统计,方便管理和结算。百杂货的特点是货量不大,但货价较高,因此它们具有较强的运费负担能力。百杂货通常采用定期船进行运输。另外,根据包装形式和货物性质的不同,百杂货还可以分为清洁货物和污货两类。

1)清洁货物

细货或精良货通常被称为清洁货物,这些货物具有清洁干燥的特点,并且对于装载和保管没有特殊要求。与其他货物混合装载时,清洁货物不会对其他货物造成损坏或污染,如罐头食品、纺织品、棉纱、布匹、橡胶制品、陶瓷器、漆器、电气制品和玩具等。

2)污货

污货通常被称为粗货,这些货物按其本身的性质和状态容易发生受潮、受热、风化、融化等情况,可能导致其他货物遭受严重损失。

(2)特殊货物。特殊货物是指因为性质、重量、价值或货物形态上的特殊要求,需要用特殊集装箱进行运输的货物。这些货物包括但不限于冷藏货物、超重货物、高价货物、危险品、液体货物、易腐品以及散货等。

1)冷藏货物

冷藏货物是指例如新鲜果蔬、牛羊鸡肉、禽蛋、奶油等必须采用冷藏集装箱或保温集装箱运输的货物。

2)超重货物

超重货物通常指单个物品的重量非常大的货物。这种货物可能是一台巨大的机器、超大型轮胎或其他类似的物品。根据我国相关规定,水路运输中的超重货物有三个标准:①交通运输部沿海直属的水运企业规定,重量大于3 t和长度大于12 m的货物被称作超重货物;②长江航运公司和各省(市、自治区)沿海水运企业规定,重量大于2 t和长度大于10 m的货物被称作超重货物;③各省、市、自治区内河水运企业规定,重量大于1 t和长度大于7 m的货物被称作超重货物。在国外,每件平均重量超过3.6 t的货物称为超重货物。不同类型的集装箱内,叉式装卸车的承载能力也有所不同,比如杂货集装箱一般承载能力为2.5 t,敞顶集装箱则为4 t。

3)高价货物

所谓高价货物,是指那些计算价格时,无论是按重量还是体积都比较昂贵的商品,如丝绸、纺织品、照相机、电视机或者其他家用电器等。

4)危险品

危险品通常指那些本身具有易燃易爆或者有毒、腐蚀性、放射性等危险特性的货物。这些货物在装箱时需要采取相应的安全措施,以确保装载和运输过程中设备和人员的安全。如果有危险货物的集装箱需要装船,则同样需要采取相应的措施以确保货品和船只的安全。

5）液体货物

液体货物是指一类需要放置在特定容器（如罐、桶、瓶、箱等）内进行运输的货物。这些货物通常为液态或半液态。很多液体货物在运输过程中具有一定的危险性，因此需要特别注意安全性的问题。另外，液体货物容易泄漏和散发，具有对其他货物可能造成污染和影响运输安全的隐患，需加以重视和防范。

6）易腐品

易腐品是指在运输过程中由于遭遇较高温度和湿度等自然条件的影响，或因通风不良而容易发生腐败的货物。

7）散货

散货是指在包装和封装上相对简单，通常采用散装运输方式的货物，例如食品、盐、煤、矿石等。随着集装箱运输技术的发展，散货的种类变得多样，例如水泥、糖等也可以用集装箱散装方式进行运输。

3.3.3　多货种体系（二）

尽管集装箱化进展很快，但也并不是所有的货物都适合集装箱运输。根据适合装箱的程度，货物可分如下几种：

1. 最适合装箱货

一般来说，高价值、运费高，并且具有良好装箱效率的货物被称为最适合装箱货。这类货物通常在尺寸、容积和重量方面都适合于装箱运输。这类货物包括但不限于酒类、药物、香烟和烟草、塑料制品、纺织品、各种家用电器、打印机、光学仪器。像果蔬、肉类和乳酪这样的货物通常被装在冷藏集装箱中进行运输，也属于此类货物。这类货物很容易被盗窃或损坏。

2. 适合装箱货

这类货物的价格通常不是太高，而且其运费比最适合装箱货更低，并且不易被损坏和盗窃。这类货物包括纸浆、罐装油、电线、电缆、金属制品、皮革、碳精棒、黑色颜料和煤焦油等，如果出现问题，需要支付的赔偿费用通常比较高。

3. 边际装箱货

边际装箱货，也称临界装箱货，是指从技术上可以集装箱化的货物，但由于价格低廉、运费便宜等经济原因，而不予以集装箱化。这类货物包装起来难以标准化、统一化，如木材、砖瓦、铁块、金属锭等。相比于高价值货物，这类货物在运输过程中一般不会被盗窃或损坏。

4. 不适合装箱货

这类货物通常因尺寸过大、形状复杂或者数量较多而难以使用标准集装箱进行运输。例如，矿砂、砂糖、原油等散货不宜装箱运输。为了满足这些货物的特殊运输需求，人们开始开发和使用专门的运输工具，如专用车辆和专用船只等。相对于普通集装箱运输方式，利用专用运输工具可以提高装卸效率和降低成本。一些大型设备如桥梁、铁路和大型发电机等，其尺寸超过国际标准集装箱中最大尺寸的限制，无法直接装箱运输，但可以使用组合式的平台箱进行运输。

随着集装箱运输的飞速发展，越来越多的特种货物也通过专用集装箱进行运输。这些专门定制的集装箱可以针对不同货物的形状、重量和体积进行设计。此外，随着专用集装箱的不断升级和改进,各个货种在装箱程度上适合程度的等级有望得到更大提高,这意味着那些难以成箱或者不适合使用普通集装箱进行运输的货物将会日益减少。

3.3.4 多载具体系

集装箱化运输是实现多式联运的重要手段,它将零散的货物装进结实的箱子,实现了物流活动的一体化运作。集装箱化运输的优点不仅在于提高了装卸效率和安全性,还有助于降低物流成本和提高运输效率。同时,集装箱可以根据不同的使用目的进行划分,包括普通集装箱、开顶集装箱、平板集装箱、冷藏集装箱等多种类型,能够适应不同的货物运输需求。

集装箱化运输的发展也推动了许多现代技术的进步和发展,比如物流信息化、自动化装卸设备、智能物流系统等,为物流行业的发展注入了新的动力。除此之外,集装箱化运输也促进了全球贸易发展、国际经济交流与合作,成为全球化经济中不可或缺的一环。其具体的分类如下:

1. 干货集装箱

干货集装箱占据集装箱总数的 70%~80%。除了冷冻货,活的动物、植物之外,在尺寸、重量等方面适合集装箱运输的货物,均可使用干货集装箱。

2. 特种集装箱

(1)冷冻集装箱:分为外置式和内置式两种,适用于运输需要保持低温的货物,如黄油、巧克力、冷冻鱼肉、炼乳、人造奶油等。内置式集装箱在运输过程中可以随意启动冷冻机,外置式集装箱则必须依靠专用车、船和堆场、车站上配备的冷冻机来制冷。

(2)开顶集装箱:可以方便地取下和装上箱顶,分为硬顶和软顶两种。它适用于装载大型货物和重货,如钢铁、木材、机械,特别是玻璃板等易碎的重货。它利用吊机从顶部将货物吊入箱内,不易损坏货物,也便于在箱内固定。

(3)框架集装箱:没有箱顶和两侧,从集装箱侧面进行装卸。它适用于运输超重货物、牲畜和钢材之类可以免除外包装的裸装货,也可用于大型超宽、超高货物的吊装。

(4)罐式集装箱:用于运输食品、药品、化工品等液体货物,其结构是在一个金属框架内固定上一个液罐。多数罐箱有蒸气或电加热装置、惰性气体保护装置、减压装置及其他流体运输及装卸所需的可选设备。

(5)平台集装箱:具有高承载能力的底板,适宜装超重、超长货物。长度可达 6 m 以上,宽度为 4 m 以上,高度为 4.5 m 左右,重量可达 40 kg。

(6)汽车集装箱

汽车集装箱是一种特殊集装箱,专门装运小型汽车。这种集装箱没有侧壁,保留框架和箱底,在箱底设有绑扎设备和防滑钢板。大部分汽车集装箱设计成上、下两层,可以装载多辆小汽车。

此外,对于航空集装箱的运输,其适箱货源主要为对运输速度和安全性能要求较高的高价值货物。此类集装箱一般采用铝合金或高强度纤维(玻璃钢)等材料制造,不需要角柱或重型角铸件,因此比国际标准化集装箱更为轻便。同时,由于航空运输的特殊性,集装箱的上部结构通常设计为圆顶形状,以与飞机机身相适应,从而充分利用飞机货舱的容积,避免在运输过程中对飞机造成损伤。需要注意的是,针对不同类型的货物,集装箱的尺寸和结构也需要进行相应的调整,以确保货物能够安全顺利地运输到目的地。

3.3.5 多主体体系

多式联运生态系统包含的元素众多,除了运输环节的运输链要素外,还需要多个部门共同进行调节和协同。

1. 多式联运运输服务企业

多式联运运输服务企业包括多式联运货运代理、多式联运承运人、运输公司和场站经营人等,它们负责货物的车流组织以及在多式联运网络上的运输,同时还对多式联运运输节点的作业组织进行管理。多式联运运输服务企业数量众多,是多式联运网络的重要主体部分。

2. 金融服务企业

交通运输行业具有资金密集的性质,其特点是投资额巨大,工期长并且回资慢。以我国收费公路为例,其资产规模在万亿元以上。其他运输方式,如铁路、水路、航空等也都需要大量的投资。交通运输业的载具,如汽车、火车、飞机、轮船等交通运输工具和设备,数量更多,造价也高,都是构成运输业固定资产的重要部分。开展多种形式的金融业务,能够帮助我国在构建多式联运生态系统时利用外资引进先进设备、提高资金使用效率、降低资本运营风险、缓解资金需求压力并改善财务状况。

3. 运输保险企业

在多式联运中,货物的价值往往非常高,因此在运输过程中投保是至关重要的一环。根据货物运输方式的不同,货物运输保险可以分为海上、陆上、航空、邮包以及联运保险。保险期限一般以一次航程或运输过程为计算标准。除了货主、发货人、托运人和承运人等,任何在货物运输中拥有保险利益的人都可以投保。保险的目的是为在多式联运中遭受自然灾害或意外事故而造成损失的货物提供经济赔偿,并加强货物运输的安全防损工作,以保障商品的生产和流通。

发货人通常会在运输之前自行办理保险,以保护自己的财产安全。当然,多式联运经营人也可以代办保险业务,根据区段的不同,保险费用也会有所不同。此外,还有一些其他的保险类型,例如货损保险、战争险等。在货物运输保险中,条款内容非常重要,必须仔细阅读,以确保投保人和受保险人的权益得到保障。

4. 运输监管体系

在国际集装箱多式联运业务中,海关和其他政府部门扮演着非常关键的角色。海关在监管多式联运过程中拥有多项职责,其中最基本的职责是进出境监管。在货物进出口时,海关会依据相关法律法规对货物进行严格的监管。此外,海关还需要负责征收关税和其他税款,包括增值税、消费税等。海关还需要负责查缉走私活动,并对贸易数据进行统计。为了保证多式联运生态系统的健康发展,需要鼓励相关主体共同建立互利共赢的市场合作机制,通过优势互补,形成促进多式联运大发展的生态圈。其他政府部门可以通过统筹运用财政、税收、土地等各种手段,来支持多式联运经营人的发展,为其提供更好的运作环境和条件。

3.4　多式联运生态组织模式概念模型

综合前文对于多式联运生态系统的组织要素解析,多式联运生态体系业务流程分解如图3-4 所示。

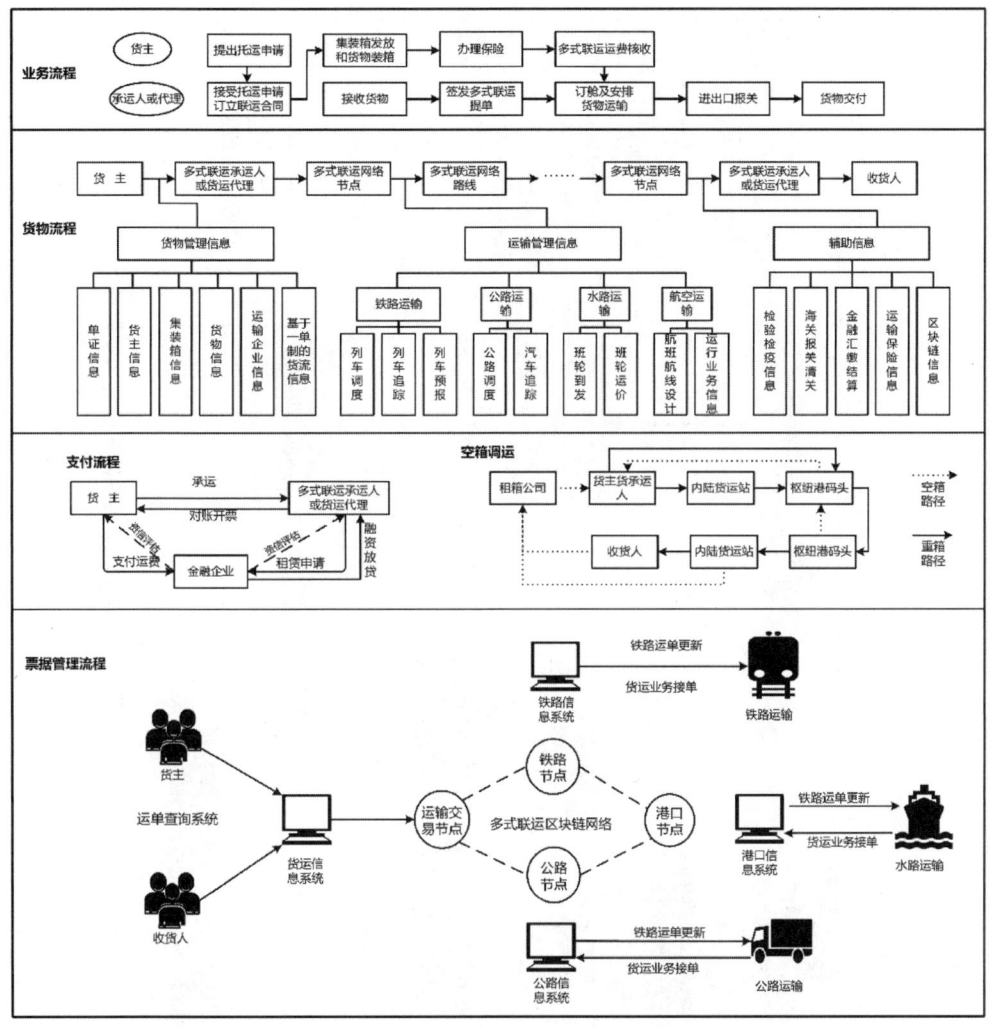

图 3-4　多式联运生态体系业务流程分解

在对多式联运全息生态系统分解的基础上,分析多式联运生态多元主体间的活动关系,构建基于全息生态的多式联运组织模式概念模型架构图,如图 3-5 所示。

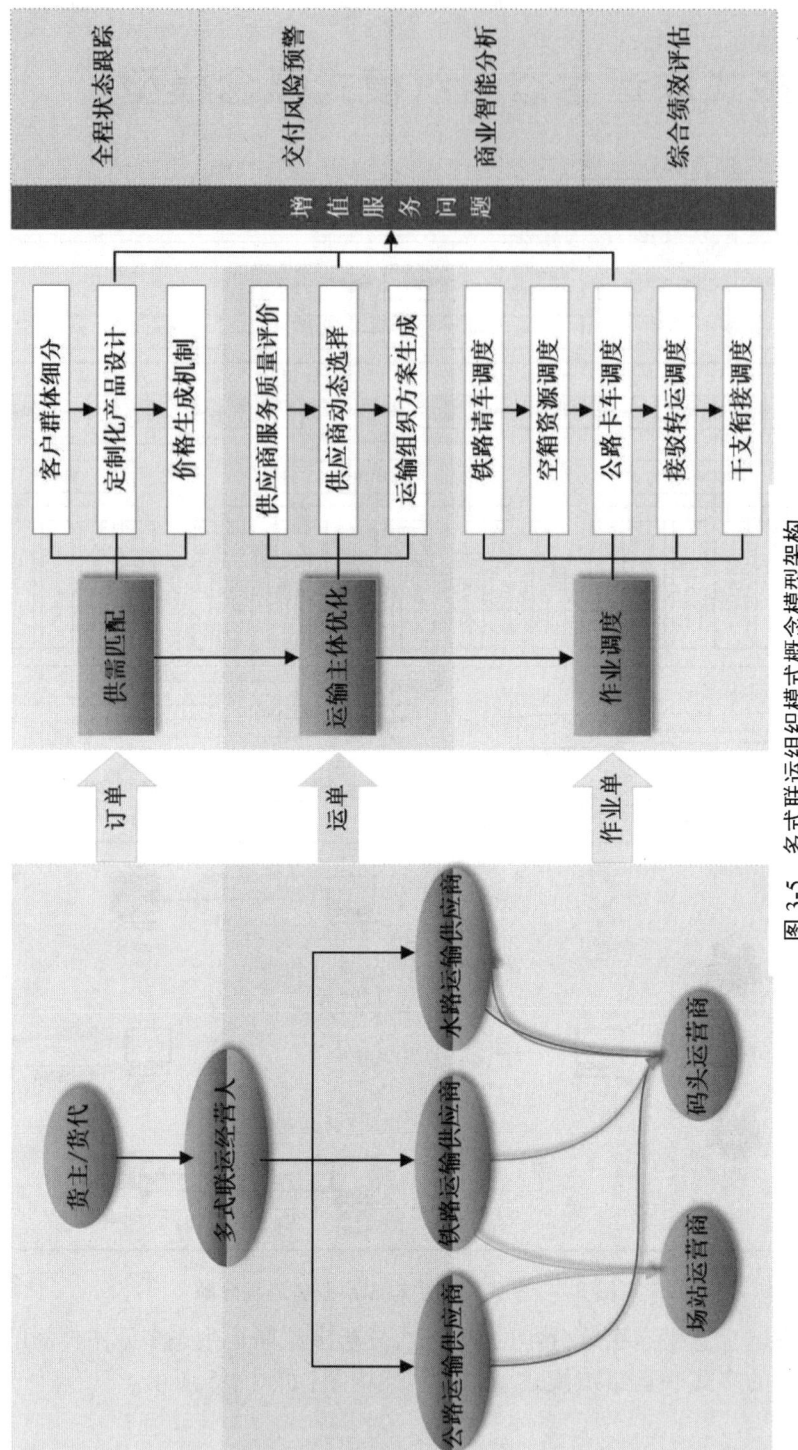

图 3-5 多式联运组织模式概念模型架构

56

4 多式联运生态组织功能设计

多式联运全息生态体系架构是指能够在传统的多式联运生态网络的基础上,应用全息投影技术思想,通过标准化、规范化的科学统筹,借助大数据、物联网、人工智能以及云平台技术,构建具有完全要素、完备功能、实现"一单制"高效营运的多式联运生态应用场景。组成多式联运系统的生态节点依照物流连贯化原则、商流一体化原则、信息共享化原则以及资金多元化原则,组织各联运生产要素聚簇,将完整产业链条串联成为生态链,跨生态链进行资源整合实现信息共享、资金融汇、一站式服务和精细化管理,由支持场景应用的功能模块耦合,共同构成多式联运全息生态体系。

4.1 多式联运生态组织功能设计原则

多式联运作为物流模式的一种,有机整合了各种运输方式的技术优势,以集装箱为单元物资,进行高效整合,实现了联合运输效率的提升。多式联运全息生态应当基于联运生态的物流、商流、信息流和资金流进行设计,合理统筹,科学规划,达到物流便捷、商流畅通、信息流交汇和资金流循环的运行效果,打造"一单制"运输服务模式,实现"一次查验、一次放行、一单到底",建立多式联运信息共享平台,扩展多式联运各行业应用广度,拓展多式联运全息化生态应用深度。

多式联运全息生态可以看作一种宏观经济系统,依托于系统内部紧密的关系,物流、商流、资金流、信息流作为各个生态主体坚实的纽带,始终贯穿其中。多式联运全息生态以绿色、高效、安全为导向,"一单制"服务为目标,数字化手段为基础,搭建稳定、有序的生态系统网络。各个主体不仅彼此之间始终保持着紧密的关联,而且在商流、资金流、信息流以及物流的流动过程中实现各个主体的价值,最终实现多式联运全息生态系统中各个节点的价值共赢与价值最大化的目标。

4.1.1 货票一单制原则

多式联运全息生态体系建立"一单制"运输服务模式,加速运输单证的电子化和标准化,在此框架下的多式联运奉行标准装备、标准服务和流程、标准契约规则和标准信息语言的原则,借助电子运输单证进行数据互联互通。电子运输单证的设计应遵循业务流程要求、契合国际贸易的需要,在研究国际、国内贸易单证的细节后,制定出实用的、具有可行性的多式联运电子提单。

多式联运全息生态体系将围绕发货提货、联运接驳、物流金融以及通关检验等环节,利用区块链技术和云存储技术,从单据数据化、标准化入手,统一单证数据格式,针对联运过程中产生的数据进行统一单位收集,统一格式存储,统一数据集合,完善运输单证的管理与应用流程。对于承运人和收发货主,根据身份的不同,将单证上数据信息的接收与发送进行划分,并将各方的信息汇总记录在多式联运信息平台;借助 EDI 技术和区块链技术,定义并加密不同的物流要素,针对不同的信息,建立起各类运输数据间的编码与解码关系,从而在不同的信息系统间加速多式联运各主体之间的数据交换与沟通,从数据流上实现多式联运的"一单制"的功能;对于客户而言,输入已定的物流要素数据,上报自身的多式联运业务需求,系统便会为其匹配契合要求的合作方,并生成相关的多式联运业务单据,当客户有对运输信息的沟通需求时,只需最初签订的电子提单。

联合多式联运生态各参与节点建立数据的连通和互相验证,实现互信互认和对多式联运业务流程的全程监控,同时基于电子货单开放客户服务接口,为客户提供包括融资、保险等金融服务以及运输状态可视化查询,贸易物流信息支持系统货票单据,一体化"门到门"解决方案并承担全程运输责任,简化服务环节,实现一次托运、一单到底、一个费率、一次保险、一体化全程运输。

4.1.2 物流链条化原则

物流活动贯穿整个多式联运网络并作为纽带连接网络生态的各个组成部分。各个组成部分在物流活动中又发挥各自作用,保障多式联运网络稳定有序运行。联运经营人、托运人、收货人、公铁水空供应商、枢纽场站经营人和箱东作为物流活动的直接参与者,构成了多式联运业务流程中的主体部分,在加强运输链条上下游联系的同时,缩短不同运输阶段转运节点的等待时间以及简化转运手续,增强物流活动作业活动连贯性;银行、保险以及交通投融资机构等通过金融操作保障物流活动所需的资金、保险支持,促进物流活动正常进行;海关、边检及交通主管部门等以行政手段对物流过程进行调控,保证联运过程符合行业标准和相关法律法规。

物流决定了整个多式联运生态运行的下限。对于某个多式联运系统而言,其物流运作水平的高低直接关系到整个联运网络的竞争力,联运网络中的商流、资金流和信息流的运作都以物流活动作为载体进行。物流活动连贯进行是实现"一单制"运输服务模式以及完成多式联运全息生态设计的首要原则。

4.1.3 商流一体化原则

多式联运生态中的商流是指在多式联运网络中产生的商品或服务交换,也可以看作商品和服务从生产者到消费者的价值更迭流程。商品流通需要不断进行商品实体和商品价值之间的转换,直到商品被送到消费者手中。

多式联运业务活动的过程中,商流引导了多式联运活动的开展。商流活动的运作激发了其他诸如信息流、资金流、物流在不同主体之间的流动。商流活动也将多式联运中的各主体企业联系起来,促进沟通协作,从而实现商品流动和价值增值。商流一体化原则就是要求在多式联运生态链条上的企业,依托生态链进行商品或服务交易,各环节参与企业建立互信机制,实现商务流通活动与产品流通进程一体化进行,更加高效便捷地实现产品价值,加速产品与货币形态转换,提高整个多式联运生态网络资金流通速度。商流一体化是实现多式联运"一单制"服务模式的基础,在贸易环节的耦合衔接是单证互认的前提。多式联运中的一体化商流加快了市场中的信息流通速度,增强了市场中的生产者和消费者的反应能力,促使其根据市场变动合理配置资源,转换经营策略。

4.1.4 信息共享化原则

在多式联运生态中,节点企业间信息的流动形成信息流。信息流指的是多式联运主体企业间为完成多式联运工作以获得相应的利益,进行的信息交换和共享活动。信息流是多式联运各主体企业能够协同处理事务的基础和保障,同时也是物流、商流、资金流等活动的底层构架。考虑到信息流在多式联运生态中的流动性和多变性,应提高多式联运各主体对于信息的反应速度,扩大各主体企业相互之间的信息透明程度,加强多式联运系统的信息化建设,上述工作是多式联运生态管理中的核心要素。

作为多式联运生态管理的最基本要素,信息流在多式联运生态管理中起着建设性的作用。商流、资金流和物流的进行需要信息流平衡信息差,提高重大问题事务决策能力,例如库存水平的高低、运输路线的制定、资金投入的多少等问题都需要各主体企业的信息沟通作为参考依据。信息流的合理流通弱化了多式联运系统的信息不对称性,提高了各主体的事务协作处理能力。同时,多式联运中的信息共享有助于联运业务链上下游企业实时掌握运输流程以及相关运输信息,提前安排运力、场站进行运输连贯化衔接;运输订单的信息共享是实现"一单制"运输的有力保障,上下游环节的信息共享能够显著减少对联运货物的单据查验,大幅提高联运效率。

"牛鞭效应"指的是供应链中,由于信息传递的延迟性,各级销售者会逐级扩大消费者的实际需求,最终导致生产过剩。在多式联运系统中,生态终端用户的需求信息起伏不定,信息的延迟性会导致资源的浪费和不合理配置,因此信息流最直接的作用就是信息共享,使多式联运系统的信息沟通不再是上下级信息的传递,而是各主体企业横向的接收,从而减少了"牛鞭效应"中的信息流动。这样可有效加快各主体企业面对复杂问题时的决策速度,提高竞争力,同时也缩短了多式联运系统的空置时间,更及时地对顾客需求做出反应,提升多式联运生态的服务水平。综上,信息流在多式联运生态中发挥着重要的作用。

4.1.5 资金多元化原则

资金流是指多式联运生态中各主体企业之间随着商品或服务之间的转移而产生的资金往来。多式联运生态中存在大量拥有上下级关系的企业,资金流动是这些企业进行贸易的保障,即在多式联运生态的每一环节都有产品和资金的交换发生,因此只要存在交易就会产生资金流。资金流状态对多式联运生态有着连锁性影响,当资金流状态健康时,各企业的贸易流通就会更加顺畅;反之,多式联运生态系统的经营活动可能由于其中某家企业的资金链断裂而被迫中断。

资金是企业的血液,也是整条多式联运生态链的血液。因此,在保证多式联运系统资金流通畅循环的同时,支持系统内部资金流多元化构成,在政府扶持鼓励多式联运网络发展的基础上,积极引入市场因素合理调配多式联运资金链的运行,丰富系统营运资金来源,提高资金运行活力和效率,补足政府投资难以顾及或效率低下的方面,引入金融市场运作模式,提高投资利用效率。保持资金流通畅,需要各节点企业共同应对。在多式联运生态中,对整个多式联运生态多元化运营资金进行有效监控与管理,能保证市场资本稳定、有序进行,实现节点之间资金的顺畅流动与高效运作。总体上控制资金在整个多式联运生态系统中的流向与运作,个体上熟悉各主体企业采购、生产、营销渠道上的资金使用状况,多式联运系统资金透明度越高,多式联运整体生态的价值提升就越高。多元主体资金流对多式联运生态的价值增长作用体现在能够有效降低整个多式联运生态的经营成本,使资金停滞的情况减少;资金流周转加快有利于多式联运生态中各节点企业资金流的有效管理和监控,提升多式联运生态资金运作绩效,从而使多式联运生态获得竞争优势。

4.2　多式联运生态组织交互规则

多式联运生态链运行模式是在生态链交互机制作用下,充分发挥节点及生态链作用,促进跨链条要素流动,激发系统活力;实现功能模块多链条支撑,完善服务体系,提高作业效率。交互机制聚焦传统联运网络痛点,针对信息共享、资金融汇、一站式服务和精细化管理进行设计,以使各应用场景包含全部多式联运生态链要素。

4.2.1　信息共享

多式联运涉及航运、铁路、公路、航空、货运所有人、海关、检验检疫等不同利益攸关方,是一个复杂的系统工程。各方之间的信息传输和处理也非常复杂。信息资源共享是实现多式联运服务协调、提高物流效率的重要技术手段。多式联运信息的交换和共享随着业务流程的进展逐步进行,信息在不同交通的利益相关者和交通连接的利益相关者之间进行交换和共享。

对于必要的共享信息,如货物类别、货物重量和多式联运运营商,这些信息需要由所有利益相关者共享。必要且不能共享的信息仅在单向运输中的利益相关者之间进行交换,不需要所有利益相关者共享;对于非必要信息,不需要在各利益相关方之间传递;对于必备且排他的信息,不能被合同签订方以外的其他各方所知晓的,这类信息只能在有限数量的利益相关者之间交换,其他利益相关者无法共享。因此,在多式联运全息生态系统交互机制的构建和应用中,关注利益相关者之间不同属性信息的交换和共享是十分必要的。

通过标准化数据采集,建立基于"一单制"的综合物流业务流程,畅通的信息流方便了不同线下物流实体之间的业务对接。规范数据链接阶段的数据流和处理,不同对象之间的自动数据映射使得通过标准数据映射规则和标准来标准化数据信息之间的映射数据集成为可能。所有物流数据都可以在不同的能力范围内进行自动映射和切换,真正实现"一单制"统一物流数据集的离线文档标准和内容标准化。现阶段可以在合作制造商之间建立一个高线下标准的集装箱业务数据映射标准,并逐步扩展到行业联盟,建立统一的行业标准。

多式联运涉及主体众多,每个节点都形成了稳定的服务规范过程。目前,各个主体的信息管理系统在业务结构、业务流程以及数据标准等之间存在一定的差异性,导致多元主体之间难以有效共享。通过建立信息共享机制,在各自搜集信息并存储于自有数据库的基础上,利用信息资源整合与共享实现多式联运相关主体信息互联互通。设计的目的体现统一数据标准、实时信息采集、信息高效交互和数据安全流动等方面。

1. 统一数据标准

针对目前多式联运系统各参与主体信息标准不统一,难以实现信息共享等难题,在遵循行业标准的基础上,建立统一的多式联运数据标准是实现信息共享的基础。

2. 实时信息采集

利用现代化信息技术,包括人工智能、5G 技术以及物联网技术等,自动化采集各节点信息,包括各类运输资源信息、运输工具情况等,方便用户对货物、车辆、单证等的状态进行全程动态跟踪服务。

3. 信息高效交互

打破信息间的壁垒,整合信息资源,建立不同节点的信息交互系统,实现信息的"点对点"信息交互,消除上下游参与方的信息传输误差,实现各节点工作信息的无缝对接。

4. 数据安全流动

建立多式联运交通信息的交换系统,能够生成不可改变和可靠的记录时间序列。在信息传输交换时通过密码技术加密,保证信息的安全性和可追溯性,避免来自系统内外的安全攻击。

4.2.2 资金汇融

多式联运衔接不同的运输方式,需要对各种形式的运输基础设施进行整合和调整,以支持货物和人员在不同运输方式(如公路、铁路、港口、机场和水路)上的高效衔接和无缝流动,资金汇融为促进多式联运的发展提供资金支持。近年来,多式联运资金汇融作为一种战略方法,在区域、国家和全球层面优化运输投资、改善运输系统以及实现可持续和综合运输解决方案等方面,越来越受到关注。

我国多式联运网络建设资金以政府为主,但随着运输体制的改革,更多投资主体进入多式联运市场,铁路企业、港口企业、公路企业、航空公司、民营企业与相关物流企业等主要的社会资本都成为多式联运港建设的投融资主体,单一依靠中央政府投融资为主体的格局被打破。

目前,多式联运资金汇融方式主要有政府资金支持、银行融资、私募融资、资产证券化、融资租赁等方式。除了政府投资外,其他的建设资金是以国内债券和银行的贷款为主的债务性资金。不同的资金汇融方式在利率、期限、还款方式等方面都不同,由于政策性贷款具有利率相对较优惠、还贷时期较长的优点,我国多式联运港口的投资建设主要依赖于政策性贷款。

多式联运生态网络建设与大型基础设施建设相同,具有初期投资大、建设周期长、投资回报慢的特点,同时联运上下游配套产业的培育和孵化需要相当长的实践时间,因而稳定且大量的资金支持是支撑多式联运全息生态系统建设营运的重要保证。多式联运的发展模式主要还是在政府主导下引领社会资本进入多式联运生态系统,促使投资主体与融资方式多元化。政府可以继续采取传统的支持物流项目的方式,例如直接投资、贴息或投资补助等,为多式联运项目提供资金支持,降低项目的融资成本。多式联运企业也要提高自身的融资能力,拓宽融资渠道,例如,可以通过发行股权、债券等方式进行直接融资,吸引更多社会资本参与投资,可以探索实行政府与社会资本合作(PPP)模式、产业发展基金等,引入更多资金参与多式联运项目的建设和运营。还可以引导银行业金融机构探索适合多式联运发展特点的信贷产品和服务方式,例如长期贷款、项目融资等,为多式联运重要基础设施建设提供资金支持。多方面联合不仅拓宽了网络的融资渠道,同时还增加了产业生态中资金的多样性,有效提高了系统的金融稳定性和抗风险能力。同时联运节点与社会资本进行源源不断的资金流交互,可以有效地提升多式联运生态的金融健康状况,提升联运网络的市场活性。

4.2.3 一站式服务

现阶段对于多式联运一站式服务提出了全程物流一体化的服务模式,是指在多式联运系统中,通过一家物流服务提供商或一家综合性物流企业,将多式联运过程中存在的货物转运、货物报关、仓储、场地的选择以及货物的具体运输进行有效的集成,为客户提供全面、一站式的物流服务,涵盖了多种运输方式(如公路、铁路、水路、航空等)的整合运输服务。该服务模式是基于多式联运的特点和实际需求提出的,一站式服务提供商能够提供从货物起运到目的地交付的全过程服务,包括线路规划、运输计划制订、运输方式选择、运输跟踪、货物配送等多个环节的综合性服务,保证多式联运的高效运转,提升用户的体验感受。

全程物流一体化通过统一的服务方进行协调和约束,提高整个物流服务商的效率和速度,从而实现高效化服务的目标。多式联运全息生态系统的智能化、信息化、生态化升级可以为物流源头的运输需求方提供方便快捷的一站式通关平台,实现"一次性受理、一站式服务"。同时,一站式通关平台可以实现货物的快速通关,加快货物的流转速度,提高物流服务的效率和竞争力。

1. 打造"门到门"全程服务功能

打造"门到门"全程服务功能是指一站式服务提供商负责整个物流运输过程中的各个环节,从货物的起运地点到目的地点的全程服务。一站式通关平台所有服务商将信息传递集中在一个信息平台,全程不需要货主的参与,货主只需要在事先约定的收货地址等待接收货物即可。这包括线路规划、运输方式选择、运输计划制订、货物装载、运输跟踪、配送等各个环节的协调和管理。通过一站式通关平台之间的信息传递,加强了联运节点连接的紧密性,减少了整个货物在港口中间的转运时间,提高了货物运输过程的转移速度。一站式服务提供商会负责与不同运输方式的运营商进行协调和沟通,以确保货物能够按照计划安全、准时地送达目的地,提供"门到门"的全程物流服务。

2. 打造一单通协同服务功能

电子单审批是一单通协同服务功能中最重要的内容,通过平台将订单信息电子化、对订单进行审批是多式联运全息生态系统工作必须要解决的问题。对于建立一站式通关平台,电子单审批系统已经具有一定的基础。电子单审批能够在最短的时间内进行单据的快速审批,加快了审批流程,提高了审批速度,保证单据能够在第一时间传递给下一个货物联运节点。通过一单通的信息化平台,客户可以在一个平台上提交物流运输订单,并实时查看订单状态、货物位置、运输进度等信息,同时一站式服务提供商可以通过系统进行订单管理、运输计划的协调和调度,实现各个环节之间的信息共享和协同操作,提高物流运输的效率和可靠性。电子单系统的实施是打造一单通的协同服务功能的重要体现,解决了货物转移过程当中存在的多种问题,使整个多式联运全息生态系统在整体效果和货物转移速度上大大提高。

4.2.4 精细化管理

多式联运全息生态系统的精细化管理机制是通过设立专业的管理团队,建立完善的管理体系和管理流程以及健全的数据管理机制,要求运输流各生态节点作业做到专业化、系统化、数据化、信息化。精细化管理不仅作为一种企业管理理念,更是多式联运全息生态系统的重要交互机制,最大限度地减少资源的浪费,降低运行成本,提高工作效率和效益。精细化管理涵盖的特点主要有四个,包括专业化、系统化、数据化和信息化。

1. 专业化

专业化强调运用专业技能、科学的管理理论、高效的方法和工具来解决问题,取代了传统的凭感觉和经验的管理方式。为了实现精细化管理,过程监管至关重要,必须确保各个环节和要素都得到落实。因此,在实现专业化管理的过程中,需要建立高效的机构和拥有专业水平的人才队伍,以严格的标准和规范为指导。这要求管理者在人才招聘、培训和管理方面有着更高的要求。

为了满足专业化管理的要求,企业需要注重培养和发展员工的专业能力和素质,而这可以通过持续的培训和学习来实现。通过不断更新知识、提高技能和增加实践经验,员工可以更好地适应市场变化和企业需求。企业可以通过制订专业化培训计划、提供在线学习资源和举办内部培训来培养和发展员工的专业能力。此外,良好的团队氛围、合理的奖励机制,可以鼓励员工积极进取、互相学习,从而更好地促进员工的专业化发展。

2. 系统化

在多式联运生态系统的管理中,管理者需要从整体的角度出发,以保持节点调整与生态系统的动态平衡为目标进行问题的规划和分析。实现系统化管理的过程可以分为以下三个方面:

首先,以生态链为基础,全面考虑多式联运生态系统的整体情况,从而能够更好地发现和解决问题。这需要对生态系统中的各个环节和节点进行分析,了解它们之间的相互作用和影响,以及它们对生态系统整体的影响。通过这种方式,管理者可以更好地制定解决方案,使多式联运生态系统更加稳定和健康。

其次,需要建立完整高效的运营系统。这意味着要整合生态系统中各链条流动的要素,进行统筹优化,提高运营效率。它包括优化物流管理、交通运输、仓储等方面的业务,并建立高效的信息系统,以便更好地掌握生态系统中的各种数据和信息。通过建立高效的运营系统,管理者可以更好地实现生态系统中的资源整合和优化,提高多式联运的效率和质量。

最后,需要关注生态系统中各节点的多样性和灵活性,以便在应对市场变化和风险时更加具备应变能力。此外,需要建立完善的风险管理机制,及时应对各种风险,保障生态系统的稳定和健康。通过不断完善组织系统,多式联运生态系统可以更好地应对市场变化和风险,实现可持续发展。

3. 数据化

数据化可以对多式联运各个环节进行标准化、目标化分解,为实现工作与绩效考核的完美衔接提供支持。通过明确的、可操作的标准,多式联运生态管理更加具有可操作性和实施性,避免出现多式联运生态管理与实际操作不符、严重脱节的现象。数据化不仅可以帮助企业更好地管理多式联运生态,还可以提高效率、降低成本、优化资源配置。因此,在多式联运生态的管理中,数据化已经成为不可或缺的一部分。

4. 信息化

随着科学技术的飞速发展和不断创新,信息化已成为实现精细化管理不可或缺的重要环节。多式联运生态系统的信息化建设需要借助传统信息技术,同时也需要结合当前最新的技术趋势,例如5G技术、人工智能、大数据分析、云计算以及物联网技术等为多式联运生态系统提供强大的信息赋能。

信息化建设的目的是实现多式联运生态系统中信息的快速获取、云端存储、实时传递、智能分析、综合利用等功能,进而提高整个系统的数据整合、处理、计算和应用能力。通过信息化的手段,各个环节的数据可以进行有效整合和处理,提高运营效率和管理水平,同时也能更好地满足多样化的需求,提升整个生态系统的竞争力和核心价值。因此,信息化建设已成为多式联运生态系统实现精细化管理的必然趋势和关键所在。

4.3 多式联运生态组织功能模块

多式联运全息生态系统实现联运要素聚集,智能化、数字化、专业化完成联运产业相关业务流程,如图4-1所示。系统主要由运输模块、信息模块、管理模块以及结算模块四部分有机结合,实现联运系统运输快捷、信息流通、精细管理以及规范结算。

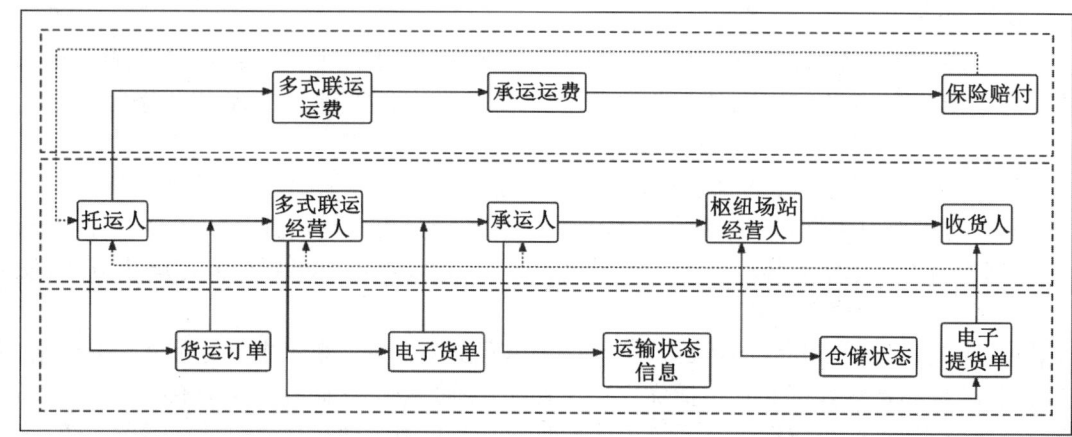

图 4-1 多式联运全息生态系统功能模块耦合示意图

4.3.1 运输模块

多式联运是指在货物全程连续运输过程中应用两种及以上运输方式的运输模式。多式联运物流流程如图4-2所示。在实现运输模块时,多方要共同参与,充分利用系统工程的方法论对运输模块进行指导,保障在途中的各个运输环节衔接通畅。主要的构成有多式联运经营人、多式联运承运人、枢纽场站经营人以及集装箱管理和出租经营人。

多式联运经营人:多式联运经营人负责制定运输方案,组织各实际承运人开展运输任务,是多式联运工作的主要承担人。多式联运经营人通过联系客户接受托运申请并与客户签订多式联运合同,在收到货物之后会组织各区段实际承运人进行协调,确定货物运输方式和运输路径,在货物运至目的地后负责通知收货人凭多式联运单据办理提货手续,若货物在运输过程中损坏或灭失,多式联运经营人有责任向货主进行赔偿。

多式联运承运人:多式联运承运人负责运输方案中该区段的实际运输工作,其拥有大量的运输工具和经验丰富的从业人员,有着熟练处理海上、铁路、公路、航空等客货运输业务的能

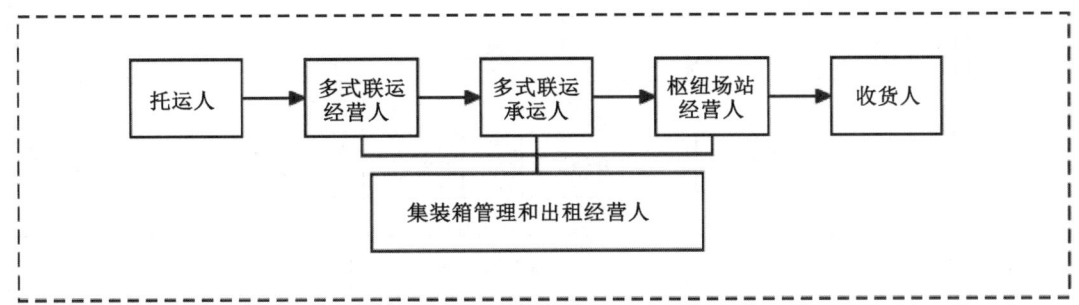

图 4-2　多式联运物流流程

力,是运输过程的主要完成者,主要通过与多式联运经营人订立运输合同,负责联运过程中某一区段的运输任务。

枢纽场站经营人:集装箱场站是集装箱不同运输方式换装的枢纽,是集装箱运输系统的重要组成部分,也是集装箱的集散地。因此,集装箱场站在整个集装箱运输系统中具有重要的地位和作用。提升集装箱场站的各项工作效率,合理安排其工作流程,可有效缩短集装箱空置时间,增加经济效益,对整个集装箱运输系统的顺利运行具有极其重要的意义。

集装箱管理和出租经营人:在集装箱运输与多式联运系统中,普遍存在集装箱租赁业务,集装箱租赁业务为有用箱需求的运输企业提供空箱及回收工作,对于苦于空箱调配的运输企业而言,此举既减少了运输企业的营运成本投入,同时专业的集装箱管理也能够进行针对性资源调配,有效平衡系统供需。实际运输中,租赁者可根据自己运输业务的需要,与租赁企业达成协议,以契合运输流程的方式进行租箱。

4.3.2　信息模块

在不同的生产过程中,多式联运的各个业务环节会产生大量且繁杂的作业数据,生产业务流程端包括设备调动、人员调动、调度统计、仓储记录以及货物运输等方面的作业记录,同时包括货物的出入库记录、作业班组交接记录、自动化作业设备返回的工作日志及作业异常反馈、订单处理及结算信息和货票信息等;在设备监控方面包括 GPS 定位数据、载运工具运行动态数据库、设备运维周期表、设备维修检测报告等设备动态实时监控数据。数据种类繁多、信息内容繁杂的情况不利于多式联运生态系统的高效化运行、智慧化管理和进一步发展。

针对多式联运系统目前信息系统种类繁多且相互割裂的现象,需要对多式联运系统的信息集成系统进行平台化、集成化、扩展性建设,以实现集成业务应用、整合信息资源。多式联运信息共享模块如图 4-3 所示。信息共享模块需要建立包含多个子库的多式联运信息库,多个子库用于存储不同的数据元素,例如货物信息、运输工具信息、港口和码头信息、物流服务提供商信息等。通过建立各项业务的数据库,实现数据库之间的信息互通和共享,从而对客户管理、生产业务、物资管理以及流量统计管理和公共安全管理等多个多式联运系统业务数据进行集成整合,形成一体化管理的模式。

构建基础信息平台后,实现作业流程单位数据化和业务流程数据标准化,进而搭建起高效互联的协作网络,做到管理对象和过程的数字化和信息共享的通用化,通过平台实时共享业务流程进展和产业相关信息,形成聚集的多式联运产业集群,增强横向业务协同,对业务运行风险进行严格把控。

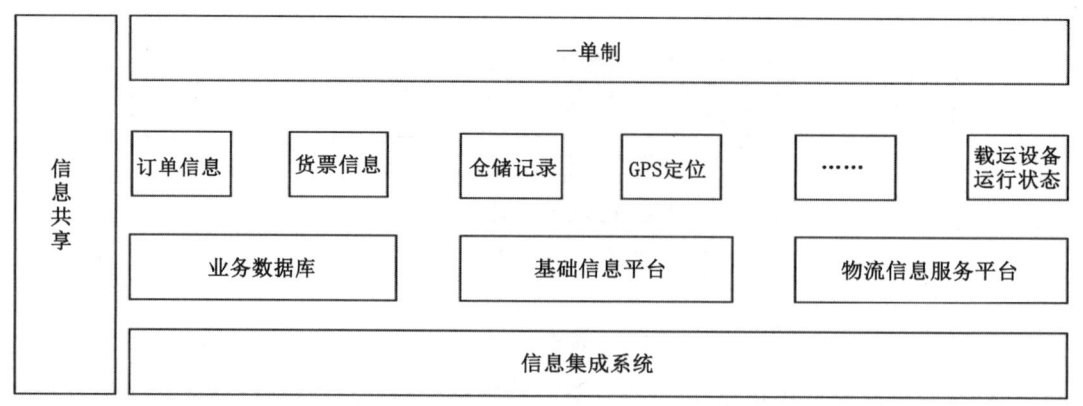

图 4-3　多式联运信息共享模块

搭建开放物流信息服务平台,可以推动日常工作信息化、运输业务电子化、运输物流可追踪化。利用区块链技术助力电子提单、货物追踪溯源,利用物联网和大数据技术,建立全链路集成信息平台,完善数据库登记车辆实时查找与定位工作,建立全天候全机动车辆监控机制。鼓励物流企业开发、推出相关手机 App 软件,为个人和相关公司提供运输资源、货源信息、运输状态等信息。

4.3.3　管理模块

多式联运过程经历不同运输主体、运输场站以及运输方式的转换,多元管理主体的介入往往会导致整个联运过程的混乱,因而亟须建立系统上位规划管理模块,借助数字化手段、大数据技术以及人工智能技术,对多式联运过程进行全程跟踪监控以及科学规划管理。

随着技术的不断发展,技术与多式联运系统业务的融合也更加紧密,多式联运业务关键节点的运行规律可以从操作、服务、决策、信息以及货物与资金流向等方面进行分析。在智慧多式联运系统的建设过程中,随着先进技术与产品的运用,在操作层面上,智能化技术的应用已经在逐步替代人工现场作业和指挥,能够大幅节省人力、有效提升作业效率和服务水平、有利于节约企业资金成本,提升多式联运系统可持续竞争优势;在服务层面上,针对松散的物流平台资源,为了增强多式联运的基础服务支撑能力,建设以平台为依托、货代为核心的集联运过程服务于一体的电商化服务体系,打造"互联网+物流"的多式联运系统服务模式,进而能够有效加强板块之间的业务联动、有机融合多式联运系统装卸作业与现代物流以及协同办公管理,实现"场站+物流+管理"三位一体的合作模式;在决策层面上,针对智慧多式联运系统建设中内部协同与智能化难题,构建"专业管理平台""立体协同办公""智能决策分析"的现代化智能决策管控体系,有助于提升办公效率,实现有效智能管理、高效协同办公以及进一步的智能分析;在信息层面上,建立场站作业监管系统、物流监管系统、EDI 公共数据交换平台、多式联运一体化平台,可以实现多式联运过程中各个关键节点的信息对接,以便信息可视、透明,使得不同部门、地区实现数据交换和信息共享,为用户提供更加便捷的一站式服务;在货物与资金流向方面,多式联运中货物的流向基本上是由货主流向配送中心,再由配送中心运输到铁路场站,然后经由海上运输以及后续的铁路运输至收货人手中,在整个多式联运的货物流动过程中,中间的转运交接阶段都是由联运经营人经手操作的,至于资金流向,则是各个节点的负责人与联运经营人接洽,再由联运经营人跟货主、收货人进行交流,后续反馈至各个节点的负责人手中,联运经营人在整个运输过程中承担着承启的核心作用。

4.3.4 结算模块

多式联运过程中的结算行为主要面对两大主体:一是面向客户进行结算,包含运费结算以及货物在运输过程中发生损失或灭失而进行的赔付结算;二是面向联运过程中各运输环节的承运人进行运费结算。这两部分的结算过程多元主体以及结算渠道的复杂化往往导致经营人账目混杂。多式联运全息生态系统将对联运过程中的结算环节进行功能整合以实现账面条目清晰、资金回流聚拢。同时多式联运一体化服务平台提供第三方服务接口,能够为客户提供便捷的物流金融服务。

货运客户可以通过在线结算平台对运费进行一次性结算,平台可以为客户提供可视化数据服务。在托运人与联运经营人订立运输合同清算运费之后,托运人可在联运货运系统中实时查询运输进度以及货物运输状态,若货物运输过程中出现损失或者灭失,可以向系统提交申请,后台对托运人申请受理后,进行审查、提赔、结案核验,对托运人损失进行赔付,同时反馈运输模块赔付记录,责成运输相关环节管理者对作业流程进行检查整顿。联运承运人可以通过结算平台对运输费用按季度进行结算,结算系统自动调取承运人历史作业信息,同时依据运输业务数据库进行核验,系统将自动计算货物是否产生了保管费、再次搬运费以及由于衔接不及时而产生的滞期费。

在多式联运全息生态系统中建立统一的结算平台,利用云存储技术和数据库技术对系统资金流动进行全程监控,跟踪联运合同的订立,调取货物在途运输状态信息,通知代收行进行承兑付款、寄送汇票、单证等操作,同时在款项结算后,生成电子运费结算单保存并存储到云端,以备后期财务审核以及运单查验。同时结算平台可以对结算单进行统计分析,对系统运行状态以及生态节点中的各环节参与企业进行金融评估以防范金融风险。

多式联运系统结算功能通过业务的规范化、流程化,实现系统业务管理的统一化。其电子结算功能通常包括以下步骤:

(1)客户注册和身份验证:客户需要注册并提供相关信息,如银行账户信息、公司名称、联系人信息等,以便获得数字证书和密钥。验证客户的身份后,多式联运平台将为客户生成数字证书和密钥。数字证书用于验证客户身份,而密钥用于加密和解密数据传输,这是保障多式联运的信息安全的必要手段。

(2)订单创建与账单生成:客户通过多式联运平台创建货物运输订单,包括货物信息、运输方式、运输路线、付款条件等信息。多式联运平台将生成账单并向客户发送通知,包括付款金额、付款期限、付款方式等信息。

(3)货物标记与跟踪:在货物运输前,客户需要对货物进行装箱和标记,多式联运平台将实时跟踪货物的运输过程,并在货物到达目的地时向客户发送货物交付通知。

(4)付款结算:客户可以根据多式联运平台提供的付款选项进行付款,如在线支付、银行转账等。多式联运平台将向客户收取相关费用,并计算最终的付款金额。

(5)通过电子结算功能,客户可以更加便捷地进行多式联运货物运输,而多式联运平台也可以更高效地管理货物运输过程和收取费用。

4.4 多式联运生态组织功能模块集成平台

通过大数据、物联网、人工智能以及云平台技术,整合托运人、供应商、箱服务商、3PL 等参与角色,建立以交易服务体系为目的、全程透明体系为导向的多式联运生态组织功能集成平台,如图 4-4 所示。

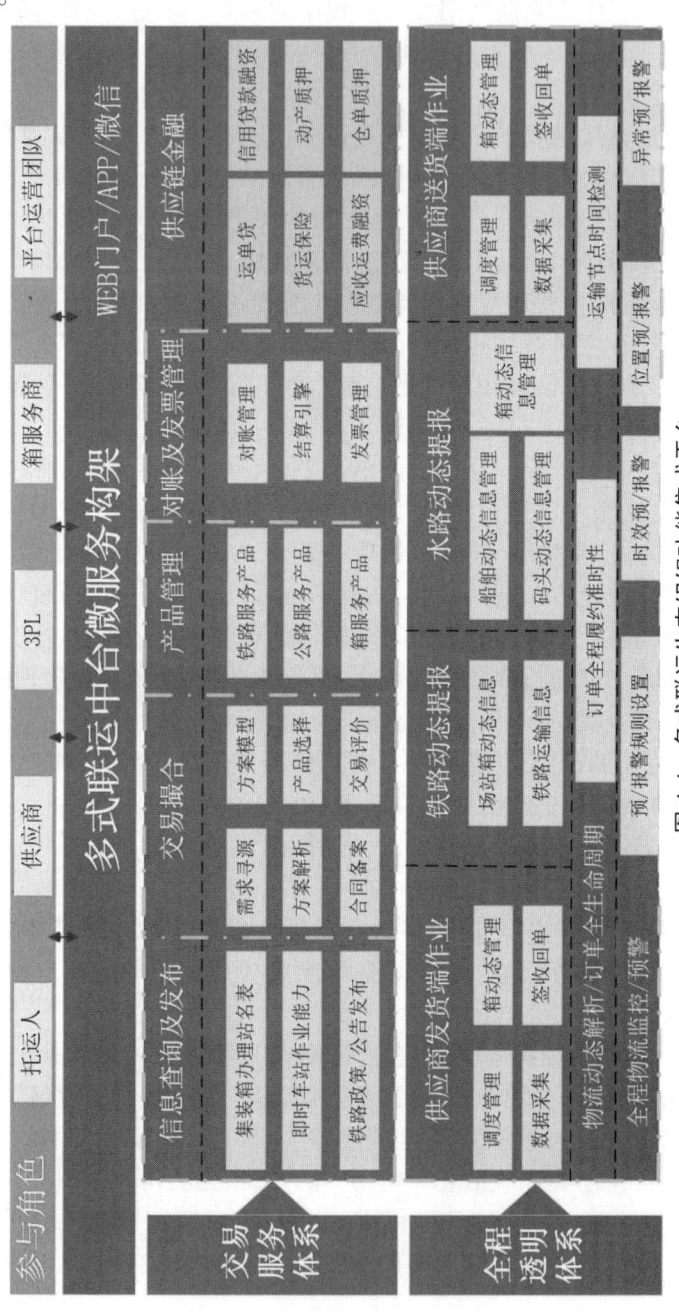

图 4-4 多式联运生态组织功能集成平台

5 多式联运法律制度体系

5.1 多式联运法律编制

多式联运涉及公、铁、水、空多种运输方式,多个司法管辖区,多个利益攸关方,多式联运相关法律政策的主要目的是确保各种运输模式之间的协调和互联互通,保障货物在不同的运输环节中的顺利流动、运输过程中的安全和可靠性。但是多式联运相应的法律制定起步较晚,涉及的问题复杂,牵涉的范围较广,确定一个能够在国际上通用的多式联运统一法对促进多式联运的发展至关重要。

5.1.1 国际多式联运法律制度的演变

多式联运法律的发展可以追溯到19世纪末和20世纪初的国际贸易和运输发展阶段。在那个时期,全球贸易和运输开始从单一的运输模式,如海运和铁路运输,转向多式联运的运输方式,如海陆联运和铁路、公路联运。这种趋势促使各国开始制定相关的多式联运法律。

从历史上看"货对货"运输是海上运输中的常见做法,即货物由托运人运送到港口,装船后在目的港卸货。最初的《海牙规则》和《海牙-维斯比规则》是基于海上运输"货对货"交付的制度。20世纪40年代后期和50年代初期,欧洲一些国家开始建立多式联运的法律框架,为多种运输方式之间的协调和衔接提供了基础。1956年,为了统一公路运输所使用的单证和承运人的责任,欧洲17个国家在日内瓦召开的会议上一致通过并签订了《关于国际货物运输提单的法律规定》(Convention on the Contract for the International Carriage of Goods by Road, CMR公约)。CMR公约是为国际公路货物运输提供法律框架和规定的重要国际公约,规定了货物运输合同的基本条款和条件,包括承运人的责任、货物损失或损坏的赔偿、运输文件的要求等。1961年,联合国欧洲经济委员会制定了《国际铁路货物运输公约》(Convention Concerning International Carriage of Goods by Rail, CIM公约),CIM公约旨在规范国际铁路货物运输的合同和运输条件,以提升国际铁路货物运输的便利性、高效性和安全性。该公约的成员可以通过批准或加入该公约,使其适用于其境内的国际铁路货物运输。

随着多式联运需求的不断增加,多式联运法律继续修订,致力于实现多式联运法律的统一。1969年,国际海事委员会开始制定《联合国国际货物多式联运公约草案》(The Draft Convention on Combined Transports),该草案在日本东京召开的国际海事委员会第28届大会上通过,故也称为《东京规则》。但由于该草案对发展中国家的利益没有给予充分的考虑,未能按原定计划交给1972年11月由联合国召开的集装箱运输会议审议。后来虽然进行了修改,对发展中国家的利益给予了充分的关注,但该公约须有30个国家参加方始生效,目前为止还没有达到规定的缔约国数量,故公约尚未生效,但公约中的规定对各国关于国际货物多式联运的立法有着重要的影响,而且在一定程度上反映出未来国际货物多式联运立法的发展方向。

《联合国国际货物多式联运公约》(United Nations Convention on International Multimodal Transport of Goods,1980 年《多式联运公约》),规定了国际多式联运中各种运输方式之间的责任和协调关系,包括运输合同、责任和赔偿等方面,是世界上第一个也是目前唯一一个关于多式联运的国际公约,但由于种种原因也并未生效。1991 年,联合国贸易和发展会议与国际商会在 1973 年制定的《多式联运单证统一规则》(Uniform Rules for a Combined Transport Document)的基础上,参考 1980 年《多式联运公约》,制定了《联合国贸易和发展会议/国际商会多式联运单证规则》(UNCTAD/ICC Rules for Multimodal Transport Documents,1991 年《多式联运单证规则》),在国际货物多式联运实践中接受程度较高。

目前,对于国际货物运输,联合国国际贸易法委员会依据的公约有 1978 年的《联合国海上货物运输公约》[United Nations Convention on the Carriage of Goods by Sea,Hamburg Rules(《汉堡规则》)],该公约规定了海上联运的责任和赔偿,确立了统一的法律制度,对托运人、承运人和收货人在海上货物运输合同下的权利和义务做出了规定,适用于多式联运中涉及海上运输的货物托运;1991 年的《联合国国际贸易运输港站经营人赔偿责任公约》,该公约规定了港站经营人对于国际运输所涉货物在运输港站期间发生损失和损坏以及港站经营人对于推迟交货的赔偿责任的统一法律规则;2008 年的《联合国全程或部分海上国际货物运输合同公约》[United Nations Convention on Contracts for the International Carriage of Goods Wholly or Partly by Sea,the Rotterdam Rules(《鹿特丹规则》)],该公约为海上货物运输提供了一个全面的法律框架,其中考虑到自通过早期的海运公约以来在海运领域应用的许多技术,包括集装箱化的发展、单一合同下"门到门"运输以及电子运输单证的发展,为托运人和承运人提供了一套具有约束力和平衡作用的普遍制度,以支持其中可能涉及其他运输方式的海运合同的运作。

其中,《鹿特丹规则》被称为一部"教科书"式的国际公约,是当前国际海上货物运输规则之集大成者,其公约条文数量共有 96 条,其中实质性条文 88 条,是《海牙规则》的 9 倍,《汉堡规则》的 3.5 倍。该公约的内容涵盖了与托运人、船东、船舶承运人和收货人等各方的权利和义务相关的多个方面,规定了运输合同的要素、运费支付、货物损失和延误的责任、货物清单、船舶租赁和运输文件等内容。2008 年,联合国大会通过《鹿特丹规则》的目的是制定一项关于国际海上货物运输的现代统一法,但是截至 2021 年 9 月,《鹿特丹规则》只有 25 个国家签署,4 个国家批准。为了使规则生效,它需要得到至少 20 个国家的批准。虽然该规则在学术和法律领域存在,但在实践中并不普遍适用,一些批评人士将批准进程缓慢归因于《鹿特丹规则》的复杂性和争议性,以及其与现有公约有很大的不同。

5.1.2 多式联运法律的编制原则

多式联运法律的发展经历了从单一运输模式的法律规范到多种运输方式的协调规范的转变,这个过程中,多式联运法律的制定原则也随着发生了变化。

初期阶段,多式联运法律的制定原则主要围绕运输方式的法律规范展开。在这个阶段,多式联运法律主要关注各个运输方式的责任和赔偿问题,以及货运单据的管理和交接问题等,旨在确保单一运输模式下货物的安全和运输的可靠性。

随着多式联运的普及和发展,多式联运法律的制定原则开始从单一运输方式的规范向协调规范转变。在这个阶段,多式联运法律开始注重各种运输方式之间的协调和衔接,制定了一系列跨运输模式的规范,旨在确保多式联运的效率和顺畅性。

根据多式联运法律的发展过程,多式联运法律的制定原则主要包括以下几个方面:

1. 统一性和一致性原则

多式联运法律的制定应追求统一性和一致性,以确保不同运输模式之间的协调和衔接,这有助于简化运输合同的管理流程、降低争议风险,并提高多式联运的效率和可靠性。例如,联合国的《多式联运公约》就是为了促进国际多式联运的统一和协调而制定的。

2. 公正和公平原则

多式联运法律应确保各方的权益得到公正和公平的保护,运输合同的条款和条件应平衡各方的责任和权利,避免不合理的利益倾斜,这有助于确保多式联运中各方之间的合作关系和公平竞争环境。

3. 责任和赔偿原则

多式联运法律应明确各种运输方式中包括货物损失、延误和人身伤害等情况下的责任和赔偿,这有助于确保货主的权益得到保护,并激励各方采取适当的措施确保货物的安全和运输的可靠性。相关的法律规定包括责任限制、赔偿额度和赔偿责任的界定等。

4. 合同自由和协商自愿原则

多式联运法律应鼓励运输各方在自由和平等的基础上进行合同的订立和协商。各方应有权根据具体情况自主选择合适的合同条款和条件,并进行相应的协商和谈判,这有助于适应多样化的商业需求和灵活的运输安排。

5. 环境保护原则

多式联运法律应考虑到环境保护的重要性,规定相应的措施和要求,以减少对环境的不良影响。这可能涉及危险品的运输要求、废物处理和排放控制等方面的规定。相关法律的制定有助于推动可持续发展和绿色运输的实现。

6. 国际协调和互认原则

考虑到多式联运的国际性和跨境性,多式联运法律应鼓励各国之间的协调和互认,以促进国际多式联运的畅通和便利。

这些原则旨在确保多式联运的顺畅运作,保护各方的权益,提高货物运输的效率和安全性。在制定多式联运法律时,需要综合考虑这些原则。

5.1.3　中国关于多式联运的法律法规

我国在 20 世纪 80 年代初开始尝试多式联运的模式,一些地区在交通枢纽上建立了综合运输中心,试图将不同的运输方式连接起来,以提高货物运输效率。为加快多式联运的发展,中国政府在 20 世纪 90 年代中期开始加大政策支持力度,推动了多式联运的试点项目,并提出了政策措施,鼓励不同运输方式的衔接与互联。由于多式联运的概念提出得较晚,目前我国没有针对多式联运的单独立法,而是针对多式联运中不同的事项分别进行单行立法规定,不同的法律规范形成具有层级关系,相互衔接协调法律体系。

目前,我国关于多式联运的管理主要依据《中华人民共和国海商法》(以下简称《海商法》)、《国际集装箱多式联运管理规则》(使用至 2003 年)及其他单式运输方式立法的条款。

1. 海商法

《海商法》是为了调整海上运输关系、船舶关系,维护当事人各方的合法权益,促进海上运输和经济贸易的发展而制定的,于 1992 年 11 月 7 日的第七届全国人民代表大会常务委员会第二十八次会议审议通过,1993 年 7 月 1 日正式施行。它规定了船舶、船员、海上货物运输合同、海上旅客运输合同、船舶租用合同、海上拖航合同、船舶碰撞、海难救助、共同海损、海事赔偿责任限制、海上保险合同、时效以及涉外关系的法律适用等海商法律制度。其中第四章海上货物运输合同第八节是关于多式联运合同的特别规定,具体内容如下:

第一百零二条 本法所称多式联运合同,是指多式联运经营人以两种以上的不同运输方式,其中一种是海上运输方式,负责将货物从接收地运至目的地交付收货人,并收取全程运费的合同。

前款所称多式联运经营人,是指本人或者委托他人以本人名义与托运人订立多式联运合同的人。

第一百零三条 多式联运经营人对多式联运货物的责任期间,自接收货物时起至交付货物时止。

第一百零四条 多式联运经营人负责履行或者组织履行多式联运合同,并对全程运输负责。

多式联运经营人与参加多式联运的各区段承运人,可以就多式联运合同的各区段运输,另以合同约定相互之间的责任。但是,此项合同不得影响多式联运经营人对全程运输所承担的责任。

第一百零五条 货物的灭失或者损坏发生于多式联运的某一运输区段的,多式联运经营人的赔偿责任和责任限额,适用调整该区段运输方式的有关法律规定。

第一百零六条 货物的灭失或者损坏发生的运输区段不能确定的,多式联运经营人应当依照本章关于承运人赔偿责任和责任限额的规定负赔偿责任。

《海商法》的这五条条款,对多式联运合同的定义、多式联运经营人的权利与义务、运输途中的责任与赔偿等做出了明确规定。

2. 国际集装箱多式联运管理规则

《国际集装箱多式联运管理规则》(使用至 2003 年)于 1997 年由我国原交通部、铁道部发布,旨在加强国际集装箱多式联运的管理,促进通畅、经济、高效的国际集装箱多式联运的发展,满足对外贸易发展的需要。该规则专门针对国际集装箱多式联运,适用于水路、公路、铁路的国际集装箱多式联运。它的颁布在国内外引起了极大的反响,是我国集装箱运输史上的一件大事。

该规则明确了国际集装箱多式联运的相关内容,包括多式联运合同,多式联运单据,多式联运经营人、区段运输承运人、托运人、收货人等,并对多式联运的管理、多式联运单据、托运人责任、多式联运经营人的责任等做出了明确规定,加强了我国国际集装箱多式联运的管理,促进了通畅、经济、高效的国际集装箱多式联运的发展。

3. 其他单式运输方式立法的条款

多式联运是由多种单式运输方式组合而成的,故单式运输方式的法律对于多式联运的法律条款产生了重要影响,这其中包括公、铁、水、空多种运输方式。此外,国际上关于多式联运的公约也对我国多式联运的法律体系产生了重要影响。我国多式联运法律体系如图 5-1 所示。

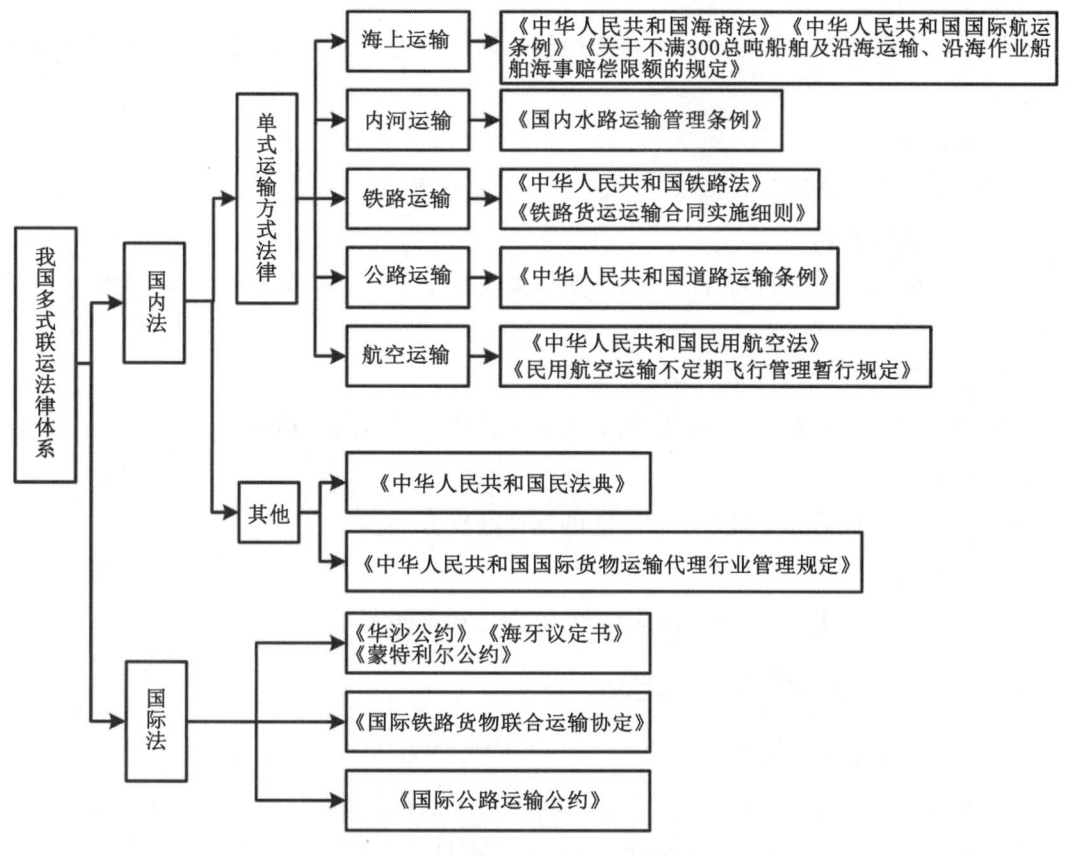

图 5-1　我国多式联运法律体系图

5.2　多式联运合同的构成与权责

多式联运合同是一种运输合同,旨在规定在运输货物过程中涉及多种运输方式的情况下的责任和义务,该合同是由货物托运人与多式联运经营者签订的。

在多式联运合同中,多式联运经营人负责组织和协调不同运输方式的运输服务,以便在最短时间内将货物从起运地点运送到目的地。该合同中需要明确规定货物的起运地点、目的地、运输方式、运输时间、运输费用、货物保险和责任分担等方面的内容。多式联运合同的签订可以减少货物运输中的中转和转运次数,提高货物的运输效率,降低货物运输成本,并减少了货物损失和延误的可能性。

多式联运合同通常包括以下内容:

1. 合同的当事人

合同中明确参与多式联运的各方,包括发货人、承运人、中转站等。

2. 货物信息

合同中应详细描述货物的性质、数量、包装等相关信息。

3. 运输方式

合同中应明确货物在运输过程中将使用的具体运输方式,以及各种方式的责任分配和转运程序。

4. 运输路线

合同中应明确货物的起点、终点以及中途可能的中转站点。

5. 费用和支付方式

合同中应明确各方之间的费用分摊方式以及支付方式,包括运输费用、中转费用、保险费用等。

6. 责任和风险转移

合同中应明确在运输过程中货物的责任和风险转移的时间点和方式。

7. 运输期限

合同中应规定货物的交付期限和可能的延误处理方式。

8. 保险要求

合同中可以约定货物在运输过程中的保险要求和责任承担。

5.2.1 多式联运合同主体定义

1. 多式联运经营人的界定

1980 年的《联合国国际货物多式联运公约》(以下简称《多式联运公约》)中对多式联运经营人的英文表达为"Multimodal Transport Operator(MTO)",是指"其本人或通过其代其行事的他人订立多式联运合同的任何人,他是委托人,而不是发货人的代理人和参加多式联运的承运人的代理人或代表他们行事,他承担履行合同的责任"。我国《海商法》和《中华人民共和国民法典》(以下简称《民法典》)都采用了《多式联运公约》中关于多式联运经营人的英文表述,《海商法》第 102 条第 2 款规定:"前款所称多式联运经营人,是指本人或者委托他人以本人名义与托运人订立多式联运合同的人。"2017 年 4 月 1 日,交通运输部发布实施的《货物多式联运术语》第 6.1 条将多式联运经营人(Intermodal Transport Operator)界定为"与托运人签订多式联运合同,并对运输过程承担全程责任的当事人"。

多式联运经营人并不是在所有的法律公约中都存在。《鹿特丹规则》中没有多式联运经营人的概念,而是以"海运履约方"出现;美国 1999 年的《对国际货物海上运输合同的责任法》(Carriage of Goods by Sea Act,COGSA)中定义,承运人是指承担将货物从起运港口运送到目的港口的责任的船东、船舶经营人或实际控制船舶的人,承运人是在货物运输合同中作为运输提供者承担责任的一方。1995 年《国际货物运输代理业管理规定》第 2 条和第 17 条规定,货运代理人既可以作为货主的代理人,也可以同时作为货主和承运人的代理人的"中介人"。另外,在美国和日本还有无船承运人(Non-Vessel Operating Common Carrier,NVOCC),是指在国际海运中承担货物承运人责任但不拥有或经营船舶的公司或组织。NVOCC 通常是货运代理或物流公司,它们与船东或航运公司签订运输合同,并承担货物的安全运输、空间预订、文件处理、货物追踪和结算等责任,但其运输活动限定为国际海上货物运输。

综上,多式联运经营人的主体主要包括承运人与实际承运人、货运代理人、无船承运人等三种类型。

2.托运人的定义

1980年的《多式联运公约》中只规定了"发货人"的概念,用于指代与多式联运经营人订立多式联运合同或实际交付货物的人,没有关于"托运人"的概念。然而,1991年的《多式联运单证规则》中引入了"托运人"的定义,强调托运人是与多式联运经营人签订多式联运合同的人。根据一般惯例和国际贸易实践,"托运人"通常被理解为与多式联运经营人订立多式联运合同的一方,即委托将货物从起运地运输到目的地的当事人。托运人可以是货物所有人、发货人或其代理人。

我国《海商法》第42条第(三)项规定了"托运人"的定义,包括两种情况:①以本人名义或委托他人为本人与承运人订立海上货物运输合同的人;②以本人名义或委托他人为本人将货物交给与海上货物运输合同有关的承运人的人。

综上所述,"托运人"可以被定义为与多式联运经营人订立多式联运合同的人。托运人可能是货物的实际所有者和发货人,也可能是受委托代表货物所有者或发货人进行货物运输的代理人。其中,托运人和发货人可以是同一人,即货物的所有权和运输合同的签订方是同一个实体。这种情况下,托运人既是货物的所有者,也是与多式联运经营人订立合同的当事人;托运人可能作为代理人或中介人,代表发货人与多式联运经营人签订合同,发货人是实际交付货物的一方,但不直接与多式联运经营人订立合同或承担合同责任。这种情况下,托运人作为发货人的代理人负责与多式联运经营人进行合同洽谈和协调,但合同责任仍然由多式联运经营人与托运人之间约定。

3.收货人的定义

不同的法规和规则对于"收货人"的定义有一定的变化和明确化。1980年的《多式联运公约》中"收货人"强调提取货物的权利性,是指有权提取货物的人。1991年的《多式联运单证规则》将"收货人"定义为"有权从多式联运经营人接收货物的人",也强调了收货人从多式联运经营人那里接收货物的权利。2008年的《鹿特丹规则》对收货人的定义更加明确,不仅强调收货人提取货物的权利,还增加了收货人货权的来源,将其定义为"根据运输合同或者根据运输单证或者电子运输记录有提货权的人"。

在中国的多式联运法律体系中,对于"收货人"的定义大抵相同,在《民法典》中,将其规定为"有权接收货物的人",《海商法》中规定为"有权提取货物的人",与国际相关立法相似。综上所述,"收货人"可以界定为"依照货物多式联运合同或者多式联运单证有权提取货物的人",该定义强调了收货人作为合同当事人或依据多式联运单证的权利,可以在合适的条件下提取货物。

5.2.2　多式联运合同主体的权利与义务

不同国家不同的法律对于多式联运合同主体的权利和义务的界定有所差异,但是总体上还是比较相似的。对于多式联运经营人、托运人、收货人的权利和义务的总结如下:

1. 多式联运经营人的权利与义务

多式联运经营人在多式联运合同中享有以下主要权利：

（1）运费及其他相关费用的请求权：多式联运经营人有权要求收货人支付运输费用、装卸费、仓储费等相关费用，可以根据运输合同、协议或运输条款来确定费用的计算方式和支付方式。

（2）货物留置权：如果收货人未按照约定支付运费或其他费用，多式联运经营人有权保留货物，直到费用得到支付为止。这是一种法律上的保留权，确保运营人能够合法地要求费用的支付。

（3）运输责任限制的权利：根据国际和国内法律的规定，多式联运经营人在运输合同中可以约定对自身的运输责任进行限制。这通常以货物的价值为基础，以避免对高价值货物承担过大的赔偿责任。

（4）免责权：在某些情况下，如不可抗力事件（如自然灾害、战争等）或特定合同条款规定的情况下，货物多式联运经营人可能享有免责权。这意味着其可以免除或减少因不可抗力或者其他特定情况导致的货物损失或延误的责任。

（5）追索权：多式联运经营人有权要求第三方（如保险公司）承担因运输过程中货物损失或延误而产生的损失。其可以根据签订的合同、保险条款或适用的法律规定来追索损失。

多式联运经营人在多式联运合同中应承担以下主要义务：

（1）组织协调多种运输方式以完成全程运输的义务：多式联运经营人有责任负责或协调不同的运输方式，以确保货物从起运地到目的地的全程运输。其需要组织和协调陆运、海运、空运等多种运输方式的衔接和转运工作。

（2）签发多式联运单证的义务：多式联运经营人需要签发多式联运单证，该单证记录了货物的运输信息、承运人信息以及其他必要的条款和条件。这个单证对于货物的交付、索赔和法律效力具有重要作用，用于确保各方的权益得到保护。

（3）在合理的时间内尽快完成运输的义务：多式联运经营人有责任在合理的时间内尽快完成货物的运输。其应该采取必要的措施，确保货物按时、安全到达目的地，并尽量避免不必要的延误。

（4）通知收货人提货的义务：多式联运经营人需要及时通知收货人货物的到达，并提供相关的提货信息。其应该告知收货人提货地点、提货时间以及提货手续等重要信息，以确保收货人能够及时取得货物。

2. 托运人的权利与义务

托运人在多式联运合同中享有以下主要权利：

（1）要求经营人按合同运输货物：托运人有权要求多式联运经营人按照合同约定运输货物，并确保货物按时、安全到达目的地。

（2）主张经营人责任：如果货物在运输过程中发生损失或灭失，托运人有权依据合同规定向多式联运经营人主张责任，并要求赔偿相应的损失。

托运人在多式联运合同中应承担以下主要义务：

（1）按要求及时向经营人交付货物：托运人应按照合同约定的时间和地点，将货物及时交付给多式联运经营人，确保货物能够按计划进行运输。

（2）提供货物相关信息：托运人应向多式联运经营人提供准确、完整的货物相关信息，包括货物数量、性质、包装等信息，并特别对危险货物进行申明和提供必要的安全措施。

（3）对货物性质予以保证：托运人应对所托运的货物的性质、规格、品质等进行保证，并确保货物符合运输要求和安全标准。

（4）及时办理审批、检验等手续：托运人应按照合同约定，及时办理货物的审批、检验和其他必要的手续，以确保货物的合法性和符合运输要求。

（5）按照合同约定支付运费及其他相关费用：托运人有义务按照合同约定支付运费及其他相关费用，包括装卸费、保险费等。

（6）承担由托运人原因给经营人造成损失的赔偿责任：如果由于托运人的原因给多式联运经营人造成损失，托运人应承担相应的赔偿责任。

3. 收货人的权利与义务

收货人在多式联运合同中享有以下主要权利：

（1）接收货物：收货人有权按照合同约定的时间和地点接收货物，并确认货物的数量、品质和完整性。

（2）对货物的灭失、损坏或迟延交付向多式联运经营人提出索赔：如果货物在运输过程中发生灭失、损坏或迟延交付，收货人有权依据合同和相关法律规定向多式联运经营人提出索赔，要求赔偿相应的损失。

收货人在多式联运合同中应承担以下主要义务：

（1）按时接收货物：收货人应按照合同约定的时间和地点及时接收货物，以确保运输的顺利进行。

（2）及时发出货物灭失、损坏及迟延交付的索赔：如果发现货物灭失、损坏或迟延交付的情况，收货人应及时向多式联运经营人提出索赔，并按照合同和相关法律的规定提供索赔所需的证据和信息。

（3）提供索赔证据：收货人应提供与货物灭失、损坏或迟延交付相关的证据，包括运输单据、照片、货物价值证明等，以支持索赔的合理性和准确性。

5.2.3 多式联运运输单证

货物运输的国际销售中使用的单证用以确保货物的交付和所有权的转移，并且由进出口国签发。它主要包括各种形式的运输单证、发票和证书等，其中运输单证是最重要的一种，因为其确保了货物按照规定交付给收货人的行为。

在运输单证中，可转让单证和不可转让单证是最常见的两种。可转让单证在海运中普遍存在，不可转让单证则在公路、铁路和航空等其他运输方式中固有。可转让单证的一个重要例子是提单，它在海上运输中被广泛使用。提单具有三种功能，即货物收据、合同证据和所有权凭证。其他海运单证、托运单、航空货运单等不可转让单证仅起到收货和合同凭证的作用。

提单在跨境贸易中的传统作用是独特的。它作为货物所有权凭证，可以控制货物的转移和交付。当货物的买卖涉及多次转运或多个买卖时，提单的可转让性使得它可以方便地用作支付工具和贸易融资工具。另外，提单的第二个功能是作为合同证据，确保买卖双方的合同权益得到了保障。最后，提单作为货物收据，证明货物已经按照合同规定运送，因此对于货物交付和索赔都有着非常重要的作用。

在多式联运中,存在多种常用的单据,包括多式联运提单、货运代理提单和联运提单。《贸发会议/国际商会多式联运单证规则》第 2 条,多式联运单证可以是可转让或不可转让的运输单证,同时也可以采用电子数据交换电文替代纸质单证的形式。《多式联运公约》第 5 条规定,当货物由多式联运经营人负责时,应签发多式联运单证,并根据托运人的选择决定其可转让或不可转让的形式。因此,多式联运经营人对合同的履行负有责任。

在多式联运中,货运代理签发多式联运提单是常见的做法。货运代理还可以向托运人开具"房屋"账单,然后由一家承运人开具账单,并指定货运代理为托运人或收货人。在这种情况下,每份文件都应进行单独审查,但需要考虑整体合同方案的背景。

多式联运单据也符合信用证的要求。根据 UCP600 第 19 条的规定,一个人要对整个运输负责,多式联运单证应明确载明承运人的名称,并由承运人或其指定代理人、代表,船长或其指定代理人、代表签字。

近年来,用电子方式取代纸质运输单据的趋势在国际贸易界引起了广泛关注。目前,世界各地都有基于注册和代币模式的政府与私人举措,但在允许各方在国际贸易交易中使用电子记录方面的进展有限。为了促进国际贸易中的电子通信,联合国国际贸易法委员会电子商务第四工作组于 2018 年制定了关于电子可转让记录的示范法。新的统一电子商务规则将使运输业能够接受电子记录,从而提高效率并减少纸质文件的使用。这将为多式联运提供更灵活和便捷的交易方式,同时提升贸易的效率和可持续性。

5.2.4　多式联运赔偿责任制度

随着多式联运的发展,多式联运法律体系在不断完善中,但对于多式联运中货运损失或灭失的赔偿责任制度依然存在许多争议。一个问题是确定损失或损坏发生的阶段上的定位。在集装箱贸易中,由于集装箱在装箱后密封,直到交货时才被打开,因此损失通常被隐藏起来。即使损害已经被发现,它也可能是逐渐发生的或跨越多个运输阶段。另一个主要问题是延迟问题,因此确定运输阶段以及延迟发生的时间和地点可能变得更加困难。在多式联运中,货物的准时交付非常重要。承运人必须遵守复杂的物流链的限制,一条运输路线上的轻微延误可能会导致进一步的延误,从而给索赔方带来更大的损失。因此,损失、损害和延迟的定位问题仍然存在,这会对适用的法律制度产生影响,并引发有关时限和赔偿责任限制的问题。

多式联运的赔偿责任制度有两种主要的方法:统一赔偿责任制和网状赔偿责任制。

统一赔偿责任制适用于整个运输过程,不考虑损害或损失的局部性。根据该制度,多式联运经营人将根据货物的多式联运合同对货物的权益负责。该制度的优点在于,它适用于局部损害和非局部损害,使所有当事方都能清楚地了解赔偿责任和限额的基础。然而,这也给承运人带来了困难,因为其对分包商的追索权将受到相关单一模式制度的管辖。《多式联运公约》引入的赔偿责任制度基于统一赔偿责任方法,多式联运经营人从接收货物到交付货物都承担责任。

网状赔偿责任制中,如果损害是局部的,它将受到适用于该特定阶段制度的管辖。例如,如果损坏发生在欧洲路段上,那么 CMR 公约将适用。法律适用于运输的不同部分,然后在多式联运的框架内操作。这样可以最小化与强制性公约的冲突,使多式联运经营人有权向其分包商追偿。网状赔偿责任制存在两种形式:纯粹的和修正的。纯粹的网状赔偿责任制在实际应用中可能存在问题和缺陷,特别是在涉及无法预测的损失或损害、逐渐发生的损失或损害以及交付延迟等情况时。即使损害是局部的,这一阶段也可能不受任何运输公约的覆盖。因此,在完全没有承运人赔偿责任的情况下,纯粹的网状赔偿责任可能是不足的,并且可能存在缺陷。正如之前所述,这种损失或损害是经常发生的。对于多式联运经营人来说,纯粹的网状系统的优点在于,它对托运人的赔偿责任应与任何单一承运人的赔偿责任相一致。然而,从托运人的角度来看,网状系统存在一些问题。在隐藏的损坏的情况下,很难定位损失。这还涉及在整个运输过程中逐渐损坏或损失的扩散,更不用说延迟的情况了。因此,如果没有合同规定的规则,各方无法预先评估其风险,这可能导致更高的保险成本。纯粹的网状系统将运输分割开来,不符合多式联运的目标。

行业已经对这两种制度进行了测试,实践表明,修正后的网状赔偿责任制比赔偿责任制更为有效。然而,不同运输公约中存在的不同责任限额可能会鼓励索赔方证明损害发生在特定运输阶段,以索赔适用的最高限额。值得注意的是,一些国家,如荷兰和德国,已经在其国内法中引入了网络赔偿责任制。

5.3 我国多式联运法律体系的实践

5.3.1 我国多式联运现有法律体系存在的问题

1. 法律法规衔接不力

目前,中国的多式联运法律还没有形成一个统一的法典,各种规章制度主要参考《海商法》及其他单式运输方式,属于分散立法模式。现有法律规定主要以特定运输方式为出发点,这种分散立法导致法律法规之间缺乏衔接和协调,没有形成具有层级关系的法律体系。虽然不同运输方式的法律的侧重点有所不同,但对于多种运输方式中交叉的内容缺乏统一性和一致性。由于不同的运输法律不是由统一的政府机构颁布的,所以不同法律规定的权威性和稳定性也存在差异。另外,有些行政法规和部门规章的频繁颁布和废止增加了法律的不稳定性,无法有效解决多式联运中的问题。

2. 法律制度明显缺失

近些年,我国提出了"交通强国",致力于发展交通运输领域,也在不断完善法律体系,但是主要是集中在单式运输方式法律的废立。分散的法律条款无法作为多式联运的标准条款,也无法覆盖多式联运的所有方面。首先,多式联运领域存在概念界定不明确的问题,对合同主体、权利义务等方面没有清晰的规定。其次,现行制度中对多式联运的运营与管理还处于相对空白的地步,多式联运合同制度、多式联运单证制度、多式联运经营人管理制度、多式联运经营人责任制度以及多式联运时效制度等都需要补充完善。对于多式联运经营人市场准入标准也没有明确的规定,这导致市场管理和交付问题无法得到有效解决。

3. 国内外立法存在差距

现在多式联运还没有形成统一的法律体系,但是多式联运作为一项国际运输方式,不可避免地会和其他国家涉及多式联运问题纠纷,国内外法律的差距让纠纷的解决增加了难度。例如,国际货物多式联运经营人的责任形式有"经修订的统一责任制"和"经修订的网状责任制",而我国《合同法》和《海商法》采用了"经修订的网状责任制",当遇到采用"经修订的统一责任制"时就造成在对多式联运经营人的责任和赔偿问题上存在差异,这可能导致在不同法律适用的情况下产生不同的法律后果。因此,制定能和国际不同法律体系联动的多式联运法律也是很有必要的。

为了解决这些问题,我国需要完善货物多式联运法律体系。这包括建立统一的法律体系,明确各种运输方式的责任和义务;完善多式联运合同制度、单证制度、经营人管理制度、责任制度和时效制度。这样有助于适应市场的发展需求,并促进货物多式联运市场的繁荣。

5.3.2 我国多式联运立法的必要性

1. 适应多式联运发展趋势

我国多式联运的起步相对较晚,随着当前在货物运输领域的发展,其法律系统的不完善可能会对多式联运的发展造成障碍。此外,大部分集装箱续运通过海运和公路运输的组合方式进行,缺乏统一的多式联运经营人网络、各相关部门之间的紧密配合,导致集疏运系统不完善,信息传递不及时,难以建立统一的多式联运单证和管理规范,多式联运网络系统信息不流畅。在"一带一路"倡议下,运输通道逐渐畅通,建立统一的法律体系可以为多式联运提供法律依据,促进其快速发展。

2. 多式联运立法与国际接轨

我国的多式联运单独立法是多式联运国际化的必然手段。《多式联运公约》虽然尚未生效,但很多国家借鉴了其中的条款,这促进了立法统一。2008 年的《鹿特丹规则》将承运人的责任期间扩大到了海运之前或之后的内陆运输,被很多国家引用,促进了含海运的货物多式联运规范的形成。在《鹿特丹规则》的影响下,近年来,日本、韩国和德国等国对涉及货物多式联运的相关法律进行了适当修订,印度、泰国、巴西和墨西哥等国也已经单独立法。在国际货物多式联运统一立法的大环境下,我国实现对多式联运单独立法将更有助于改变立法滞后的状况,顺应世界发展潮流。

3. 货物多式联运实践需求

多式联运涉及多个运输方式和跨境运输、不同法律制度的适用,导致产生法律适用的不确定性,存在争议。多式联运单独立法可以为多式联运提供明确的法律规范和适用标准,解决实践中的法律适用问题。

多式联运单独立法后,可以明确界定多式联运的概念和范畴,确定适用的法律体系和原则。该法律可以规定多式联运合同的要素、权利义务、责任承担等内容,以及多式联运单证的种类、作用和使用规则,解决货物多式联运实践中法律适用问题所带来的不确定性和争议。同时,还可以制定多式联运经营人的市场准入标准和管理制度,规范运输设备、运力资源、运输网络等方面的要求,为多式联运提供明确的法律框架,提高合同履行的可预测性和稳定性,促进多式联运业务的发展和规范运作。此外,多式联运单独立法还可以明确解决纠纷的途径和程序,提供有效的争议解决机制,保障各方的权益,为相关主体提供更好的法律保护,减少纠纷的发生并有效解决纠纷,提高货物多式联运的效率和安全性。

4. 弥补现有法律漏洞

我国现行的多式联运各种规章制度主要参考《海商法》及其他单式运输方式。首先,《海商法》针对国际货物多式联运做出了修改,将海运与其他运输方式结合起来,但仍存在局限性。其中,尽管考虑到水路运输的特殊性,在《海商法》中增加了对水路货物运输合同的特别规定,但该规定仅涵盖了水路运输承运人的赔偿责任,并未对不包含水路运输的货物多式联运进行调整。因此,多式联运单独立法可以填补这一法律漏洞,使得所有形式的货物多式联运都得到适当的法律调整,促进我国货物多式联运与国际接轨。

综上所述,我国需要对多式联运单独立法,这将有助于完善多式联运的法律制度,提高法律适用的准确性和可操作性,促进我国多式联运的发展与国际接轨。

5.3.3 我国多式联运立法建议

多式联运单独立法是为了促进多式联运发展和规范多式联运法律关系而设计的,其立法模式具有以下特征:

(1)目的性:多式联运的法律条款的制定要充分考虑多式联运经营主体的利益、国家社会未来的发展趋势,致力于提高物流效率、降低成本、推动经济发展,并通过立法来达到这些目的。

(2)构造性:多式联运法律规范需要采用适当的法律形式来实现,可以通过法律条例、法律法规、立法框架等方式来确立法律规范,以便实现具体的法律制度设计和安排。

(3)动态性:在立法过程中,需要考虑经济、社会、技术等多方面因素的影响,同时,在具体的法律制度设计中,也需要与其他相关法律进行衔接和协调,以确保立法的灵活性和适应性。

(4)整体性:多式联运立法模式是一个整体的法律模型,应该包括多个要素,如立法权限的确定、立法目的的明确、立法价值取向的表达、法律形式的选择以及具体法律制度的设计等。这些要素相互关联、相互依存,共同构成了一个完整的立法模式。

针对我国的多式联运单独立法,以下是一些建议:

(1)制定统一的多式联运法律框架:制定一部统一的多式联运法律法规,以规范各种运输模式之间的衔接与协调。这个法律框架可以包括多式联运的定义、运输合同规范、运输责任和赔偿制度、运输安全标准等内容,以确保多式联运的顺畅和安全。

(2)加强多式联运的监管和执法:建立健全的监管机制和执法体系,确保多式联运的合规性和规范运营。设立专门的多式联运管理部门或委托现有的运输管理机构来负责监管和执法工作,加强对多式联运运营者的监督和检查,确保其符合相关法律法规的要求。

(3)促进多式联运的合作与协调:鼓励各个运输模式之间的合作与协调,推动多式联运的发展。通过政策引导和经济激励措施,促进不同运输企业之间的合作,提高运输效率和服务质量。同时,建立信息共享机制和统一的运输平台,方便各个环节的信息交流和协同操作。

(4)鼓励创新和技术应用:鼓励多式联运领域的创新和技术应用,以提升运输效率和降低运输成本。通过政策支持和资金扶持,鼓励企业进行技术研发和创新实践,推动数字化、智能化和绿色化的发展。同时,建立相关的标准和规范,确保新技术和创新模式在多式联运中的安全和可持续应用。

(5)强化国际合作与标准对接:加强与国际组织和其他国家的合作,借鉴国际经验和最佳实践,推动多式联运的国际化发展。加强与相关国际组织的合作交流,参与国际标准的制定和推广,提高中国多式联运的国际竞争力和影响力。

第 2 篇
供需优化

6 多式联运运输组织优化

6.1 供应商服务质量评价

6.1.1 服务质量评价指标体系设计

学术界自20世纪80年代就开始对"服务质量"这个话题进行研究和探讨,至今相关研究成果在市场营销领域已经日臻成熟。在国际多式联运物流服务中,准时、价格低廉、货物安全往往都是服务质量的代名词,好的服务质量代表着多式联运企业的核心竞争力。作为多式联运中的运输主体,多式联运经营人在选择可靠的运输服务承包商时,对其服务质量进行评判是其所要考虑的最要紧的问题。

服务质量评价指的是以评价对象的服务活动作为研究目标,选取能够体现服务质量的评价要素,建立评价体系模型;将评价对象的服务活动特点抽象为特征要素,运用科学有效的方法进行处理并输入模型,最后根据相关的处理结果对评价对象进行合理的评估。在多式联运中,多式联运经营人评价各大供应商服务质量需要将客户所感知的服务质量评价量化为直观的指标,并与供应商客观的服务能力指标相应地结合起来,从而形成能够系统、整体地刻画服务质量优劣的评价指标体系。在国际多式联运中,多式联运经营人为了更好地进行服务质量监督工作,会为运输企业建立起成熟完善的服务质量评价体系,及时纠正运输服务中存在的漏洞及弊端,有指向性地采取必要的改良措施,以保证其服务质量水平在市场上具有核心竞争力。多式联运服务质量评价流程如图6-1所示。

构建评价指标体系时要遵循相应原则,保证评价流程科学、内容合理、详略得当、操作可行,进而确保所构建的评价指标体系有实用价值。构建原则包括科学性原则、全面性原则、重点性原则、可行性原则:科学性原则要求研究人员从实际情况着手,对应用场景有充分的了解,结合学术界对服务质量的认知与评判标准,利用数理学以及逻辑学的统计办法,公正、客观地选择评价指标;全面性原则要求对质量评价体系的设计全面而深入,要从不同的思路去判别指标的选择对于大多数参与者而言是否合理,并采取定性和定量相结合的手段使评价内容更为合理和可靠;重点性原则指的是选择关键特征要素作为评价指标,复杂、烦琐的评价指标体系会使评价丧失重点,因此指标体系的设计要清晰、简洁,评价要素要根据评价体系突出被评对象所拥有的特质;可行性原则要求研究者选取的指标具有现实意义,评价指标不脱离实际,有现实的参考依据和实用价值。关于定性指标,要明确其含义,便于后来操作者理解;关于定量指标,要求数据对现实有指导意义,且对各学历不一的操作者具有普适性。最终构建的评价指标体系要在实践中取得较好的实用价值,真实、可靠地反映服务质量水平。

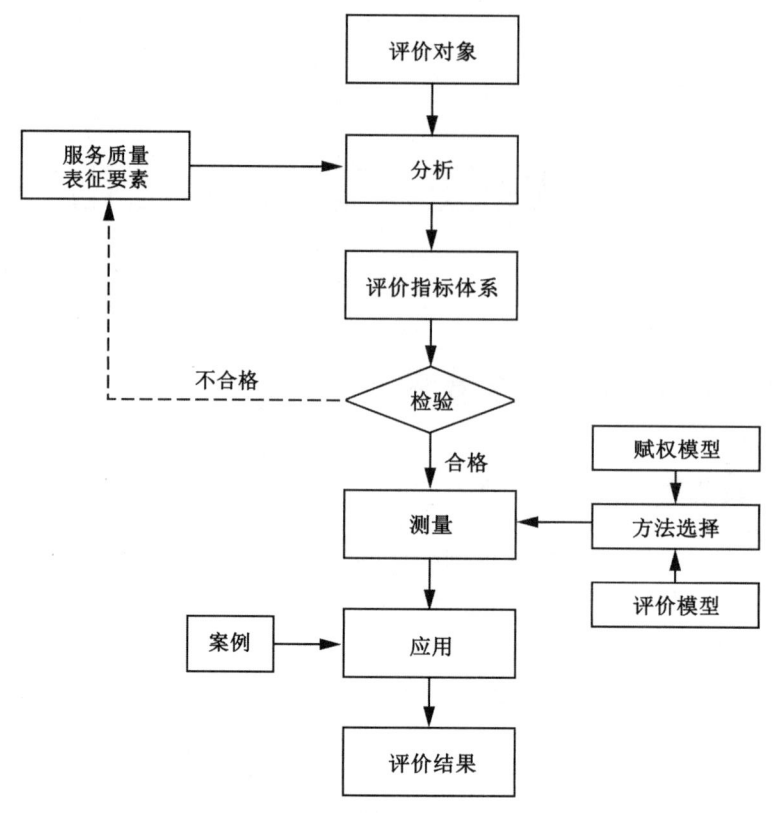

图 6-1　多式联运服务质量评价流程

进行指标设计时常用的方法,如表 6-1 所示。

表 6-1　指标设计方法

方法	基本原理	优点	缺点
理论分析法	把事物分解成各个组成部分,从本质上加以界定,然后通过综合分析,把握其规律	对目标对象的考察更加全面	主观性较强
专家调查法	对专家进行采访,收集并汇总专家意见,得到相关结论	凭借专家们的知识和经验获得的信息更具权威性	受限于专家的知识和经验,不同专家对问题的解读可能存在分歧,过程耗时较长
文献分析法	针对相关的历史文献进行整理和分析,引用和借鉴前人的研究成果	前人的研究可提供相应的理论支撑,过程简单,效率高	受限于前人对目标对象研究的成熟程度,在参考文献过时或较少时不适用
数理统计法	运用特定的统计学方法和工具对数据进行处理,然后通过分析结果,获得相关信息	理论严谨,科学性强,在决策中起到较好的辅助作用	依赖大量的数据,对数据要求较高

续表

方法	基本原理	优点	缺点
技术经济指标分析法	通过对企业部分技术经济指标的表现进行考察,评估目标的结果	指标内容相对客观,说服力较强	覆盖不够全面,部分指标在统计上存在困难
模型法	借鉴与研究对象相关且成熟的理论模型作为目标研究的基础	理论成熟、科学性强	不能完全照搬套用,需根据现实情况进行调整

6.1.2　服务质量调查问卷设计

为了确保建立的评价体系科学合理,有必要向被服务者发放调查问卷来获取最贴合实际的数据,然后使用数据分析、数理统计等方法将数据降噪归类,使指标评价体系进一步优化。调查问卷的设计需要全面考量各类因素,设计问题前要考虑被调查者的文化水平,问题应简洁明了,不掺杂过多生僻词汇,尽可能以最少的问题挖掘出大量的信息;设计问题时要尽量排除主观因素对调查结果的影响,所设计的问题要针对所有研究对象共有的特性来进行,问卷的试题特点排列应遵循由易到难、从共性到特性、从单一到开放的规律;设计问题后应咨询有关专家,分析问题设计得是否合理有效,是否具有普适性,如果有条件应进行小范围内的模拟实验,对数据进行分析,并对问卷做出改进。以上措施的目标在于尽量收获更多有效问卷,获得广泛且真实的数据。

收回所发出的调查问卷后,研究者应对所获得问卷的基础数据进行分析比对,设置筛选条件以舍弃没有研究意义的问卷。筛选条件的设置办法如下:首先,根据问卷设计问题的数量设定最低作答时间,剔除超出最低作答时间的问卷;之后,作答问卷中答案有规律或是相似的问卷也应当被剔除;最后,问卷中答案不符合实际生活规律或是已界定知识的问卷也需要被剔除。完成以上步骤后,收集有效问卷,进行信息和数据的收集整理。

6.2　供应商动态选择模型

6.2.1　供应商信息库构建

选择合适的供应商是多式联运经营人在企业活动中不可或缺的工作。在信息化时代下,构建物流供应商的信息库,深入了解每一家物流供应商的服务特点和服务范围,可以帮助经营人在实际选择中更快地决策,降低额外的风险。构建供应商信息库,将供应商的特点量化为指标,可帮助多式联运经营人建立稳健的供应链源头,这也是企业工作中不可或缺的一环。

构建信息库时,最紧要的问题就是保证所得信息可以精准地体现物流供应商的服务水平,这要求在设计供应商的绩效指标时,指标不但要容易被量化统计,还要有精确的概括能力。通过与行业内部专家的探讨以及参考实例中的应用情况,指标量化模式选定了两个层级:第一层级为综合评价层级;第二层级为第一层级的细化,目的是定量体现第一层级的影响。信息库指标如表 6-2 所示。

表 6-2　信息库指标

目标层	第一层级指标	第二层级指标	概念
信息库对物流供应商服务水平的刻画能力	合作	履约度	对合约的完成情况和服务需求者的满意程度
		契合度	服务供应商与以往服务需求者的合作水平以及他们之间的默契程度
	服务	技术水平	人员操作熟练度、设备效率、专利数量等硬件水平
		组织水平	服务供应商合理调配自身资源并完成服务的运营能力
	JIT（Just in Time）	安全	过往所提供服务中出现意外事故的情况以及其影响
		响应	供应商对市场需求的敏感度与反应能力
		快速应对	对突发事件的分析能力和处理能力
	成本	预算	供应商面对风险时的处理能力和成本管控能力
		控制能力	在服务中对细节与小事的处理水平

6.2.2　供应商动态选择影响因素分析

在多式联运经营人选择供应商的决策过程中,供应商的各项指标并非一成不变。相反,在市场中,运输服务的供应商为了能够吸引更多的订单,会推出一系列优惠政策与市场中的其他同行展开竞争,在这种状态下,多式联运经营人所进行的决策是动态的。在动态选择中,供应商的指标评价体系中有一部分指标会受到供应商的变动影响,而考虑这一类因素的影响,可以完善供应商的指标评价模型,进而帮助多式联运经营人快速做出决策。

服务供应商在其能力范围内的指标更改即为动态选择的影响因素,其中最能影响经营人决策的因素分别为成本、质量、交货能力。

1. 成本

成本是服务供应商体现其行业竞争力的最有力手段,低廉的价格可以吸引绝大多数经营人选择该供应商从事运输服务。在物流领域中,成本的主要构成要素有燃油、人员管理、折旧、存储,占比最大且不受企业内部管理影响的要素为燃油成本。因此服务供应商的价格浮动是有限度的,过度压缩成本可能会导致运输质量的下降,所以在实际决策中,经营人往往会剔除运价过于低廉的服务供应商。

2. 质量

质量是服务供应商核心竞争力的来源,也是服务供应商口碑的体现。运输服务质量的改进需要经验和时间的积累,和企业的口碑息息相关。在实际运输环节中,服务供应商可以通过提升顾客的服务体验,例如提供货物实时监测手段、缩短货物出入关时间、建立货物灭失和损坏赔偿机制等手段来有效获得经营人的青睐。

3. 交货能力

交货能力指的是承运人解决疑难问题、处理突发状况,准时或者提前将货物安全、完整地送达客户手里的能力。交货能力是运输企业长期从事运输活动以来处理问题经验的积累,考验的是运输企业员工在行业内深耕的程度。对于有着悠久历史和传承的运输企业而言,其交货能力本身就是服务质量的体现。但交货能力的最大影响因素是人,只要企业员工遵守合理的操作规范,遇事时有灵活、高效的处理手段,良好的交货能力同样也可以提升小型运输企业的竞争力。

6.2.3　基于启发式算法的供应商动态选择模型

为了更有效地解决供应商选择问题,现针对该问题构建基于启发式算法的供应商动态选择模型,该模型基于以下设定:

供应商的静态指标设定为6.2.1中信息库的第一层级指标,第一层级指标的得分由第二层级指标计算而来,为所有第二层级指标设定下限,不符合指标下限的供应商被直接剔除。

供应商的动态指标设定为6.2.2中有影响的动态因素,动态因素的量化通过过去该服务供应商所处理十项订单和专业内部的评分完成,动态指标得分最终被设置为目标函数中的结果修正系数。

采用专家打分法与TOPSIS归一法计算得到供应商的各指标权重系数,并进行一致性检验,根据检验结果适当调整权重系数设定,使其最终符合现实评分规律。

动态选择模型流程如图6-2所示。

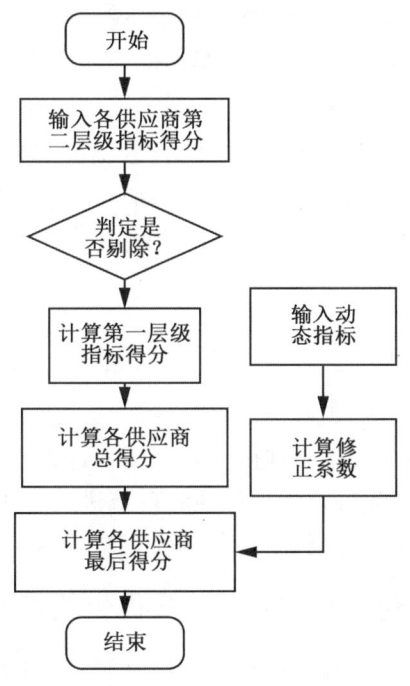

图6-2　动态选择模型流程

6.3 运输组织方案优化

6.3.1 影响运输组织方案优化的因素

运输组织是对运输资源进行科学、经济、合理配置和利用的系统方法。运输企业或运输系统为完成运输任务所投入的各类固定设备、移动设备、相关人力统称为运力资源。运输能力是指运力资源在一定运输组织方法、运行控制条件和外部环境条件下，单位时间内所能完成的最大的客货运输量或者周转量。运输能力是运输设备能力和运输组织效率的综合体现，是交通运输系统供给量的代表性指标。而在现实生产生活中，影响运输能力的因素往往就是运输组织方案优化的瓶颈所在。

影响运输能力的主要因素可划分为以下几类：

1. 设备条件

设备条件是指运输生产过程中所使用的各种设备的数量或者规模等级，载运工具数量和基础设施规模是影响运输能力的根本因素。现实中，不同吨级的船舶所运载的货量是不相同的，而有着更完善基础设施的港口一天的装卸量自然也比小型港口更多。

2. 交通条件

交通条件指交通特征，包括交通运输流的流向、流量、流时、运距等组成要素及交通运输量在交通网络上的时空分布。组成交通的主体是载运工具和人，运输能力不能脱离交通条件与客货对象单独存在。现实中，通行能力受到交通拥堵而显著下降的情形每天都在发生。

3. 运行条件

运行条件指载运工具在技术设施网络上的运行规则、控制手段。运行条件是影响通过能力的主要因素。例如，在现实生活中，汽车所设计的最高时速早已超过了 120 km/h，但为确保安全，交通运输部门在高速公路上所设置的最高限速仍只有 120 km/h。一般来说，运行条件代表着有效通行能力的上限。

4. 环境条件

环境条件主要指交通运输系统的外部环境条件及内部环境条件。外部环境条件主要指气候、地理、太空、潮汐等方面的影响，内部环境条件指的是运输载具中人员、货物、车载设备等方面所带来的影响。不良环境条件会干扰载运工具的运行计划。

结合以上内容，对多式联运运输全程组织核心环节进行解析，得到多式联运运输组织方案生成流程图，并解构影响运输组织方案优化的相关因素之间的作用关系，如图 6-3 所示。

6.3.2 基于效用最大化的运输组织方案优化的机理研究

各运输企业必须对运输生产过程进行有效管理，以使运输生产按目标有序进行。为此，运输企业要制订较完善的运营计划，即使在各种资源(如资金、物力、人力、土地等)的限制条件下，也能从时间、空间上合理地分配和使用运力资源，在满足交通运输需求的同时，还能提升运输效益。

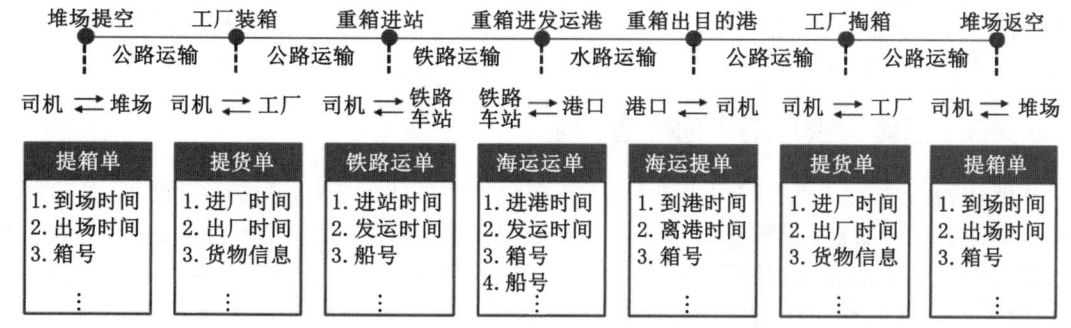

图 6-3 多式联运运输组织方案生成流程图

消费者行为理论也被称为效用最大化理论。消费者在各类商品和劳务之间分配其预算，实现自身满足程度的最大化，即最大的效用，该原则在运输领域也同样适用。当然在实际运输中，多式联运经营人在多种因素的影响下，来选择运输路径和运输方式，比如运输海鲜、水果等生鲜产品时，时效性非常差的运输方式一般不在经营人的考虑范围内，即使这会为经营人节省一笔不小的开支；又或是运输疫苗等医疗产品，由于有失活的风险，货主对货物的运抵时限有明确的要求。以上货主对运输方式进行选取的思想被称为非补偿原则，该原则认为货主对于运输方式的各特征要素均有最低满意度，当某要素低于最低限度时货主将无视该运输方式的其他优势，拒绝使用该运输方式，对于不同的货物、运输环境、运输要求，货主会产生不同的最低满意度。对货主而言，当运输方式各特征要素大于最低限度时，货主会根据要素的互补性对各种运输方式的优劣进行比较，并选取其中效用值最大的运输方式，此时货主的决策即建立在补偿原则下。

在最大化效用原则的启发下，从实用价值出发，下文选取了运输成本、机会成本、经时损失成本和风险成本四个因素，作为运输组织方案的决定要素来进行分析。

1. 运输成本

运输成本与运输距离和燃油单价呈相关关系，燃油单价属于宏观经济指标，难以被影响；而运输距离实际上与耗油量联系紧密，因此选择更短、路况更好的路径以及单位耗油量低的运输工具，是降低运输成本的有效途径。

2. 机会成本

物流活动之所以存在，就是因为物品在时空不同的两个地方有价格差异，运输物品到有需求的地方去可以获得收益。这就意味着大多数被运输货物都具有时间价值，这种时间价值即为机会成本。理论上来说，将物品尽可能快速地运往目的地可以避免时间价值的丧失，减少机会成本损耗，当然，缩短在途时间也有利于运输企业获得其他额外的订单，从而获得收益。

3. 经时损失成本

不同于机会成本中物品价值与需求相关，经时损失成本往往与货物本身性质相关。例如，运送一车新鲜蔬菜，蔬菜的品相和运输时间成反比，运输时间越长，蔬菜的价格就越低。此类货物价值有时效性，随时间而贬值，因此在规定时间内完成运输是必需的。

4. 风险成本

运输途中充满不可控的因素，例如气候、地理、人为因素可能会导致货物的灭失，在实际进行运输工作时，必须要考虑货物灭失时货主的赔偿事宜，制定后续处理方案，这一系列成本都属于风险成本。风险成本是不可控的,但可以通过加强人员培训、提升操作规范、升级相关设备来降低产生风险的概率。

6.3.3 运输组织方案优化模型

理解货物广义运输费用的构成要素,将其进行科学的组合,从而对方案进行定量的评价,是优化运输组织方案的关键。从多式联运经营人的角度出发,首先,要考虑运输路径优化的初步方案;其次,基于最大效用原则等构建优化模型;最后,引入运输成本、机会成本、经时损失成本和风险成本,从而构建货物广义运输费用函数模型。

根据多式联运经营人的主营业务,划定其常用的运输方式;根据运输方式的不同,分别计算每种运输方式下货物走完某段行程并中转的总运输费用。货物运输费用由以上四部分成本构成,为更有效地描述货物运输的总费用,建立以下四部分成本的计算模型:

1. 运输成本与时间计算模型

在货物类型和运输距离已知的情况下,影响货物运输单价的因素由两部分构成:运输单位成本和行业平均盈利水平。单位货物运输行程费用主要与运输距离有关,运输行程费用是关于运距的函数。测算某一货物运输行程费用主要有两种方法:运价回归测算法和平均运输成本测算法。前者对运输企业或物流企业的货物运输报价表进行回归分析,对其中的数据进行处理,寻求数据相关性,从而构造单位货物运价与运输距离的相关函数;后者收集并调查行业中相同运输方式的单位运输成本及行业平均利润率,根据经济手段间接测算单位货物运价。测算货物在途时间的方法众多,总体上因运输方式而异,在公路运输中,美国联邦公路局提供的 BPR 测算函数是最常用的公路运输行程时间模型;铁路运输时间与铁路组织运输计划相关,理论上受到运输里程和列车行驶速度的影响;水路运输基本不存在拥堵的情况,因此只与平均行驶速度相关。

2. 运输时间价值评估模型

时间本身并不具备经济价值,在运输活动中,时间与具体的社会经济活动联系起来,成为衡量经济指标的因素。

3. 风险成本评估模型

风险成本是指在货物运输中发生的意外事件所导致的货物灭失损坏、人员受伤死亡所带来的额外成本。风险成本难以评估,因为运输风险本身就难以预测,天气、地形、人为等因素都可能会影响到运输的进程。提高企业管理能力是降低事故发生概率的有效手段。

4. 经时损失成本评估模型

货物经时损失是指因时效性货物的物理、化学性质的不稳定性或市场需求的不确定性而产生的与时间相关的价值损失。目前使用最广的货物经时损失成本测算方法为经时损失率测算法。所谓经时损失率,是指时效性货物因损耗导致的价值损失量与运输时间的比值,也叫贬值时率、过时率。计算经时损失率需要测定货物因自身变质、损耗、灭失等而导致的损失程度,将其拟合为关于时间的多元函数,从而获得货物的经时损失率。在实际测算中需要根据货物属性建立货物的价值衰退函数,从而控制经时损失成本。

在实际操作中,先考虑特定运输货类下可供选择的运输方式,将其组合为总体的运输方案,再根据货物的性质,确定各类成本函数的参数设置,分别计算各种运输方案的广义运输费用,并将费用进行比较,确定成本的控制办法,从而完成方案的优化。运输组织方案优化详细流程如图6-4所示。

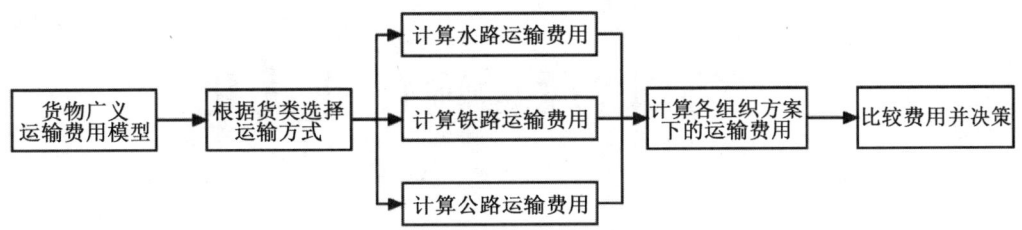

图 6-4 运输组织方案优化详细流程

7 多式联运运输作业优化

7.1 铁路请车调度

7.1.1 铁路请车概述

铁路运输能力受到铁路车站装卸车能力、限制口通过能力、分界站交接车能力等各方面能力的限制,不能保证随时满足所有货主的运输需求。铁路部门对请车计划采取审批手段,以此决定哪些货主的需求会被满足(以及满足程度),及时调控铁路运力,提高运输效率,从而使铁路的经济效益和社会效益达到最大。

铁路请车计划又称要车计划,即货主为通过铁路运输货物而向铁路部门提报的货物运输申报计划。请车计划必须至少提前一天提报,且只有当货主的请车计划被审批通过之后,货主的货物才能经由铁路进行运输。铁路部门每日对货主提报的请车计划进行审批并制订相应的货运计划。

7.1.2 铁路请车调度流程解析

托运方在铁路部门的请车调度流程如图 7-1 所示:

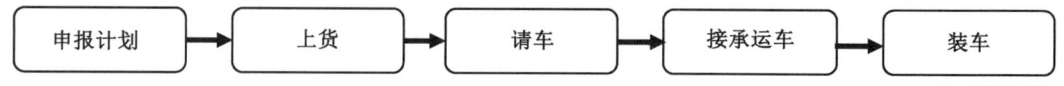

图 7-1 托运方请车调度流程

第一步:申报计划。多式联运经营人有线下或线上申报方式。线下申报是现场受理或是提前和铁路运输相关部门签订相关合约。线上受理是通过 95306 网站平台或拨打 95306 电话进行申请。

第二步:上货。在计划经由审核并确认之后,货主在装货的同时,发出落货申请,向车站索要货位资格,经批准之后,货主即可进行上货。

第三步:请车。在开好的货位上落货后,按批准的月计划(或日常计划),填写请车单交给落货处,将请车单交给工作人员并保证录入,同时将铁路运费交清,方可录入铁路局局域网。每个车皮都对应着一份相应的货物运单,在申报日进行请车。

第四步:接承运车。铁路局货运处在接到请车单后,视情况安排承运车。托运方应及时了解给车情况。调度所通知货主有承运车,托运方及时接收承运车。

第五步:装车。在空车皮取送至规定的装车地点之后,车站会立即进行装车的相关组织工作。托运人负责组织装车的相关工作,并且要保证装车任务的安全性和满足时间要求。装车完毕后,托运人应及时取回铁路大票及相关票据,并尽快交给公司财务,以便与有关单位结算。

海铁联合运输需要海运方式和铁路运输方式之间衔接得当,海运路线及其港口码头和铁路运输路线共同组成货物进出口的完整流程路线,如图 7-2 所示。货物通过海运到达港口码头,再经由铁路运输运送至内陆的货运目的地。这是货物的进口流程,相应地对于出口流程,则是使用铁路将货物从内陆运送至港口码头,再进行装船转运工作,最后通过海运方式将该批货物运送出境。海铁联合运输就是基于海港、陆港以及铁路运输资源的共同参与,实现多式联运的主要方式。

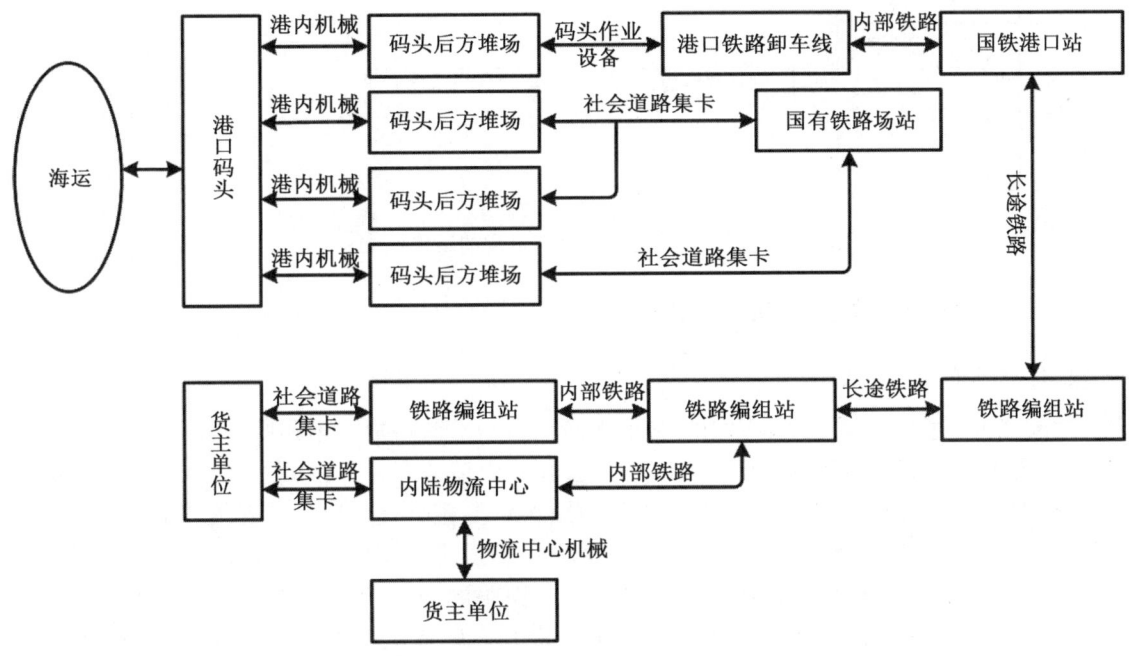

图 7-2 海铁联合运输作业流程路线图

7.1.3 铁路请车调度模式

铁路请车调度即对空车的调度安排。为了实现全路空车资源的最优化配置,尽可能满足货主的请车需求,铁路各部门需要协同合作,统一安排,如图 7-3 所示。

中国国家铁路集团有限公司(以下简称国铁集团)作为统筹各铁路局之间运输协调的总指挥,负责宏观的整体规划。根据月度货运计划的实时情况,灵活地调整空车分布,并且按照空车的去向别和车种别,拟订出相应的空车接入交出计划。在此基础之上,合理调度空车资源,使其尽量流向有装车需要的铁路站点,由此形成了各个铁路局分界口所需要的接排空计划。由于各大铁路局的装卸任务通常都在不断变化,国铁集团需要适时调整各大铁路局分界口处的车辆排空计划,以便掌握路网空车流向的整体情况,力求做到整体路网统筹协调。

铁路局对于请车决策的微观把握程度堪称精细。根据铁路运输的"一卸二排三装"原则,当管内卸车工作彻底完成之后,铁路局会命令囤积过量空车的站点执行排空作业。在完成排空任务之后,再来进行装车工作,这样会使管内装车效益达到最大化。

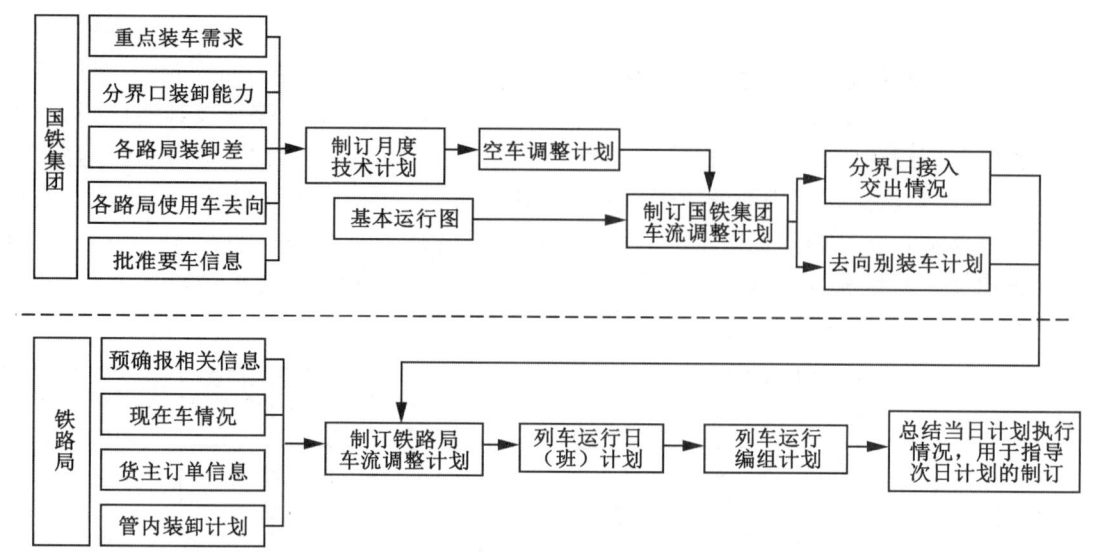

图 7-3　铁路部门对空车调配的运作模式

7.1.4　铁路请车调度优化策略

1. 优化请车审批流程

货改之前,货主在铁路托运货物时必须先向铁路提出铁路货物运输服务订单,订单审定通过之后,货主根据批准的计划号,核对始发站提运单,申请请车计划;站段汇总全部货主的请车计划,整理之后交给铁路局调度所;铁路局调度所再对上述所有的请车计划进行审核和批准。

货改之后,铁路局调度所对货物办理手续进行了去繁化,取消了货主提报请车计划的流程,货主只需对铁路局提出自己的货运需求即可。铁路局调度所会把货主需求转化为先前的请车计划,然后再进行请车计划的审核与批准。货改之后货主提报请车计划流程如图 7-4 所示。

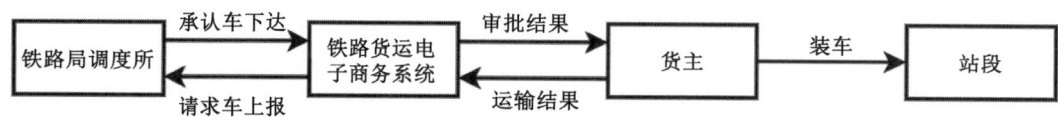

图 7-4　货改之后货主提报请车计划流程

2. 延长请车计划有效期

当前铁路局调度所认定的请车计划有效期仅为 1 天(24 小时),即铁路局调度所以 1 天(24 小时)为 1 个生产周期。如果当天的货运需求没有及时通过审批,那么货主就必须再次申报请求车计划,于下个生产周期继续接受铁路局调度所的审核与批准。但如果铁路局调度所将请车计划的有效期限延长至 2~3 天,则可以有效减少审批次数。若货物没有通过审批或只有部分货物通过了审批,则货主只能重新提报后续日期的请车计划,在之后的邻近日期装车,以完成未得到满足部分的货运需求。

3. 优化空车动态调配

考虑到空车调配过程当中所具备的实时性和动态性,铁路局采用离散服务时空网络的方法,在物理网络中嵌入时间要素,形成空车服务时空网络。通过准确表达空车的到达、出发以及装运过程,铁路局能够建立空车动态调配优化模型,优化铁路企业排空计划。

7.2 空箱资源调度

7.2.1 空箱资源概述

集装箱是对有包装或无包装的货物进行装载,并利于机械设备和设施进行搬运装卸的一种成组工具。在经济全球化的时代背景之下国际贸易蓬勃发展,集装箱运输为国际经济交流活动做出了巨大贡献。得益于集装箱的高标准化、强密封性、低破损率,且将规模化、集约化、班轮化、质量好、成本低等优点集于一身,集装箱货物运输的效率和安全性得到了保障。

但是由于世界各地发展程度不同、产业结构发展差距较大以及货物运输季节性变化等,集装箱进出口的流向和流量并非均匀分布,而是呈现极度非对称的趋势,故许多集装箱港口在特定的时间段会产生大量的空箱积压。当港口的集装箱的库存大于集装箱的需求时,便会产生集装箱空箱资源。

7.2.2 空箱资源调度流程解析

在海运中,集装箱空箱运输具有以下三个基本特征:

(1)随机性:供应和需求不确定,服务时间和数量也不明确。空箱的产生主要来自客户所归还的空箱、第三方租赁集装箱公司提供的集装箱、班轮公司所属的空箱,其中客户归还空箱的时间具有很大的随机性,归还数量也无稳定的规律可言,故其无从预测或规定。托运人向班轮公司或货代订舱时,订舱的时间和数量也都是不确定的,导致需求空箱的数量和时间也是随机的。

(2)动态性:需求信息随时变化。对于海上空箱运输方面而言,航期表所规定的航程与航线通常不会发生变化,空箱通常按照航期表的规定开展调运,但季节或天气的变化,抑或是发生不可测的突发性状况均会使得供求状态发生变化。在实际的应用过程当中,空箱需求,供货的时间、地点与数量都在不断变化,港口既可能是集装箱空箱需求者,也可能是空箱供应对象,供需关系在不断的转变中。

(3)烦琐性:运输方式多样,集装箱类型多样。空箱调运涉及水运、铁运、公路运输,在选择运输方式时还会遇到能力制约问题。另外,不同运输方式中箱型不一致,具有多样化的特点,从规格上可以分为20′、40′、45′;从种类上,还分为普通箱、冷藏箱、干货箱、特种箱以及超高箱等。

所以,空箱调配的问题就是合理解决空箱需求与供应之间的不平衡问题,也是控制空箱从供应地到需求地的流动问题。

目前,在海运系统中并没有形成统一的空箱资源集中调配体系。为了节省成本,港口一般首先利用其本身拥有的空箱资源,其主要来源有上期堆场和仓库的库存空箱、上期其他港口调进的空箱、上期重箱卸完返回的空箱。如果港口本身的空箱资源能够满足货运需求,则不需要调运;如果不能满足货运需求,那么就要考虑是否要求第三方公司租箱或者从其他港口进行调运。港口空箱资源调度决策流程如图 7-5 所示。

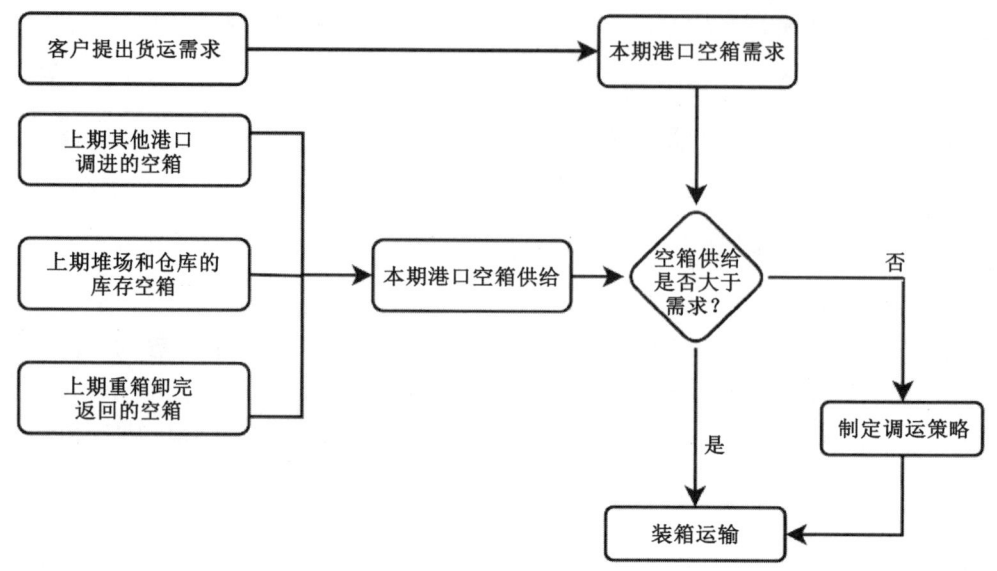

图 7-5　港口空箱资源调度决策流程

7.2.3　空箱资源调度模式

为了满足货主运输需求以及实现利润的最大化,在空箱分配和调运的实际操作过程中,一般情况下多式联运经营人会有以下可能的选择模式,具体最终选择哪个模式会根据实际业务决定。

(1)优先选择租箱,租箱量不能满足需求时再进行空箱调运。一般来说,直接向第三方公司租箱是最便捷、最省事的方式。如果租箱费用相对比较低廉时,会优先选择租箱,如果租箱费用比较高,船运公司再考虑从别处调运。但是如果遇到紧急情况,空箱需求时间十分紧急,为了维护公司的信誉,避免影响后续的合作关系,即便面对高昂的租箱费用,也只能暂时选择租箱来规避更多的延迟费用。

(2)优先考虑从别处调运空箱,空箱需求未达到满足时,再采取租箱的方式填补空缺。此规则规定了调运空箱的操作必须遵循由近及远的原则,即优先调取最近节点的空箱,当附近节点空箱供应量不能满足需求时,再从较远的港口调运空箱,使得整个调运路程最短。绝大部分的常规调运空箱业务不受特殊情况的影响,所以大多数情况下都是就近调运空箱,以实现利润最大化。

7.2.4　空箱资源调度优化策略

空箱资源调度优化策略可以考虑从以下方面入手:

(1)根据港口进出口的需求,采取弹性价格机制。对于出口货物量大于进口货物量的港口,集装箱的需求较大,可以考虑适当提高出口费用,以弥补从其他港口调运空箱资源的成本;反之,对于出口货物量小于进口货物量的港口,容易导致空箱资源积压,可以通过降低运费来吸引客户,从而消耗空箱资源。

(2)船公司和租箱公司团结协作,共同调配空箱资源。船公司与租箱公司签订租箱协议,建立大范围、宽领域的战略合作关系,在不同的地区,根据进出口货运流的多少以及空箱资源的多少,采取灵活租箱的办法。比如在空箱资源不足和调运费用较高的港口选择租赁集装箱,满足货运需求的同时还能节省调运费用;反之,在空箱资源充足的地区,将集装箱及时退还给租箱公司,由租箱公司来进行统一的调配,租箱公司通过对港口集装箱的回收来实现降低库存的目的。

(3)开展单程箱业务,实现空箱资源和货物运输的双赢联动。中国是集装箱生产大国,集装箱生产工厂主要建在进出口货物量较大的港口周边,而部分集装箱生产力不足的国家需要从中国购进集装箱。如果能够开展单程箱业务,即让船公司与箱厂或国外新箱买家进行合作,国外新箱买家将新箱免费提供给船公司使用一次,船公司使用新箱运输货物到相匹配港口,如此一来,国外新箱买家可以免除新箱的海运费,船公司也解决了部分缺箱问题和空箱调运问题,达到了互利共赢。

7.3　公路卡车调度

7.3.1　公路卡车概述

对于多式联运作业层面而言,公路卡车通常指集装箱卡车(以下简称集卡)。集卡作为码头的集装箱水平运输设备的首选,它的任务就是承担集装箱在岸边和堆场之间的流动运输,抑或是将集装箱从码头内的某个区域移送到另一个区域。码头的船舶装卸作业、堆场之间的移箱作业以及在堆场和货运站、查验中心等区域之间的集装箱的调动,都需要用集卡来完成。

7.3.2　公路卡车调度流程解析

传统集卡调度流程如下:

在船舶停泊以后,调度人员视货船的分布情况、集装箱数量以及堆场集装箱存放数量等实际情况而定,调取合适的转运机械设备。根据装卸作业的性质,以及相应集装箱的数量来配置桥吊,每个桥吊配有五六辆集卡进行搬运工作。集卡按照指定路线,围绕塔吊按顺时针方向运行,不断地装卸、搬运货物集装箱,直到所围绕的桥吊停止在泊船上装卸货物集装箱,或是船驶离原有的停泊位置为止。传统集卡调度流程如图 7-6 所示。

7.3.3　公路卡车调度原则

(1)位于码头前端的空闲集卡优先选择卸船作业路线。
(2)堆场中的空闲集卡优先选择装船作业路线。
(3)空闲集卡优先选择人为干预作业路线。
(4)空闲集卡优先选择重点作业、重点船舶路线。
(5)当两条作业路线都达到平衡时,集卡优先选择转堆作业路线。
(6)堆场的卸箱作业结束后,集卡优先选择装船作业路线。

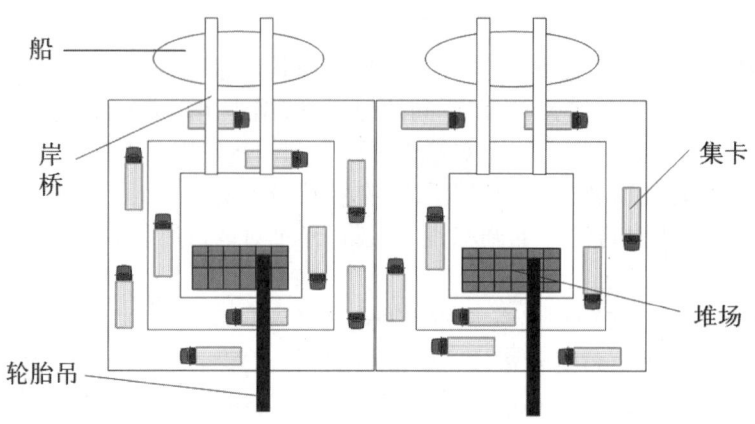

图 7-6　传统集卡调度流程

（7）位于码头前端的集卡在完成装船作业后，优先选择卸船作业路线。

（8）当三条作业路线达到平衡时，即待命的集卡等待时间相同时，空闲集卡将选择路径最短的作业路线。

7.3.4　公路卡车调度优化策略

根据 7.3.2 的内容，不难看出集卡的空载运行率依旧在一半的水平左右。集卡的空载问题几乎贯穿了集卡作业层面的方方面面。集卡的有效利用率低，码头的运转集装箱效率也会因此受到限制。通常码头追求更高的岸桥利用率，会加大对集卡运力资源的投入，例如增加集卡的数量，聘请更多的卡车司机。但这样花费更多费用换来的假"高效率"集卡运力，并不等同于真正地高效利用集卡运输资源。

针对这一问题，近些年来我国某些港口开始采取改善和优化的措施，来提高集卡运行的满载率。主要的集卡调度优化策略如下：

1. 全场调度

所谓全场调度，是指不再像过去传统的集卡调度方式那样，集卡与岸桥是固定的一一对应关系，而是任意一辆集卡都有可能被分配到任何一个岸桥的装卸运输任务当中去。传统集卡调度任务中，一辆集卡往往只在一条作业线上工作；而在全场调度的方式当中，一辆集卡可以在多个不同的任务线上工作，服务于不同的岸桥或堆场。全场调度实现了更为灵活的调度模式，集卡车辆不会再锁死于一个固定的岸桥，而是视全体岸桥的运作情况而定。对于紧缺集卡运力资源的岸桥，调度人员将会对其进行优先分配集卡的操作。这样一来，更为灵活的调度模式不仅使得集卡空载率大幅降低，码头的岸桥装卸效率也随之提高。

2. 立体装卸

该方法按照"在岸边优先卸船，在堆场优先装船"的原则为集卡分配集装箱。集卡不再单纯地只将货物运输到一方，然后空载而归；相反，在从岸边驶回堆场，完成卸船任务之后，紧接着在堆场满载货箱，驶向岸边去完成下一个被分配到的装船任务。这一运作模式也能避免集卡的空载问题，同样提高了码头的作业运转效率。

7.4　接驳转运调度

7.4.1　接驳转运概述

在多式联运的范畴当中,接驳转运通常是指集装箱的接驳转运。集装箱接驳转运是指在远距离的航运或火车运输过程前后进行的,运输距离相对较短的,由集卡运输完成的运输环节。

7.4.2　接驳转运调度流程解析

集装箱接驳转运的流程按照货物流动方向主要分为两类:进口需求和出口需求。如图7-7所示,当货运集装箱需要进口时,船舶或铁路将其他地区的货运集装箱运送至本地区,通常会存放至码头的堆场。按照相关规定,在一定的时间内,由集卡组成的运力资源会将该批货运集装箱从堆场通过公路运输的方式运送至收货人的所在地址。该流程属于进口需求的方向,出口需求同理,集卡运力资源将货运集装箱从发货人所在地运送至码头堆场,再以航运或铁运的方式运送至收货人所在的地区。

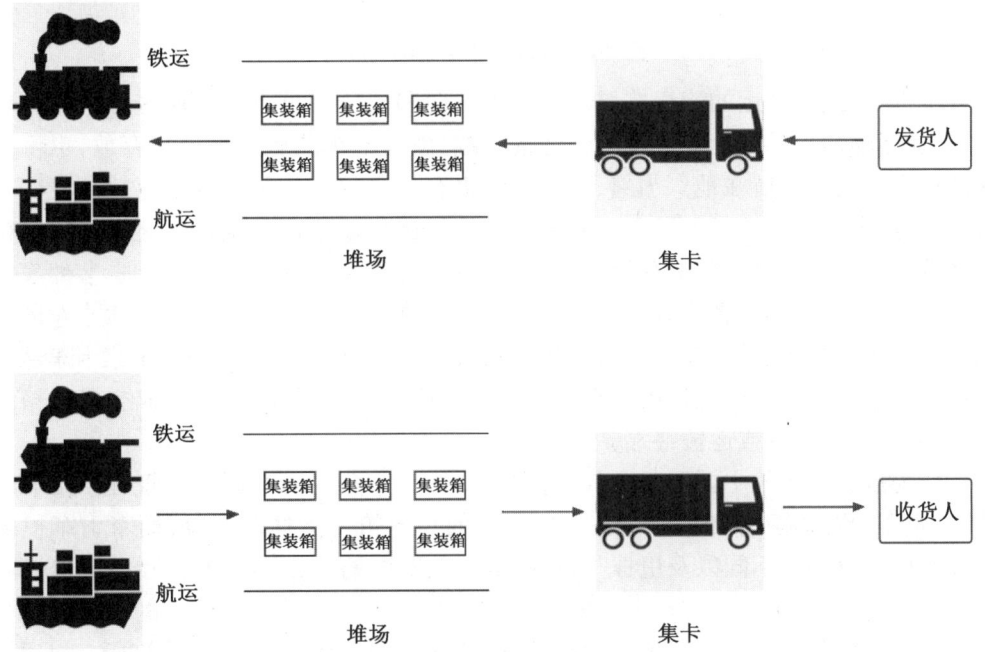

图 7-7　出口需求和进口需求方向

7.4.3　接驳转运调度模式

接驳转运系统由以下五大要素构成:运输终端、堆场、客户、集卡以及集装箱。接驳转运系统的构成如图7-8所示。

运输终端通常是指码头或港口,它属于接驳转运系统的关键部分,体现着"接驳"的意义。

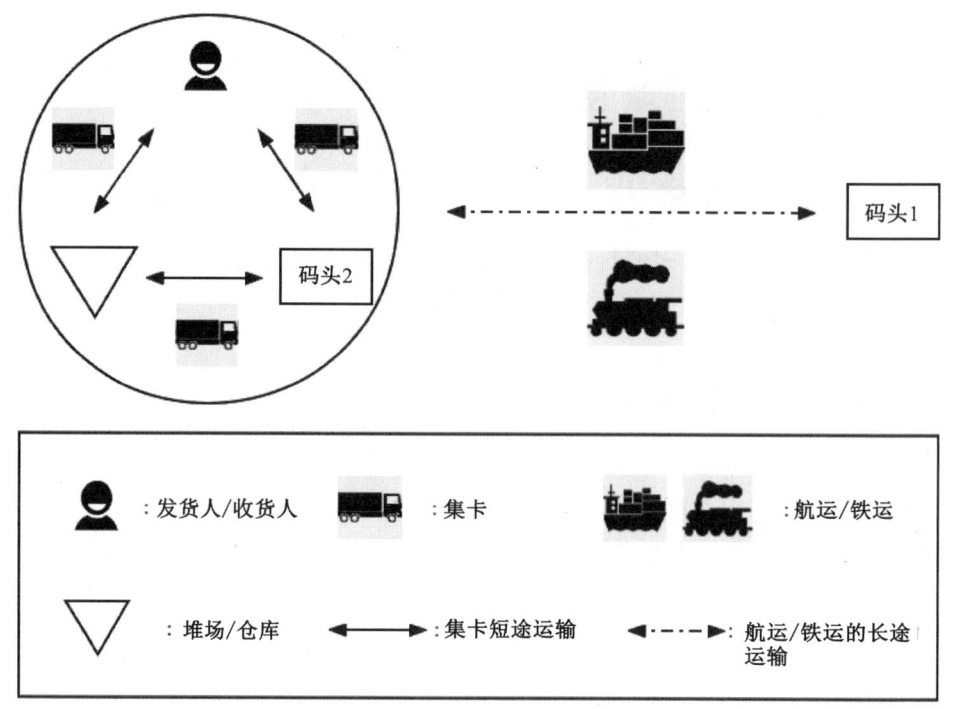

图 7-8　接驳转运系统的构成

在 7.4.2 中提到,接驳转运的流程按照进口需求方向和出口需求方向加以区分。在进口需求方向上,长途运输而来的货运集装箱到达运输终端,由集卡车队运送至堆场存放,也可直接由集卡车队运送至收货人所在地。当然,运输终端也有一定程度的货物仓储存放功能。在出口需求方向中,集卡车队将发货人所在地和堆场处的货运集装箱运送至运输终端。集装箱货物在运输终端经历一个相对短暂的存储时间之后,由码头或港口管理方统一管理,装船发货。

根据接驳转运的方向,客户分为收货人和发货人两种。对于收货人而言,集卡车队从堆场或运输终端送来货运集装箱,在收货人所在地完成卸货并卸空集装箱,而后由集卡车队将空集装箱运回;对于发货人而言,同样由集卡车队送来空箱,在发货人所在地完成空集装箱的填装工作后,一并运送到堆场或运输终端。

集卡作为接驳转运的主要运载工具,通常服从集卡车队的统一调度和管理。集卡由两部分组成:牵引车(也称拖车)和挂车。集卡所运载的集装箱位于挂车部分,而牵引车提供车辆动力。按照作业模式的不同以及甩挂与否,集卡会在不同的装卸点根据实际情况选择不同的装卸方案。

集装箱作为接驳转运的运载单元,既是运输货物,又是运输工具。集装箱所有权通常属于船舶轮渡公司,空集装箱由船舶轮渡公司存放在堆场或港口,便于统一管理。

纵观整个接驳转运模式,其特点可以总结为以下几点:

(1)接驳转运系统更加高效地完成了货运集装箱在港口码头和客户之间的流通任务,很好地满足了客户对于"上门服务"的需求,运输服务满意度大幅提升。

(2)接驳转运系统作为整个多式联运服务链当中的一环,与其他运输链(如长途航运、铁运)和运营环节相辅相成,起到了衔接整体和补充完善的作用。

（3）接驳转运属于短途运输,主要依赖于集卡的使用。而短途的公路运输会产生相对较高昂的运输成本。所以,如何控制并优化接驳转运所产生的运输成本是整个接驳转运系统乃至整个多式联运服务链的关键。

7.4.4 接驳转运调度优化策略

1. 提升集卡规模

接驳转运任务主要依靠集卡来完成,但就目前的状况而言,集卡运输资源的规模有待提升。集卡车队的管理任务通常由小型民营企业完成,其自身具有相当的局限性。抛开对集卡的维护、运力的支付成本问题之外,小型民营企业所能承受的集卡规模本就有限,通常一个小型民营企业管理的集卡数量不超过百十余辆。面对与日俱增的集装箱货运需求,显然当前的集卡规模不足以支撑接驳转运系统匹配大量增长的货运需求,扩大集卡的数量规模俨然成为提升接驳转运能力的手段。

2. 协调集卡运力资源

在接驳转运的流程当中,时常会发生客户的货运需求与集卡车队所能提供的运力资源不相匹配的情况。当集卡车队过于繁忙时,集卡运力资源不足,会延长客户等待服务的时间;当集卡车队处于相对空闲状态时,会有一些集卡车辆处于闲置状态,抛开运输设备的折旧问题不谈,这本身也使得运力资源的有效利用率下降。综上所述,无论集卡车队繁忙与否,接驳转运的运力资源始终不能完美适配客户的运输需求。处理好集卡运力资源与客户需求的协调问题,是优化接驳转运系统的有效手段之一。

3. 均衡进出口需求方向

在接驳转运系统的实际运作中,通常是一些集卡车队专门负责进口需求运送,另一些集卡车队则专门负责出口需求运送。在这些集卡车队的运送途中,可能会有一半车箱处于空载状态。这种"空去载回"或是"载去空回"的情况大大降低了集卡车队的有效利用率。在高度互联网化和信息化的今天,集卡车队之间做到信息共享,使集卡车队尽可能地"载去载回"并非难事。双向集卡运力资源的均衡可以显著提高集卡的有效利用率,使接驳转运系统的调度水平得以优化。

4. 空集装箱管理

在现有的接驳转运系统运作当中,无论是进口需求还是出口需求,集装箱的流动方向始终遵循"客户-码头"的直线关系。这种单一的直线关系仍旧会产生老问题:"空去载回"或"载去空回"。如图7-9所示,当这个现象出现时,伴随而来的问题不言而喻——集卡有效利用率低下,故有效的空箱管理策略可以提高集卡的有效利用率。例如,相关学者提出的空箱共享策略是指在收货人所在处卸货产生空箱之后,将空箱继续送往其他发货人所在地进行货物装箱工作,最后将满载集装箱由集卡送回码头。这样一来,集卡的空载率将会大幅度降低,与之对应的是集卡运力资源得到有效利用。随着越来越多的相关学者对空箱管理方法提出改良意见,接驳运转系统的效率会进一步得到稳步提升。

5. 集卡卸货模式

在集卡进行卸货任务时,通常有两种情况:集装箱与集卡耦合和集装箱与集卡非耦合。若

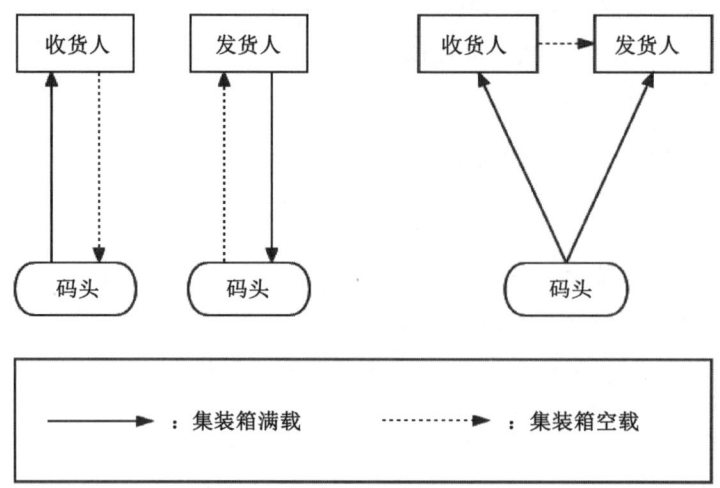

图 7-9 不同空箱管理策略对比

集装箱与集卡耦合,在卸货时,需要等货运集装箱被彻底卸空后才能前往下一个目的地。在这个等待的过程当中,会造成时间和运力资源的浪费,包括设备的油耗以及机械损耗等。反观集装箱与集卡非耦合的卸货模式,集卡将集装箱运送至目的地后,卸下集装箱即可马上出发前往其他目的地,节省了等待时间,避免了因等待而产生的资源浪费,提高了接驳转运系统的运行效率。

7.5 干支衔接调度

7.5.1 干支衔接概述

所谓干支衔接,是指需要中转的集装箱直接在干线船和支线船当中周转,不需要经历堆场存放和取送的操作环节。干支衔接流程如图 7-10 所示。

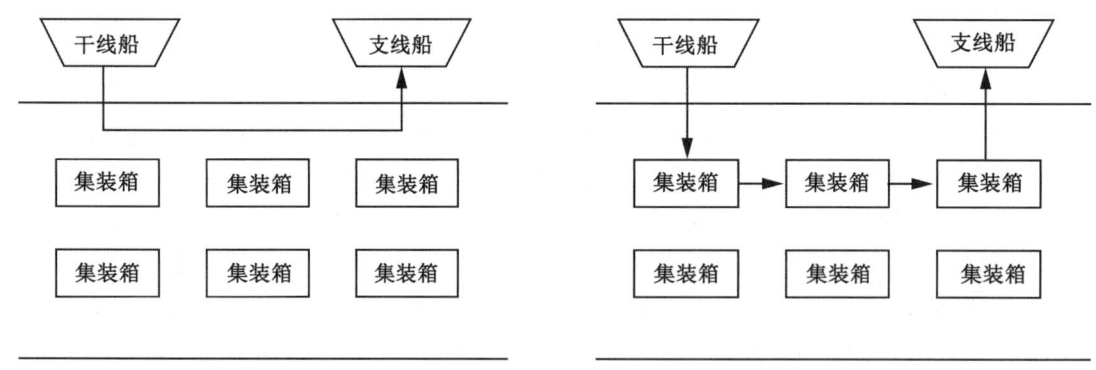

图 7-10 干支衔接流程

7.5.2   干支衔接调度流程解析

根据 7.5.1 内容所述,干支衔接调度的基本思想就是集装箱流动环节的"省略":省去了集装箱在堆场的存放和装卸操作。以航运为例,直接将集装箱在干线船和支线船之间进行运转。这一"省略"环节可以提高集装箱的中转效率、节省中转作业的成本。但是,由于支线船有可能需要和一艘或多艘干线船衔接而延迟离泊,干线船与支线船的延误风险也因此增加。铁路与公路运输同理。

7.5.3   干支衔接调度模式

干支衔接的运输网络本质上是多层次运输路网,由无数干线和支线共同组成。仍以航运为例,干线运输网络由大型集装箱班轮在洲际的远洋运输路线构成;而支线运输网络由干线运输网络延伸而来,它将托运人仓库、内陆港和枢纽港口码头衔接在一起,起到了重要的纽带作用。

7.5.4   干支衔接调度优化策略

从宏观角度出发,干支衔接调度整体过程需要多个航段(或路段)和多个承运人共同协调完成,同时也涉及运输链内部的纵向合作,以及运输链之间的竞争关系。在干线承运人和支线承运人的共同合作下,一些合理的激励措施优化了干支线运输系统,使其收益分配更加协调。不仅如此,承运人的收益也会得到相应的提高。干线承运人和支线承运人为达成合作,共同选择了收益共享机制。支线承运人不仅可以从干线承运人手里获取更低的订舱价格,还可以获取衔接运输服务当中获利的一部分。干支线承运方各取所需,相互获利。这样的激励措施有助于维持干支运输系统的运营稳定,还在运营绩效、维稳合作等方面起到了关键的作用。

从微观角度出发,提高运载工具之间的货物衔接效率也是优化干支线衔接调度的有效策略之一。由 7.5.2 可知,在不同的干线船和支线船的衔接过程中,船舶在时间和空间维度上不可能做到货物的完美衔接,必然会存在因为船舶的到发时间误差以及泊位的分配问题而产生空间上或时间上的浪费。解决运载工具的衔接管理问题并完善衔接方案,是减少运载工具延误、避免资源浪费的有效途径。

8 多式联运运价智能预测

8.1 需求端客户群体画像

8.1.1 客户群体分类

1. 按照货运量分类

客户按照货运量可以分为大客户和中小客户:其中大客户是指年运量、年运费都达到一定标准的客户;中小客户则是除大客户以外的货主,中小客户具有数量多但发货分散的特点,是多式联运的重要潜在客户群。

2. 按照货物运输的批量需求分类

客户按照多式联运货物运输的批量需求可以分为整车运输需求客户、零担运输需求客户和集装箱运输需求客户。整车运输需求是指用一辆或一辆以上的车运送一批货物的运输。零担运输需求是指一次承运的货物批量小,且货物的种类、去向、距离均不相同,因而需要运输企业建立一定的运输网络,配备相应的运输服务设施以满足其需要。集装箱运输需求是指运输精密、贵重、易损等适宜装箱货物的需求。

3. 按照货物需求的种类分类

客户按照货物需求可以分为普通货运需求客户和特种货运需求客户。普通货运需求客户是指所要运输的货物都是生活中常见的生产与消费资料,运输需求量大且比较平稳的客户。特种货运需求客户是指在运输过程中有特殊要求(比如危险品、鲜活易腐货物等)的客户。如果没有特殊的保护措施和技术手段,则难以满足特种货运需求。

4. 按照客户运输需求特点和场站联系程度分类

该分类方法可以将客户分为协议客户、常规客户和特殊客户。

协议客户的货量相对稳定且与多式联运场站有长期合作关系。已经建立起信息互通的客户之间可以缩短作业等待时间、减少场站移动设备数量,并增强货主与多式联运企业之间的联系。

常规客户按多式联运场站发布的一般作业安排来安排货物运输,但运输时间和装箱数量并不稳定,存在较大浮动。目前该类型客户存在发送大批量货物和运输时间不稳定等问题,然而该类型客户具有巨大潜力,是多式联运部门应该争取的一批潜在客户。

特殊客户需要将集装箱装载到指定班次,但不能按多式联运站的作业安排操作。其现有任务的紧急和随机特性,是对场站的作业组织能力的一场严峻考验。

5. 按照客户的企业规模分类

按照客户的企业规模,客户分为国外进出口商与大型跨国企业以及中小型外贸企业。国外进出口商与大型跨国企业的产值高,产品相对单一,服务的客户比较固定;很多工厂内部就有保税监管区,基本都有海关的便利通关条件,企业内部也有物控部门。中小型外贸企业与具有一定规模的跨境电商商户的订单相对较小,产品品类比较丰富,服务的客户比较多,遍布全球各地。由于各地海关政策比较复杂,在国际物流方面,中小型外贸企业需要得到全面的支持。

8.1.2 客户群体需求特征分析

多式联运客户群体需求是指通过提供合理的价格和服务来满足其对于货物空间位置的需求。多式联运客户群体需求包括物质需求和精神需求;物质需求包括对货物信息、运输量、运输港口、运输价格等方面的需求;精神需求包括对服务质量和服务态度等方面的需求。客户群体的需求常常是多方面的,不同客户群体之间存在需求差异。在众多需求中,不同的客户群体的关键性需求有所不同,客户群体需求是一个动态变化的过程。

客户群体需求特征是指能够完整反映多式联运客户群体运输抽象结果的总体特征要求。客户群体需求特征主要有以下七个方面。

1. 广泛性

在现代社会,货物的空间位移是一个很普遍的现象,因此多式联运客户群体的运输需求具有广泛性,普遍存在于社会生活的方方面面。与其他需求相比,运输客户群体的需求是普遍、广泛的。

2. 多样性

在货运市场中,不同的客户群体也因其社会地位和经济效益的不同而呈现出多样性的特点。由于不同客户群体的货物种类不同,因此具体的运输需求不同,进而对运输服务的要求也不同。这就要求提供运输服务的一方能根据多样性的需求,提供相应的服务。

3. 无限扩展性

多式联运客户群体的需求是无限扩展、永无止境的。随着现代社会的发展和进步,人们绝不仅仅简单追求货物的位移要求,还会产生更多需求,比如实时掌握货物的物流轨迹和当前状态,这是现代社会货主的需求。除此之外,新的需求还在不断产生、不断扩展。

4. 可诱导性

多式联运客户群体的需求具有可诱导性。外界的政策变化、社会活动、新闻广告的宣传都会对客户群体的需求产生影响,进而出现新的需求。不同的诱因导致的需求也各有不同。由此看来,多式联运客户群体的需求是变化的,具有一定的可诱导性。

5. 派生性

派生是指新的需求来源于原有需求的过程。客户群体不仅对货物位移有要求,更重要的是要满足其他需求,比如生产生活的需求等。由此看来,单纯进行货物的空间位移是远远不够的。

6. 空间和时间特定性

多式联运客户群体的需求总的来看主要是空间位移和时间限期。由此来看,客户群体需求具有空间和时间特定性。根据不同的市场条件,不同的客户群体对不同的空间位移和时间要求各不相同。比如一些特定地区对某些产品的需求较大,这就要求货物的空间唯一倾向于此地区。

7. 部分可替代性

一般来说,不同的运输需求是不能相互替代的。然而,在其他情况下,人们可以对某些不同物质的置换做出替代安排。例如,某些产品的市场和产地不同,那么运输需求的部分可替代性就发挥作用:到底是运输原材料到产地还是运输产品成品到需求市场更方便、低廉,更能满足需求呢? 因此,顾客群体运输需求的部分可替代性是区位理论解决区位问题的基础,也是国家重大经济工程项目技术经济分析的基础。

8.2　供给端定制化运输服务

8.2.1　运输服务体系分析

多式联运运输服务体系是一种全程一体化运输服务模式,具有涉及业务多、各个环节联系紧密、服务方式综合性强等特点。在多式联运运输服务体系中,多式联运经营人为客户提供安全、便捷、高效、绿色、经济的服务,以达到无缝衔接、快速转运的目标。其服务内容主要包括承运、转运、信息服务、投诉处理。多式联运运输服务体系如图 8-1 所示,多式联运运输服务体系流程如图 8-2 所示。

多式联运运输服务是一项专业性非常强的货物运输服务。我国多式联运市场仍处于起步阶段,许多企业在从单一运输方式承运人向多式联运经营人转型的过程中,需要提升多式联运服务能力的专业性。多式联运也是一项综合业务,能够发挥各项运输方式的优势, 形成互补和叠加效应,进而提高多式联运运输服务的效率和经济性,根据货物类型以及客户要求选择最适宜的运输方案,从而为客户提供更便捷、优质的运输服务。同时,多式联运不仅减少了货物损耗,还可大幅降低成本,构建更高效的物流体系。

从托运人的角度来看,多式联运运输服务可以提供端到端的物流解决方案,为客户提供更加便捷的运输选择。同时,多式联运运输服务可以很好地处理跨区域、跨国家等各种复杂情况。为此,多式联运经营人需要有效整合各种运输方式以及在整个运输过程中所涉及的各个环节的资源,包括运输能力、信息管理和合适的装备等。因此,建立健全多式联运运输网络和配套的服务体系,推动各类运输方式之间的资源共享和优化,是促进整个多式联运产业可持续发展的重要战略选择。

与单一运输比较,多式联运运输服务可以节省成本,因为不同运输方式可以共享部分费用,如管理费用、装卸费用等,并且可以优化运输过程,缩短货物滞留时间。此外,多式联运运输服务可以优化货物运输路线,避免重复行驶和浪费时间。多式联运运输服务具有跨越不同物流方式、不同部门、不同区域和不同主体的特点,因此整个交易过程非常复杂。多式联运运输服务具有复杂的跨界特点,涉及的环节、责任和风险都非常多,存在较高的风险和较大的不

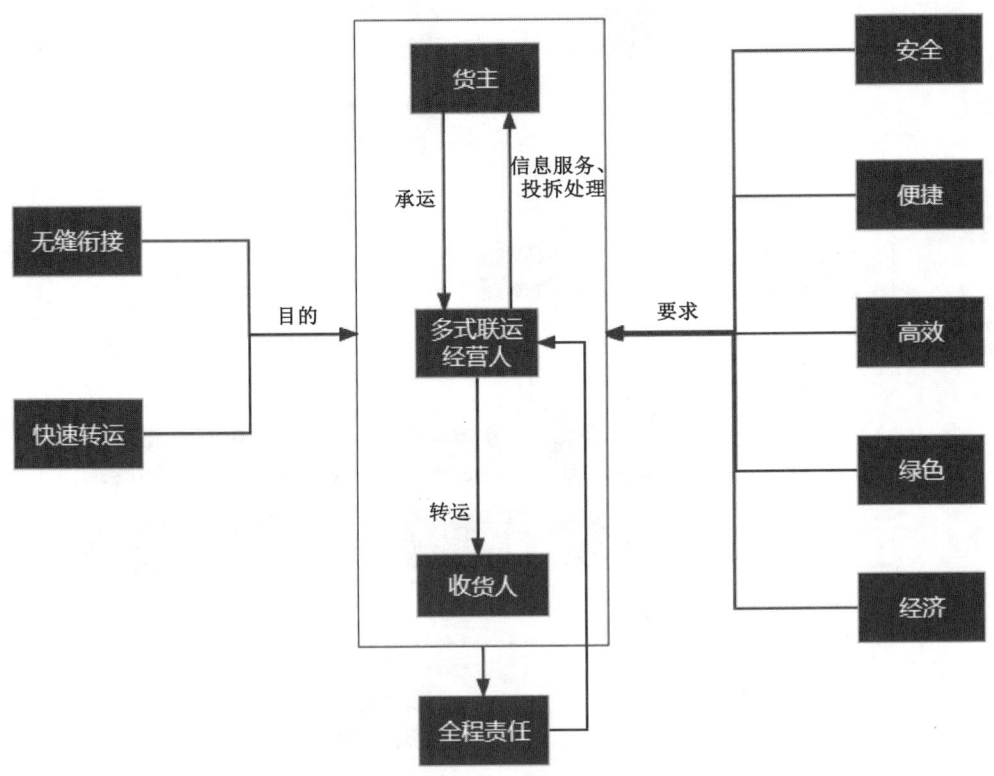

图 8-1 多式联运运输服务体系

确定性,因此准确地划分各方责任也变得更加困难。

多式联运经营者需要充分发挥组织者的作用,通过协调和配合各参与主体的工作,实现整个运输链条的紧密衔接和全程连续的运输,从而实现整体效率和成本优势最大化的目标。

8.2.2 标准化运输服务

标准化是各行各业内需要统一规定的技术标准,包括产品参数、产品价格、质量规格、信息等。由于多式联运运输服务系统涉及很多技术、管理以及信息等要素,各个要素之间互相独立,互不干扰,共同作用,所以就需要一套系统性的标准化管理模式,将这些要素串联在一起,形成一套完整的服务系统。这不仅可以提高服务效率,还可以增加服务等级。标准化运输服务对多式联运企业起到以下作用:

1. 加强不同运输方式企业之间的合作,形成综合性的运输服务体系

在各个采用不同运输方式的多式联运企业中,标准化服务模式可以加强这些企业之间的联系与合作,进而形成一个综合性的运输服务体系,在运输过程中,可以增强各个运输方式之间的匹配与衔接,从而实现"门到门"的一站式运输服务。

2. 增加服务质量,保证企业竞争力

如果多式联运企业建立科学统一的服务标准,可以将客户的需求量化,例如服务水平的满意度、货物的到达时间、货物运输价格以及各个运输公司的市场标准,进而增加客户的服务体

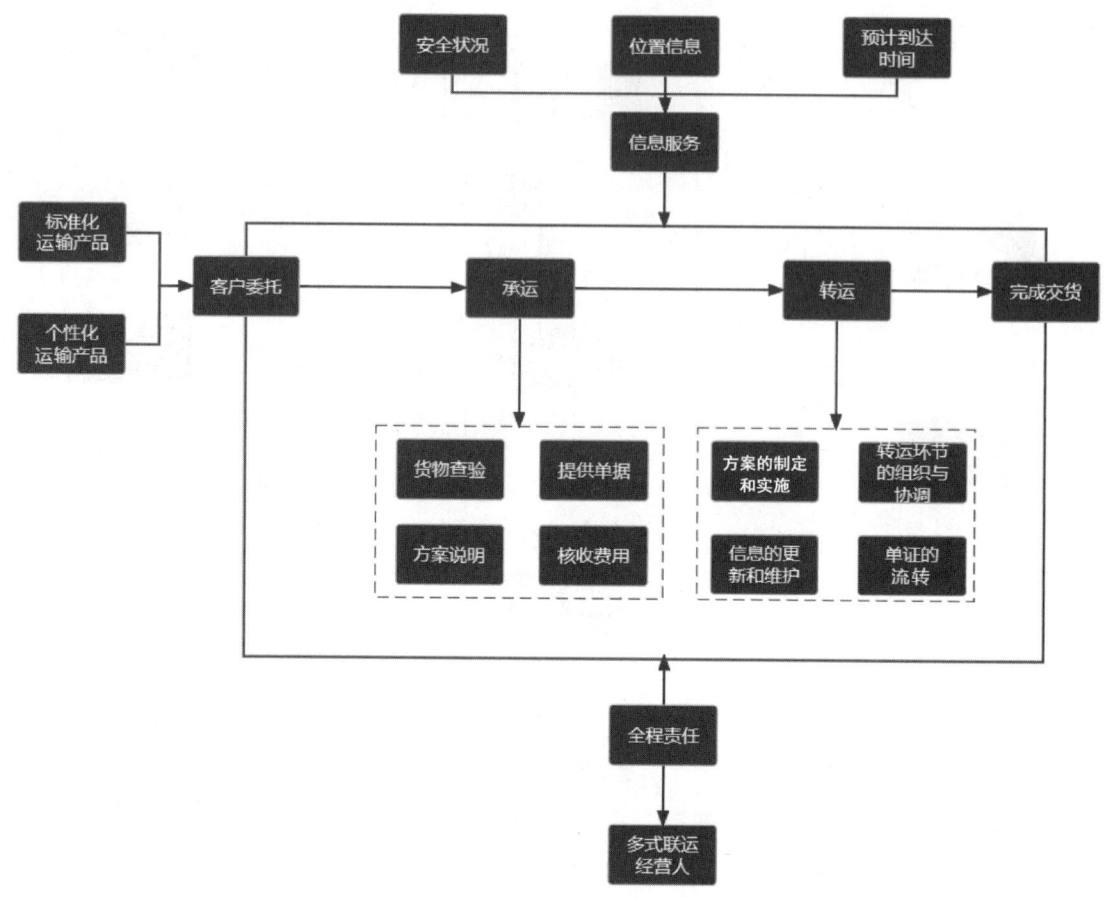

图 8-2 多式联运运输服务体系流程

验,提升服务质量,从而保证企业在货运市场的竞争力。

3. 整合运输市场

在多式联运运输市场中,如果形成了一套标准化的运输服务体系,当它成为行业标准的时候,一些运输公司会朝着这个标准努力,进而可以发挥自身的优势;如果这个行业标准是不完善的,则有可能导致技术创新停滞不前、其他标准难以发展等问题。

8.2.3 差异化运输服务

差异化是生产者为市场提供独特利益,并取得竞争优势的过程及结果。在多式联运运输服务体系中,差异化运输服务是指运输公司根据客户的区别、差异化运输需求,提供多样化的产品选择以及运输方案,由客户自由选择搭配适合自己的定制化服务。差异化运输服务强调的是客户群体的不同,运输公司不可能以同一种服务水平让所有客户的需求都得到满足。此外,考虑到每位客户对企业利润的贡献都有所不同,因此,每位客户对企业的重要性也会有所不同。尤其是那些对企业利润贡献较大的重要客户自然更加需要高水平、多样化的服务。

差异化需求下的多式联运运输服务对多式联运企业起到以下作用:

1. 提高运输资源利用率

当企业采用差异化运输服务模式时,会综合考虑各种运输方式的技术经济特征。与单一的服务模式相比,差异化运输服务模式可以更加灵活地应对客户不同的需求,在保证服务质量和效率的同时,既可以降低运输成本,又可以提高运输过程中各个资源的利用率。具体而言,对于需要快速到达的产品或货物,企业可以选择更快捷、更高效的运输方式,如航运,以满足及时性的需求;对于不急迫的商品,则可以采用效益更高、成本更低的运输方式,如海运或铁运等,以提高运输过程中各个资源的利用率。

2. 提升服务质量,吸引更多客户

多式联运企业根据不同货主的差异化需求,提供不同的多式联运路径和运输方式的定制化选择方案,以提升服务质量。比如,多式联运企业可以根据货主的实际需求,设计出合适的多式联运路径,从而优化货物运输路线,避免重复行驶和浪费时间。特别是针对复杂的国际大宗货物运输需求,多式联运企业可以借助网络平台技术,依托全球物流资源,为客户快速匹配最优质的多式联运方案,确保货物能够按时到达。这种差异化服务可以有效地增强企业的市场竞争力。

3. 把握价值客户,提高企业竞争力

在当今运输产品和运输服务多样化的背景下,运输市场竞争也日益激烈。通过制定差异化的多式联运服务方案,运输企业不仅能够满足客户各种需求,还能够提升货运服务质量,进一步提高企业效益和市场竞争力。同时,通过对客户进行分类,运输企业也可以深度挖掘有价值的客户,反向促进企业绩效的提升。

8.2.4 面向定制化需求的供需匹配

面向定制化需求的供需匹配机制如图 8-3 所示:当货主所需的多式联运运输产品属于标准化产品范畴时,多式联运经营人从其已有的产品资源池当中调用标准化产品来满足货主的标准化需求;当货主所需要的多式联运运输产品属于个性化产品范畴(即非标准化)时,多式联运经营人按照货主要求,提供符合客户个性化要求的多式联运运输产品,与此同时,多式联运经营人将该个性化产品纳入自己的产品资源池当中,继而,对已提供过的个性化产品相关信息进行存储,以便于后续更快、更好地提供相同或类似的个性化产品服务。

8.3 运价智能预测模型

8.3.1 影响供需匹配的因素

多式联运货物运输需求是指在特定时段内,以一定的价格水平为基础,经济活动需要支付货物移动的能力。多式联运货物运输供给则是指在某一时刻,运输生产者愿意并且有能力提供各种运输产品的数量,以一定的价格水平作为依据。需求和供给相互联系、相互制约,需求在引导和推动供给方面发挥作用,而供给在主导和决定需求方面起作用。随着经济的不断发展,运输需求的不断增长,由于需求对供给的指导作用,供给也随之变化,并反过来影响经济水

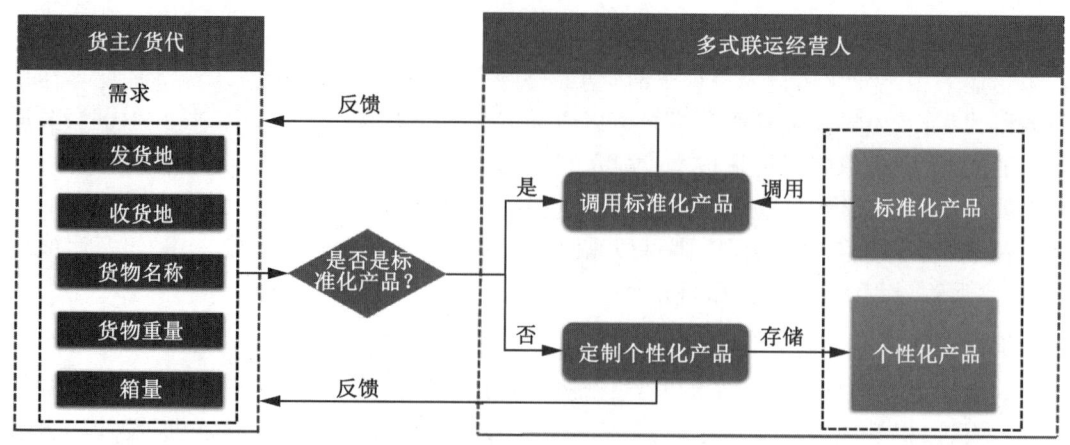

图 8-3　面向定制化需求的供需匹配机制

平,这充分表明了运输需求和运输供给之间的复杂关系。

目前,影响多式联运供需匹配的因素较复杂。在多式联运运输供给方面,从宏观上看,运输供给受经济水平、政治因素和技术因素的影响;从微观上看,运输供给受管理水平、运输效率、运输成本等因素的影响。在多式联运运输需求方面,影响因素包括自然条件、生产力布局、经济发展水平、产业结构、运输网的布局和运输价格。在运输市场中,运输价格是最为活跃的因素之一,对供给和需求双方都起着非常关键的作用。多式联运运输供给的影响因素如表 8-1 所示,多式联运运输需求的影响因素如表 8-2 所示。

表 8-1　多式联运运输供给的影响因素

影响因素		解析
宏观因素	经济水平	经济发展状况直接影响着多式联运运输供给
	政治因素	政策因素影响多式联运供给
	技术因素	技术水平对增加多式联运运输供给量、提高供给能力起到推动作用
微观因素	管理水平	管理水平提高,运输供给能力相应提高
	运输效率	运输效率提高,运输时间缩短,进而增加运输供给量
	运输成本	主要来自生产要素价格和生产技术状况
共同因素	运输价格	多式联运运输价格是影响运输供给的重要因素之一

表 8-2　多式联运运输需求的影响因素

影响因素	解析
自然条件	自然条件和运输需求有着密切的关系
生产力布局	生产力布局影响着运输需求
经济发展水平	多式联运运输需求取决于经济发展水平
产业结构	运输需求受城市自身和城市依存的区域条件限制
运输网的布局	主要是运输网分布的动态变化及其地域结构与类型
运输价格	多式联运运输价格是影响运输需求的重要因素之一

在我国运输市场迅速发展的大背景下,运输供给和需求之间难以保持平衡。供需匹配,不仅包括供给要匹配需求,还包括需求要匹配供给。实现多式联运运输服务供给与需求的无缝对接与有效匹配,是优化运输供给结构,增加有效运输供给的重要途径之一。

8.3.2 基于全息生态的多式联运供需匹配决策模式

基于全息生态的多式联运供需匹配问题,供需双方主体为多个,且各主体之间彼此有联系。在供需匹配问题中,由于个体的差异性,选择的策略有所不同,而在实际中主要的供需匹配决策模式有以下几个:

1. 一对一型供需匹配

在供给方和需求方的个体之间,每一方只能选择对方中的一个个体作为匹配对象,这是一对一型供需匹配的典型例子。以多式联运货物运输中托运人和经营人之间的供需匹配为例,每个托运人只能与一个经营人匹配,同时每个经营人也只能选择一个托运人进行匹配。

2. 一对多型供需匹配

在供需双方中,一方的单独个体只能选择对方的一个个体作为匹配对象,而另一方的每个个体则有选择对方多个个体作为匹配对象的权利。以多式联运中托运人和经营人之间的供需匹配为例,假设每个托运人只能选择一个经营人进行匹配,但每个经营人可以接受多位托运人,这就是供给一对需求多型;反过来,就是需求一对供给多型。

3. 多对多型供需匹配

供需双方的每一个体都可以选择对方的多个个体作为匹配对象。对于多式联运托运人和经营人之间的供需匹配,如果托运人可以选择不同的经营人,同时每个经营人也可以接受多位托运人,那么这就是一种多对多型供需匹配。

多式联运运输服务供需匹配示意图可用图 8-4 表示,左图表示运输服务供需双方可能的匹配对数,右图表示所形成的运输服务供需主体匹配组合。

基于以上分析,运输服务是由运输需求主体意愿与实际需求产生的,根据托运人运输需求意愿合理地分配运输供给,进行供需匹配。基于全息生态的多式联运供需匹配模式综合考虑影响供需双方的主要因素,使双方达到稳定匹配。基于全息生态的多式联运供需匹配模式如图 8-5 所示。

8.3.3 运价智能预测算法设计

1. 多式联运运价影响因素分析

多式联运运价的主要影响因素有内部影响因素和外部影响因素。内部影响因素主要是企业对于消费者施行的定价策略,采用不同的定价策略对企业的收益也会存在不同的影响。外部影响因素则包括了市场的价格形成特点以及运输过程中所产生的一系列费用。

（1）多式联运运价的特点

1）多样性

在多式联运的过程中,由于运输方式存在不同,货物在不同运输方式之间交接时也存在多样性,这就使得多式联运运价具有多样性的特点。

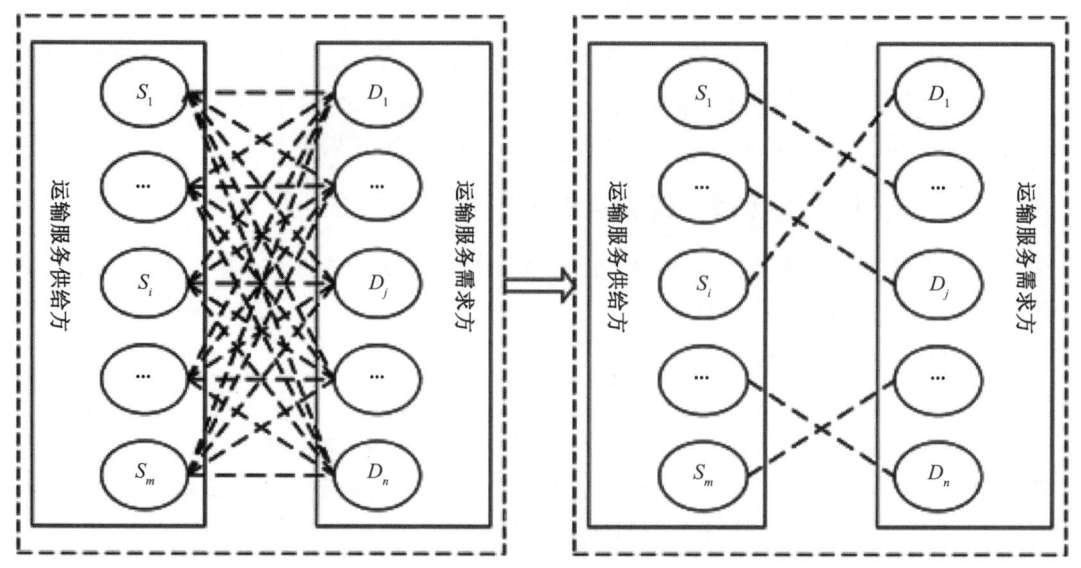

图 8-4 多式联运运输服务供需匹配示意图

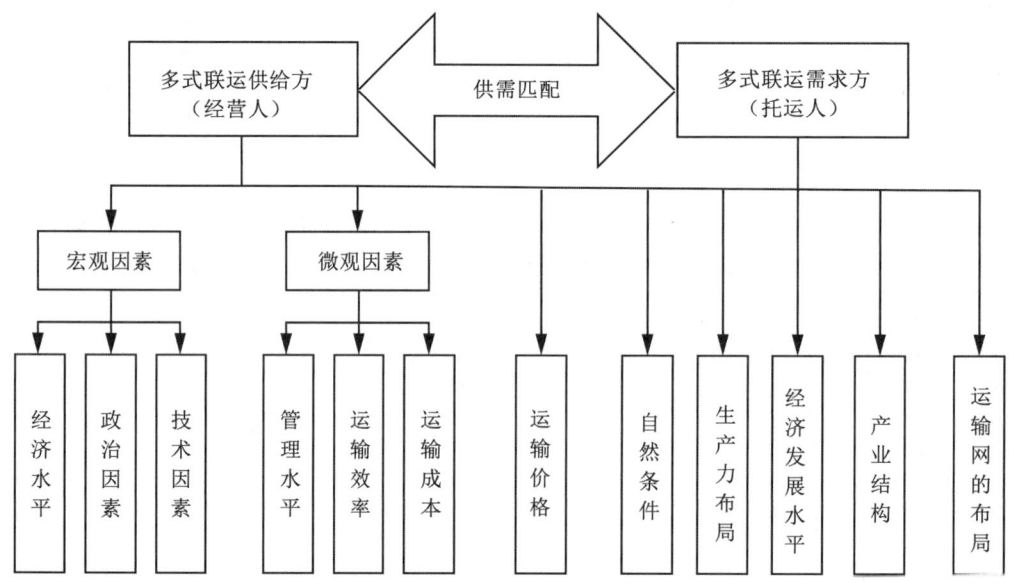

图 8-5 基于全息生态的多式联运供需匹配模式

2）周期波动性

在任何市场中,价格都会有一个周期波动性的特点,即当市场价格在不断攀升,达到该阶段的峰值后,就会开始逐步降低,跌到该阶段的波谷,周而复始,再由一个波谷达到波峰。多式联运市场也不例外,并且由于国际形势和贸易情况更加敏感,多式联运运价的周期波动性会更加明显地体现出来。

3）垄断性

在现如今的世界形势中,多式联运市场属于寡头垄断市场,基本上多式联运运价是被那些大型的运输外贸以及大型船公司(例如中远海运、马士基等)所垄断,因此,多式联运运价是带有垄断性质的。

4）运价水平较高

在现在的多式联运市场上,由于集装箱运输的成本通常很高,因此企业只有把运价提到一个比较高的水平上,才能够通过收取运费来使自己获得利益。再者,一般通过集装箱运输的货物价值不低,货主对于运费的承受能力也较强,且更能接受企业制定的较高运价,所以多式联运运价的总体水平还是较高的。

（2）内部影响因素分析

多式联运运价的内部影响因素主要是通过多式联运经营企业所选择的市场定价策略来决定的,通常,多式联运运价定价策略主要包括折扣定价、差别定价、地区性定价以及组合定价等,其主要内容如下:

1）折扣定价

折扣定价是指在一定程度上把售价降低,通过直接打折的方式降价,或通过赠送一些其他价值的东西的方式进行间接降价。折扣定价主要是为了增加产品或者服务的销量。其中主要的折扣定价策略有数量折扣、现金折扣、季节折扣和功能折扣等。

在多式联运市场上,针对运输货量较大的货主,通常多式联运经营人会选择折扣定价中的数量折扣,以期能够与大货主建立起一个长久的合作关系,使得自身所获得的收益更加稳定。采用海铁联运方式时,根据季节性的变化,多式联运经营人则会选择折扣定价策略中的季节折扣进行定价。

2）差别定价

差别定价在实践中应用得很多,非常典型,也可以称为歧视性定价,即商家或者企业在面对不同的客户或不同市场的时候会采取不同的售价。通常来说,企业或者商家针对不同的客户制定不同的价格时或针对不同客户之间联系紧密程度制定不同的价格时,就采取了差别定价。

在多式联运的过程中,针对大货主和零散货主的定价是不同的,而在运输过程中多式联运经营人的运输成本是一样的。跟统一的定价相比,企业采取差别定价时通常是为了使客户能够消费得更多,从而使企业获得更大的收益。

3）地区性定价

地区性定价指的是企业对于处于不同地区的客户制定不同的价格。通常来说,企业的产品或者服务不只售卖给自己所处地区的客户,还有外地的客户。也就是说企业可能会根据外地的客户在成本上的花销来制定与本地客户不同的价格。地区性定价的形式有 FOB 原产地定价、统一交货定价、分区定价。

4）组合定价

组合定价指的是不同产品之间存在一定的互补性或者关联性,企业跟商家针对不同的产品采取不同的定价策略来迎合不同的客户的消费心理,以取得整体经济效益。这也是一种心理策略定价。既可以单独售出又可以成套售出的产品通常采取组合定价。

（3）外部影响因素分析

随着"交通强国"战略的部署落实,多式联运的发展越来越受到重视。其中,多式联运运价无疑是多式联运经营人、货主以及承运人之间共同关注的焦点。研究多式联运运价外部影响因素具有重要的实际意义。然而,随着目前多式联运的运输占比逐渐上升,影响多式联运运价的因素种类也随之呈现上升的趋势。其中,影响多式联运运价的外部因素主要由运输货物的性质及数量、运输成本、多式联运市场特点、政府管控等构成,其具体内容包括:

1)运输货物的性质及数量

运输货物的性质决定着多式联运的运输方式以及相应的保护策略不同,进而影响着相应货物的多式联运运价。同时,大数量的货物运输往往能够享受不同舱位固定范围内的优惠,其单位货物的多式联运运价远小于小批量的单位货物的多式联运运价。另外,根据货主需求的不同,货物在运输过程中可能存在不同的运输保护策略,所对应的集装箱需求以及货物服务水平大不相同,进而影响多式联运运价。

2)运输成本

多式联运运价主要由运输成本以及运输利润构成,由此可见,运输成本是多式联运运价中一个比重较大的构成板块,所以运输成本也是运价的一个很重要的影响因素。多式联运经营人承担着控制运输成本的重要职责,需要严格控制多式联运的运输成本,从而相应增加多式联运经营人的利润。

3)多式联运市场特点

多式联运市场存在垄断竞争性。就目前的多式联运市场而言,整个多式联运市场由集装箱班轮公司主导,属于典型的垄断市场。其中,大规模公司往往可以凭借自身的核心竞争力,包括经济基础、服务体系以及广阔的市场资源信息,快速地与小规模公司抢夺市场业务并决定着多式联运运价的高低。因此,大规模公司往往基于自身的大量资金投入而提高多式联运运价,小规模公司往往为了吸引客户而降低多式联运运价。

4)政府管控

对于多式联运运价的管理,政府部门往往通过顶层设计的方式提出制度管理方法(包括反垄断法豁免、协议备案管理、运价报备制度等),从而在一定范围内有效地维持多式联运运价,推动着多式联运市场的稳定发展。

综上所述,分析多式联运运价的影响因素对价格预测至关重要,多式联运经营人应在考虑上述因素的基础上制定不同的运价,以此来控制市场上的运量供给,以便能够更好地平衡市场需求,使自身的收益最大化。

2. 多式联运运价智能预测方法

多式联运运价智能预测指的是多式联运经营人基于历史价格的信息和数据,用机器学习的方法分析出商品价格变化的动态性,根据具体的需求和目标,在保障自己的边际收益的同时通过合理的优化运价来获得更大的收益。多式联运运价是反映运输市场状况的重要指标,准确的运价数据预测有助于科学地把握市场的变化规律,并为政府相关政策的制定和运输企业市场决策的制定提供支持。

智能预测方法相比于传统方法而言,在处理复杂问题方面有很多优势。近几年,在价格预测领域,较为流行的智能预测方法有机器学习算法、遗传算法、粒子群优化算法、神经网络方法等。

(1)机器学习算法

机器学习算法(Machine Learning Algorithm)是人工智能的一个分支领域,是指通过计算机系统利用已有的数据进行学习和改进,自动学习和识别数据中的模式和趋势,得出某种模型,并利用此模型预测未来的算法。机器学习算法能在最大限度上模拟研究对象的具体特点,在数据量大、问题比较复杂的方面有较大优势。

在机器学习算法中,主要有以下几个关键概念和组成部分:

1)数据收集和准备:收集多式联运的历史价格数据,包括相关的特征(例如货物类型、距离、运输方式等)。确保数据的质量和完整性,并进行必要的清洗和转换。

2)特征选择和提取:根据问题的需求和数据的特点,选择合适的特征进行预测。可能需要对原始数据进行特征工程,包括缺失值处理、特征标准化、离散化等。

3)数据划分:将收集到的数据划分为训练集和测试集。通常,大部分数据用于训练模型,小部分数据用于评估模型性能。

4)模型选择和训练:选择适合问题的机器学习模型,例如线性回归、决策树、神经网络等。根据训练集的数据,训练模型并调整模型参数,使其能够较好地拟合训练数据。

5)模型评估:使用测试集评估训练好的模型的性能。常用的评估指标包括均方根误差(RMSE)、平均绝对误差(MAE)等。

6)预测应用:使用训练好的模型对新的输入数据(即多式联运运价)进行预测。可以将预测结果与实际价格进行对比和验证,进一步评估模型的准确性和可靠性。

7)模型优化和改进:根据预测结果和评估指标,对模型进行优化和改进。可以尝试不同的特征组合、调整模型参数、尝试不同的算法等。

以下为一些常见的机器学习方法:

1)线性回归(Linear Regression):线性回归是一种用于建立变量之间线性关系的模型。它基于最小二乘法,通过拟合一个线性函数来预测连续数值型输出变量。该模型通过找到使观测值和预测值之间误差平方和最小的回归系数来进行训练。线性回归模型简单直观,容易解释和实现。它适用于具有线性关系的数据,对于大规模数据集具有较高的效率。然而,线性回归对非线性关系的数据拟合效果较差。

2)支持向量机(Support Vector Machine,SVM):SVM 是一种二分类模型,其目标是在特征空间中找到一个最优的超平面,以最大化不同类别之间的间隔。支持向量是距离超平面最近的训练样本点,SVM 利用这些支持向量来进行分类。SVM 在处理线性和非线性数据时表现出色。它能够处理高维数据,对于特征空间中的离群点具有较好的鲁棒性。另外,通过使用该函数,SVM 可以进行非线性分类。然而,SVM 的训练时间通常较长,内存消耗通常较高。

3)决策树(Decision Tree):决策树是机器学习算法中常用的算法之一,模拟了人类在做决策时的思维过程,通过对一系列属性进行判断和分支,最终得出预测结果。它用于解决分类和回归问题,在数据挖掘、模式识别、人工智能等领域都有广泛的应用。决策树主要有二叉树或多叉树的结构,结构清晰,易于理解和解释,通过选择最优的划分属性来构建分支,每个分支和节点代表一个属性判断,能够自动进行特征选择,提取出对分类预测最具有判别能力的属性。它的生成算法有三种:ID3、C4.5、CART 树。决策树主要是对相关属性进行判断,不断建立分支,最终得出结果。

4)随机森林(Random Forest):随机森林是一种基于集成学习的方法,它由多个决策树组成。每个决策树都是独立训练的,通过对输入数据进行随机采样和特征选择来构建。最终的预测结果由所有决策树的投票或平均值得出。随机森林对于高维数据和具有复杂关系的数据有良好的适应性。它可以有效地处理大量的特征和样本,对于处理缺失数据和噪声具有一定的鲁棒性。随机森林还可以评估特征的重要性,提供有关数据的有用见解。

（2）遗传算法

遗传算法（Genetic Algorithm，GA）是一种模拟自然进化过程的优化算法，它模拟了生物进化中的遗传、交叉和变异等基本机制，通过不断演化生成和改进候选解来寻找问题的最优解，用于解决搜索和优化问题。遗传算法通过不断地进行选择、交叉和变异操作，能够逐渐提高个体的解决能力，并逐步接近最优解。遗传算法的执行过程如下：

1）初始化种群：随机生成一组初始解（称为个体），构成一个种群。

2）评估适应度：根据问题的目标函数，计算每个个体的适应度值，衡量其解决问题的优劣程度。

3）选择操作：根据适应度值选择一些个体作为父代，通常选择适应度值较高的个体。

4）交叉操作：从选定的父代个体中随机选择一对，进行交叉操作，生成新的子代个体。交叉操作模拟了生物遗传中的基因交换。

5）变异操作：对生成的子代个体进行变异操作，通过随机改变个体中的一些基因值，引入新的基因变异。变异操作模拟了生物遗传中的基因突变。

6）评估适应度：计算新生成的子代个体的适应度值。

7）更新种群：根据适应度值的比较，选择一部分优秀的个体作为下一代的种群，舍弃一部分适应度值较低的个体。

8）重复步骤3）~7），直到满足停止条件（例如达到最大迭代次数或目标函数收敛）。

遗传算法在求解优化问题、组合优化、机器学习、人工智能等领域具有广泛的应用。它能够处理复杂的问题空间，对问题的搜索空间要求不高，具有全局搜索能力和并行计算能力。然而，遗传算法也存在一些限制，例如需要适当选择参数和编码方式，收敛速度较慢等。因此，在应用中需要根据具体问题进行调优和改进。

（3）粒子群优化算法

粒子群优化算法（Particle Swarm Optimization，PSO）是一种基于自然界适者生存思想的元启发式算法，最初由詹姆斯·肯尼迪（James Kennedy）和拉塞尔·埃伯哈特（Russell Eberhart）于1995年提出。它模拟一些社会行为，比如鸟群或鱼群等生物群体的行为等，旨在解决优化问题。在粒子群优化算法中，粒子通过不断地调整速度和位置，逐渐向全局最优解的方向移动。该算法通过个体和群体的经验来指导搜索过程，既保留了个体的探索能力，又充分利用了群体的合作和信息共享，从而能够有效地搜索优化问题的解空间。与普通的遗传算法相比，粒子群优化算法的目标是使所有粒子在多维超体中都找到问题的最优解。

粒子群优化算法的执行过程如下：

1）初始化粒子群：随机生成一组粒子，并为每个粒子随机分配初始位置和速度。

2）评估适应度：根据问题的目标函数，计算每个粒子的适应度值。

3）更新粒子速度和位置：根据当前位置、速度和个体经验以及群体经验，更新每个粒子的速度和位置。更新规则中包括两个部分：个体最优部分（粒子自身经历的最好位置）和群体最优部分（群体中历史上找到的最好位置）。

4）更新全局最优位置：根据当前适应度值，更新全局最优位置。

5）重复步骤2）~4），直到满足停止条件（例如达到最大迭代次数或目标函数收敛）。

粒子群优化算法在求解连续优化问题、函数优化、组合优化、机器学习等领域具有广泛的应用。它的优点包括简单易实现、全局搜索能力强、对问题的搜索空间要求不高等。然而，粒子群优化算法也有一些限制,例如对参数的敏感性、易陷入局部最优等,需要根据具体应用场景进行参数调优和改进。

(4)神经网络方法

神经网络方法是一种机器学习方法,它基于人工神经网络(Artificial Neural Network, ANN)模型进行建模和预测,用于解决分类、回归、聚类、模式识别等各种问题。神经网络由人工神经元(也称为节点)以及它们之间的连接组成,这些连接具有不同的权重,每个神经元都能接收来自其他神经元的输入,并通过加权和激活函数的处理来生成输出。神经网络的基本思想是通过调整神经元之间的连接权重,从输入数据中学习到模式和规律,并能够对未知数据进行预测和分类。

在神经网络方法中,数据通过网络的输入层输入,然后通过网络中的连接传递到隐藏层和输出层,最终得到预测结果。每个神经元都能接收输入数据,并对输入进行加权和激活处理,产生输出。连接权重表示神经元之间的连接强度,所有权重在训练过程中进行优化。

神经网络方法的一般步骤如下:

1)数据准备:收集和准备用于训练和测试的数据集,包括输入数据和对应的目标标签(针对于监督学习问题)。

2)网络构建:选择合适的神经网络结构,包括层数、神经元数量和层间连接方式等。常见的神经网络结构包括前馈神经网络(Feedforward Neural Network)、循环神经网络(Recurrent Neural Network)和卷积神经网络(Convolutional Neural Network)等。

3)初始化权重:为神经网络的连接权重进行初始化,常用的初始化方法包括随机初始化和预训练初始化等。

4)前向传播:将输入数据传递到神经网络中,通过每个神经元的加权和激活函数计算输出,并将输出传递到下一层。

5)反向传播:计算网络的预测输出与目标标签之间的误差,并根据误差反向调整权重,以最小化误差。这一过程使用梯度下降等优化算法进行权重的更新。

6)重复步骤4)和步骤5),直到达到停止条件(如达到最大迭代次数或误差收敛)。

7)测试和评估:使用独立的测试数据集对训练好的神经网络进行评估,计算模型的准确性、精度或其他性能指标。

神经网络方法具有较强的建模能力,能够从数据中学习到复杂的模式和关系,因此在各个领域都有广泛的应用,包括图像识别、自然语言处理、语音识别、推荐系统等。同时,神经网络方法也需要大量的数据和计算资源,并且需要合理的参数选择和模型调优,以获得较好的性能和泛化能力。

3. 基于粒子群决策树的价格预测算法示例

基于粒子群决策树的价格预测算法是指以机器学习决策树为基础,通过对历史运价信息的自动处理、学习等步骤构建多式联运运价预测系统,实现对多式联运运价的实时估计,并对未来多式联运运价走势实时预测的方法。基于粒子群的决策树算法流程如图8-6所示。

研究主要通过建立运价预测系统对价格进行分析和预测。系统采用粒子群优化算法对数据特征进行选取,获取最优特征参数,并选用随机森林模型进行运价系统的训练以及预测。其具体过程如下:

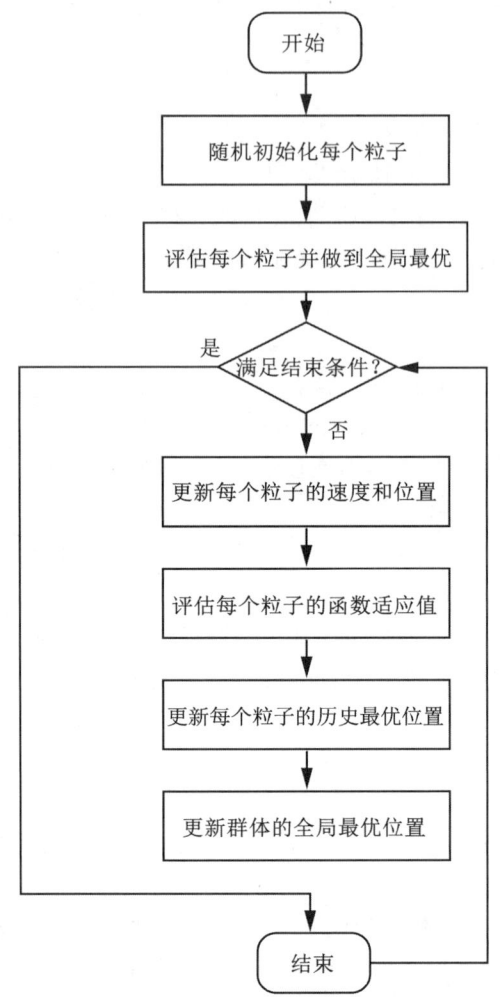

图 8-6 基于粒子群的决策树算法流程

（1）原始数据的清洗和数字化编码

对运价原始数据的清洗和数字化编码,可以获得运价数字化的数据信息。其中始发站及终点站等文本信息转化为数字化的经纬度坐标,运输货物等类型的文字信息转化为独特编码。这种操作的主要目的是将原始数据的文字信息统一用数字化形式表达,生成计算机能够识别的大数据。

（2）数据特征相关性分析

对数据特征相关性进行分析,可以找出与运价相关性最大的特征。这些特征有较大可能被选取,进行深度学习训练。特征相关性变化趋势显示了更加详细的特征变化趋势,也是特征分析选取的重要依据。

（3）构建决策树

对样本数据进行抽样,可以得到多个样本集。从候选特征中随机选择 M 个特征作为当前节点下决策的备选特征,并从这些特征中选择划分训练样本的最佳特征。每个样本集作为训练样本来构建决策树。

（4）建立随机森林决策模型

在生成样本集并确定单个决策树的特征后,使用 CART 算法剪枝。在获得所需决策树数量后,使用随机森林方法对决策树分支的输出进行投票,并将得票最多的类作为随机森林的决策模型。

（5）构建运价预测系统

采用大数据对粒子群决策树建立的模型进行训练。训练之后,对测试数据集进行预测验证,利用均值平方误差检测准确性,并用 Tkinter 搭建用户前端界面,构建出完整的运价预测系统。该系统能对新进数据持续训练,不断更新决策系统,使得系统的准确性不断提高。

8.3.4　多式联运综合物流成本智能预测系统设计

综合前文对多式联运供需两端的各因素分析和匹配模式,结合运价智能预测算法设计,可以形成基于机器学习与专家经验的多式联运综合物流成本智能预测系统。分别对公路运价、铁路运价以及水运运价采用对应的预测模型,基于机器学习与专家经验的多式联运综合物流成本智能预测系统如图 8-7 所示。

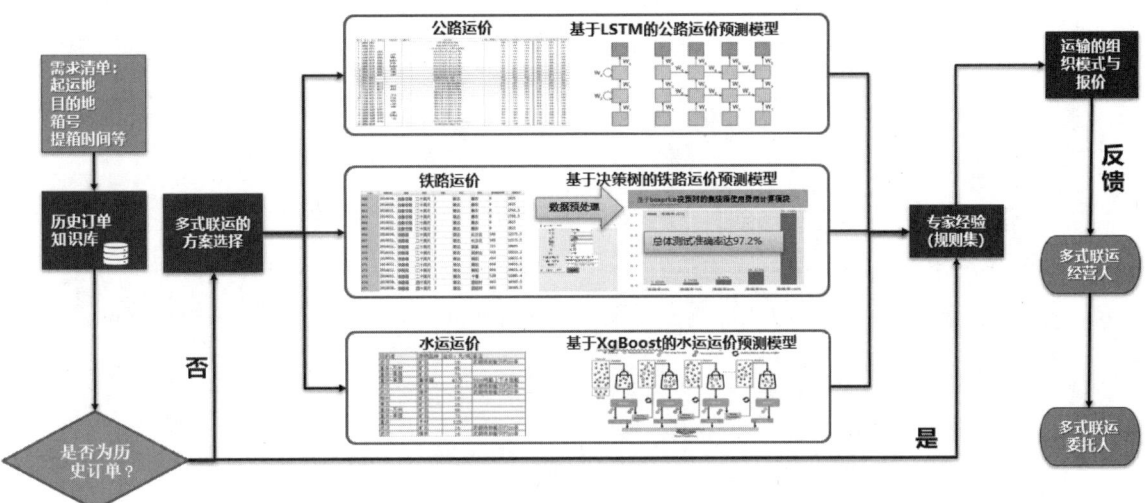

图 8-7　基于机器学习与专家经验的多式联运综合物流成本智能预测系统

第3篇 主体收益

9 多式联运生态组织多元主体结构分析

9.1 多式联运生态组织多元主体构成

9.1.1 运输主体

多式联运生态组织多元主体主要包含多式联运经营人、多式联运承运人、多式联运场站经营者、多式联运发货人和收货人、载具等。

1. 多式联运经营人

多式联运经营人是指负责与托运人订立并履行合同,对多式联运全程负责的主体。在国际多式联运活动中,只有多式联运经营人有权签发多式联运提单,并对联运过程中任何地方货物的灭失或损坏负责赔偿。由于多式联运经营人在国内并没有严格定义,因此多式联运经营人的概念主要在外贸多式联运领域应用,以国际集装箱多式联运为主。多式联运经营人是近年来在国家大力推动多式联运发展的时代背景下,为调整交通运输结构,实现节能减排、降本增效而催生的新生力量。

(1)多式联运经营人的分类

1)按照联运方式分

按照联运方式分,运输方式主要有公路、铁路、水路、航空和管道五种。每种方式在成本、时间、限制条件等方面各有不同,如果除去液态运输的管道运输方式,多式联运经营人可以从事公铁联运、水铁联运、公水联运、水水联运、空铁联运的联运方式,也可以从事其中几种联运方式。随着多式联运往纵深方向发展,未来将会涌现从事铁铁联运、铁水铁联运、水铁水联运、枢纽+通道、通道+产业等工作的更为复杂、多元化、组合式的多式联运经营人。

2)按市场主体地位分

按市场主体地位,多式联运经营人分为有自主研发多式联运产品,并与客户直接发生合同关系的多式联运经营人,也有多式联运的平台公司(包括政府平台公司、信息化平台公司等),还有从事多式联运的代理企业。它们大多从传统的单一公、铁、水等业务中转型而来,在不同的时间段扮演不同角色或多重角色。

3)按照作业方式分

两大主要作业方式是衔接式和协作式。衔接式多式联运是指只需要单一多式联运经营人组织两种或两种以上运输方式,将货物从接管地点运到指定交付地点的运输。协作式多式联运则是需要多式联运经营人通过与合作伙伴签订合同,共同将货物运输到指定地点的作业方式。现阶段,我国主要的运输方式是协作式多式联运。由此看来,多式联运未来发展的重要趋势是共享资源。

4）按照赔偿责任承担方式分

责任分担制，又称分段责任制，是指多式联运经营人事先划分负责区段，分段对货物运输负责。具体需要承担的责任看该区段的法律规则。网状责任制则是多式联运经营人对整个运输过程负责，但是当发生货运事故时，还是按照具体区段的法律来进行赔偿。如果无法确定事故发生区段，则按照相关约定或者具体规定执行赔偿。统一责任制，顾名思义指按照统一原则承担责任，不区分区段和具体法律规则。

（2）多式联运经营人的作用

1）由于铁路、港口、公路、航空等运输方式之间协同机制尚不完善，各经营企业难以充分发挥多式联运的整体优势。多式联运经营人就是解决机构分离带来的组织困难，创造性地将原来多式联运链条的上下游形成利益共同体，高效、快捷地协调每种运输方式，实现互联互通，降本增效。

2）多式联运经营人比传统物流从业者具有更大的工作主动性、创造性，打破行业壁垒，突破各种运输方式之间的衔接解决连通困难的问题，充分发挥多式联运经营人的主观能动性。换句话说，多式联运经营人是多式联运产品的制造者，其作用是单一运输方、承运人所无法替代的，单一运输方、承运人应与多式联运经营人结成长期战略合作伙伴关系。

3）在多式联运相关的基础设施、通道建设、运营模式、中转设备、信息系统、标准规范等核心要素方面，多式联运经营人发挥着至关重要的作用。多式联运经营人为公路物流园、铁路货场、港口、机场货站之间的有效衔接等方面发挥了主体力量。

4）多式联运业务的丰富与多式联运经营人的创新和发展密不可分。以技术驱动多式联运的发展，鼓励多式联运技术的创新和信息化进步，结合物流通道建设、智慧化场站建设、智能运输装备升级、一单制的推行，建设"无人场站""无轨场站"，智能化仓储、多式联运数据化平台建设等都需要多式联运经营人发挥积极作用，持续创造新的价值。

（3）多式联运经营人的功能界定

多式联运经营人是物流业态发展的高级阶段，对于企业经营与管理有较高的要求，不仅要求企业对于外部社会物流资源具有整合能力，而且对内部的团队、网络、信息、资金、单证、保险、结算等具备流程化、标准化管控能力，从而满足客户一体化、一站式的服务需求。多式联运经营人的综合实力对运输网络至关重要。一个企业要成为这样的多式联运经营人，应具备如下基本功能，包括资源整合、布局网络、信息技术、风险管理、资金保障等。

1）资源整合

要想发展多式联运，那么必然要先整合资源。多式联运经营人可以不承担运输服务，但要具备资源整理分配的能力，这样才能掌控整个环节的资源。多式联运整体服务环节较多，包括运输方式的衔接、承运人的交接以及中转地点的选择。整体过程都依赖多式联运经营人的资源整合和协调能力。

2）布局网络

多式联运运营的区域广且复杂，体现了多式联运长链条、多种运输方式的联运价值。为此，多式联运企业要按照枢纽建设、通道建设的需要，在国内、国际布局较为科学合理、广泛的网络机构，具备服务国内、国际多式联运的两个市场，具有一流的服务能力和快速的响应能力。

3）信息技术

基于多式联运业务流程的信息系统能够打造不同运输方式之间的信息连接,全程进行数据交换和信息传输,同时可以与外部各个系统进行信息交流,实现信息共享交互,因此,多式联运经营人要打造"智能化、移动化、平台化"的多式联运信息系统。

4）风险管理

由于多式联运涉及的衔接环节多,各段资源控制难度大,需要及时进行风险控制和管理。这就要求相关企业和人员制定标准规则和相关流程,了解不同运输工具的安全要求,根据不同的规则和要求,对风险进行提前检测和预警,按照标准流程实施风险管控实施计划。

5）资金保障

多式联运业务是由多物流环节、多运输方式组成的全链条服务,需要在多种运输方式、运输节点上进行先行投入,特别是在铁路班列开行、铁水联运通道建设、核心枢纽的投入等方面都需要大量的资金作为保障,为此,多式联运企业需要具备较为雄厚的资金作为运营支撑。

2. 多式联运承运人

多式联运承运人是指以运输货物或者组织、承诺运输货物并收取运费为主营业务的主体。

（1）多式联运承运人的构成

多式联运承运人一般是国际海上运输区段、铁路运输区段、公路运输区段、航空运输区段、沿海和内河运输区段的实际承运主体。因此多式联运承运人一般包含铁路货运公司、公路货运公司、船公司以及航空公司。

1）铁路货运公司

铁路货运公司在多式联运运输过程中承担铁路运输的职责,铁路运输方式适宜于远距离的大宗货物运输。根据地区和标准的不同,运输的经济里程一般有差异,综合来看,一般在200 km 以上。

A. 铁路货运运输的优点

优点如下:运输能力强;运输成本低,成本仅在汽车运输成本的 1/10 以内;能耗较低,燃料消耗约为汽车运输的 1/20;不受气候、天气等条件影响,可提供全天候运行,可保证正常、可持续运行;运行速度快,可达 80~120 km/h。

B. 铁路货运运输的缺点

缺点如下:按照轨道运输,灵活性较差;存在固定成本,短途运输成本较高。

C. 铁路货运公司定期直达列车货运流程

a. 发货人应在始发点的铁路集装箱处理站进行托运定位,并提前将集装箱运送至办理站的发送箱区。

b. 始发地的处理站按计划在办理站的装卸线上装载固定编组的定期直通车。

c. 根据时间表,定期直达列车运到目的地集装箱办理站。

d. 目的地办理站将集装箱卸载到"到达区",并从"交付区"取出集装箱进行装载。原车辆将按计划返回办理站。

e. 由于定期直通车在预定时间运行,可能会提前通知收货人按时提箱。

D. 铁路货运公司集装箱专运列车或普通货运列车货运特点

集装箱专运列车或普通货运列车附设的专用集装箱运输,在运输过程中,虽然也表现为从一个集装箱铁路加工站到另一个集装箱铁路加工站,但它不同于普通的直达列车。区别在于:

　　a. 集装箱专运列车和附设专用集装箱的普通货运列车由于不是定期运输,通常无法提前告知收货人交货,收银台有时会将箱子寄给收货人。

　　b. 普通货运列车编挂必须在集装线铁路办理站整理货物进行拼箱操作,或者到达站点之后进行拆箱操作。

　　2)公路货运公司

　　公路货运公司大多承担价格高、货物量小的服务,其经济里程一般在 200 km 以内。

　　A. 公路货运运输的优点

　　优点如下:货物运输速度较快;运输过程连续性强,存在较少的中转环节;运输服务机动、灵活,可随意改变运输路线,实现"门到门"运输。

　　B. 公路货运运输的缺点

　　缺点如下:公路货运运输能力弱,不适宜大宗货物运输;在长距离运输方面,运费较高;能耗大,环境污染严重;劳动生产率低。

　　C. 公路货运公司进口货运流程

　　a. 接受委托;

　　b. 申请整箱货放行计划;

　　c. 安排运输作业计划;

　　d. 向码头申请机械、货物理货、卫生检查等;

　　e. 从堆场码头中提取重型集装箱;

　　f. 交付箱;

　　g. 退回空集装箱。

　　D. 公路货运公司出口货运流程

　　a. 接受委托;

　　b. 安排运输作业计划;

　　c. 向集装箱码头提交集装箱出口运输通知单和放箱单;

　　d. 领取集装箱设备交接单、集装箱装箱单、封具和空箱;

　　e. 将空箱、装箱单和封具等运往经货源地装箱。

　　f. 重箱送交。

　　3)船公司

　　船公司是指承担水路运输的企业。其主要通过自然水道或者少量人工梳理和改建的码头等运输货物,借助一些船舶等运输工具通航。水路运输包括沿海运输、近海运输、海洋运输等。

　　A. 水路运输的优点

　　优点如下:海运运费约为铁路货运的 1/5,公路汽车货运的 1/10,航空货运的 1/30,在低价值大宗货物的运输方面有很大优势。水路运输价格较低廉,是一种经济实惠的运输方式。

　　B. 水路运输的缺点

　　缺点如下:水运受到季节、气候、水位等影响,可能长时间停运;运输速度慢,准点性差;更多的货物在途,会增加业主的营运资金占有,经营风险加大;航行是有风险的,有不安全因素。

　　C. 船公司整箱海运出口业务流程

　　a. 委托方(货主、代理人)将提交委托书连同报关单(包括退税单、外汇核销单、商业发票以及海关对不同商品检验所需的各种文件)一起交付给货代。

b. 货代审核委托书及相关报关单证后,制作订舱单(站单)。

c. 装货前,船公司或船代应将站单及其他复印件交给货代。

d. 货代应当提前安排向海关申报,同时向出境海关申请出口,提交全套报关单证。

e. 海关确认后在机场、火车站发票上盖章,寄送机场、火车站发票等退给货代。

f. 换乘码头装卸,提交盖章的收货确认单。

g. 船公司或船代应填写装船清单、预配清单、预配图、货物舱单等。根据预定分配,将其送至码头接收和装载货物。

h. 承运人通过向船东收取集装箱订单,在指定堆场收取空集装箱。

i. 托运人在客户仓储地装箱(或客户配送至堆场),将集装箱货物连同集装箱装箱单、设备交接单一起配送至码头。

j. 海关应当监督装运,并将装运公司或者装运代理提供的装运清单和集装箱清单送交海关。

k. 根据运输路线图和运输清单确定运输位置与运输顺序。

l. 大副随提单装船,装运后开具出口发票。

m. 装运后,码头将提单发票送到船公司或船代。

n. 码头根据实际装运情况绘制实际装运图纸,提交船公司或船代。

o. 船公司或船代交付实际运输计划、舱单、货运账单、舱单副本、集装箱舱单副本等到运输代理机构的装卸港口。

p. 船公司或船代根据运单上的发票开具提单。

q. 货代将提单发送给委托方。

r. 船公司或船代将装船舱单运送到海关。

s. 海关根据装船舱单出具退税单等文件。

D. 船公司进口货运业务流程

a. 船舶出港时,将货物证书邮寄至进口口岸船公司集装箱管理部门。

b. 集装箱管理机构在出口港收到各类货运单证后,分别向进口港代理机构或集装箱装卸区提供船舶及相关装运信息。

c. 进口港代理机构接收船舶到达时间及相关装运信息,并向收货人发送到货通知。

d. 收货人收到到货通知后,向银行支付订单,并携带单程代理原件换取运单。

e. 代理人应在原提单和收货人提供的提单的基础上开具提单。

f. 收货人持进口许可证和运单在集装箱装卸区提货。

g. 装卸区堆场应以原始运单为基础运输,并应以收货方代表签发的转让单为基础。

h. 拼箱货物由货站提货,货站向收货人取回运单原件,交收货人提货。

4)航空公司

航空货运主要包括空运、包机、集中托运和航空加急。

A. 航空货运运输的优点

优点如下:航空货运运输速度快、机动性强;建设周期短,回报快;适用于小批量、对时间要求高的贵重货物运输。

B. 航空货运运输的缺点

缺点如下:运输能力弱;受到天气等自然条件影响,会无法起飞或者延误,影响其准点性;

运输成本和价格相对较高。

C.航空公司货运出口流程

a. 货物委托:空运代理企业或机构出具"货物托运书"。

b. 订舱:委托方向航空公司订舱,领取订舱编号和地址,并由空运代理用车按照要求运到机场。

c. 检查报关材料:如进出口许可证是否完善,是否还需要办理其他手续,与此同时为发货人办理保险。

d. 接卸货物:航空公司以书面或电话通知收货人提货,收货人接到通知后,办好相关的通关手续,并当场理货,检查货物是否损害。

D.航空公司进口货运流程

a. 航空货代接受订单并从发货人手里接收货物;

b. 将货物运进存储地点;

c. 核对单证信息并录入;

d. 及时给收货人发到货通知或查询单;

e. 制作报关单并录入;

f. 进行进口商品的相关检验,主要包括数量、包装、卫生检查等;

g. 进口报关,由持有报关证的报关员正式向海关报关;

h. 运送货物或者中途转运。

(2)多式联运承运人功能的界定

1)核心能力

核心能力是指多式联运承运人所具有的独特、优于他人的能力。这种能力主要表现在高素质的服务能力。承运人独特的核心能力不但可以使多式联运服务增值,而且可以为多式联运其他成员提供支持和帮助。

2)相容性

相容性是指联合运输中合作伙伴之间是否可以相互协调,减少由于中间环节而可能产生的额外成本。由于联合运输具有多方参与、共同协作完成同一工作的特点,因此要求多式联运承运人不但可以优质地完成自己的工作,而且需要很好地为相关企业提供支持和帮助。

3)利润最大化

追逐利润最大化是开展经济活动的直接动力。利润最大化的内在要求和竞争活动的开展可以优化多式联运承运人的生产组织,最终降低整个多式联运的运作成本。

3. 多式联运场站经营者

多式联运场站经营者在联运过程中提供实际运输以外的服务,如货物转运过程中的装卸设备、仓储空间等。常见的场站经营者包括港口码头、集装箱货运站及其他相关服务的提供者。

(1)港口码头

港口一般处于江河湖海的交会处,是重要的运输枢纽,可以进行船舶补给和休息、货物装卸等活动。港口既是交通枢纽也是信息交流中心,在水路运输过程中具有不可替代的作用。随着社会的发展,我国进出口贸易不断增长,港口对外交流的作用越发明显。

1）码头出口货运业务程序

A. 发放空箱；

B. 重箱进场；

C. 编制配载图和装船顺序；

D. 装船和理箱；

E. 装船结束归档。

2）码头进口货运业务程序

A. 进口准备工作：在船舶抵达前，获得相关单证文件，与码头堆场提前联系等。

B. 卸船和理箱：按照相关顺序卸货，整理箱子。

C. 卸船结束工作：卸船结束，签字确认。

D. 搬运重箱：按照单据搬运封号的箱子，并将其拉到指定地点。

E. 疏港工作。

F. 归还空箱。

（2）集装箱货运站

集装箱（海关清关）场站是指集装箱货物临时存储、停靠，海关提供清关服务及进行其他其进出口程序的地点。由于场站大部分位于内陆地区，进出口货物在内陆集装箱场站需进行海关检查。但随着集装箱的发展，内陆集装箱场站也可以使得货物不经过中间海关检查，中间操作只发生在不同运输方式之间的中转点。

1）货运站进口货运业务流程

A. 做好交货准备工作；

B. 发出交货通知；

C. 从码头堆场领取重箱；

D. 拆箱交货；

E. 收取相关费用；

F. 制作报告。

2）货运站出口货运业务流程

A. 出口拼箱货的集货与配货。

B. 拼箱货装箱：将不同发货人和收货人的货物进行拼箱货装箱。

C. 制作装箱单：装箱单列明相关细节，便于买方核实，作为发票的补充单据。

D. 将拼装的集装箱运至码头堆场：在货运站拼箱后，转往出口堆箱场，准备装船运至码头。

4. 多式联运发货人和收货人

多式联运的服务对象是发货人和收货人。多式联运发货人是指在货物起点进行货物托运的人。多式联运收货人指在货物交货地点领取货物的人。

5. 载具

在多式联运运输过程中，装载是核心，其深刻地影响并决定了多式联运的装载、运载以及载运等在具体工作的实现方式。对于货物装载单元而言，载具一般包含集装箱、集装袋、可拆卸货箱以及物流台车；对于一种运输工具相对于另一种运输工具而言，载具一般包含厢式半挂车、集装箱半挂车、集装箱拖挂车、货车、轮船、火车以及飞机等。

9.1.2 服务主体

金融服务是指金融机构利用货币作为交易工具为有价值的产品提供资金,并为金融参与者和客户提供共同利益和满意的活动。广义的金融服务是整个金融业发挥其各种功能,促进经济社会发展。具体而言,金融服务是指金融机构在经营活动中提供的各种服务,如投资和融资、储蓄、信贷、结算、证券交易、商业保险、金融信息咨询等。在多式联运中,金融服务主要包含融资、租赁以及保险服务。

银行贷款是物流企业与其服务企业之间进行间接企业融资的主要形式,银行主要作为中介。随着社会的发展,传统的银行信贷融资服务已经跟不上现代物流企业等众多中小企业的发展,融资需求缺口不断扩大。金融租赁是指出租人应承租人要求,根据双方事先签订的合同,向承租人指定的出租人购买承租人指定的固定资产。在出租人拥有固定资产的所有权,承租人支付全部租金的条件下,固定资产的占用权、使用权和收益权在一定期限内转移给承租人。

9.1.3 监管主体

多式联运监管主体一般包含海关、商检以及其他政府部门。

1. 海关

海关是根据国家相关法律,实施监督管理兼出口活动的进出境管理机构。海关的监控系统分为四个环节:审单前货物监控、查验监控、放行监控、审单后货物监控。

(1)进口货物报关流程

1)准备报关材料,企业申报。

2)审单。现场海关审核无误后,接受申报。电子单证审核(计算机自动逻辑检测)→专业单证审核(单证审核中心审核)→现场单证接收(审核单证真实性,打印完税发票)。

3)选择检验(利用风险管理平台确定重点检验对象)→实施检验(检验分为外观检验、部分抽检、全检三种方式)。

4)货物放行。海关将查验后的货物或无须查验的货物放行。

5)结关。海关将上述报关单货物结关,报关行方可打印进口付汇证明联。

(2)出口货物报关流程

1)准备报关材料,企业申报。

2)审单。现场海关审核无误后,接受申报。电子单证审核(计算机自动逻辑检测)→专业单证审核(单证审核中心审核)→现场单证接收(审核单证真实性,打印完税发票)。

3)选择检验(利用风险管理平台确定重点检验对象)→实施检验(查验方式同上)。

4)货物放行。对于一般出口货物,在发货人或其代理人如实向海关申报,并如数缴纳应缴税款和有关规费后,海关在出口装货单上盖"海关放行章",出口货物的发货人凭此装船起运出境。

5)货物抵港后,口岸海关对调运数据进行审核,并向主管海关(内地海关,以下简称主管海关)出具调运单。货代应与海运船舶联系,并向当地海关提交装货时间和船名。港口海关应当监管货物上船。

6）货代应记录货物进入出口洁净舱的实际装货情况，并向口岸海关申报。口岸海关应当确认并将洁净舱舱单发回主管海关。

7）出口报关单位向主管海关申请打印出口退税单、出具结汇凭证单。

2. 商检

进出口商品检验检疫（又称商检）是指在国际贸易活动中，商品检验检疫机构检查所交易商品的数量、包装、质量、外形、安全、卫生和运输条件等，以及对商品涉及的相关传染病以及病虫害等进行检验检疫。自 2000 年 1 月起，我国实行"报检申报"后的检验检疫货物通关制度。

中国进出口商品的检验程序主要包括报检、抽样、检验和签发证书四个阶段。进出口检验指贸易当事人对自己属于检疫范围内的进出口商品，向检疫机构提交报检申请。检疫机构受理相关申请后，当即派技术人员到现场按照规定进行检验。检验内容包括货物的数量、重量和包装等。现场检验则是国际贸易活动中常用的抽样方法。

3. 其他政府部门

集装箱多式联运过程还涉及其他政府部门，政府部门的管理行为主要体现在监管和协调两个方面，包括对多式联运经营人经营行为的管理，是一种对市场经营进行考核和审批的责任与权力。此外，政府部门还对市场进行监督，包括规范市场运行，消除恶意竞争，倡导多式联运市场健康有序等。

9.1.4　多式联运多元主体整体架构

综合前文，多式联运多元主体架构主要内容包括运输主体、服务主体和监管主体，该架构支持多种商务模式，基于平台报价单资源池、产品资源池、方案资源池、供应商资源池，形成整体运输方案，实现从委托到交货全过程监控，并支持商务结算、保险理赔等环节，实现全模式、全过程一站式服务。多式联运多元主体架构如图 9-1 所示。

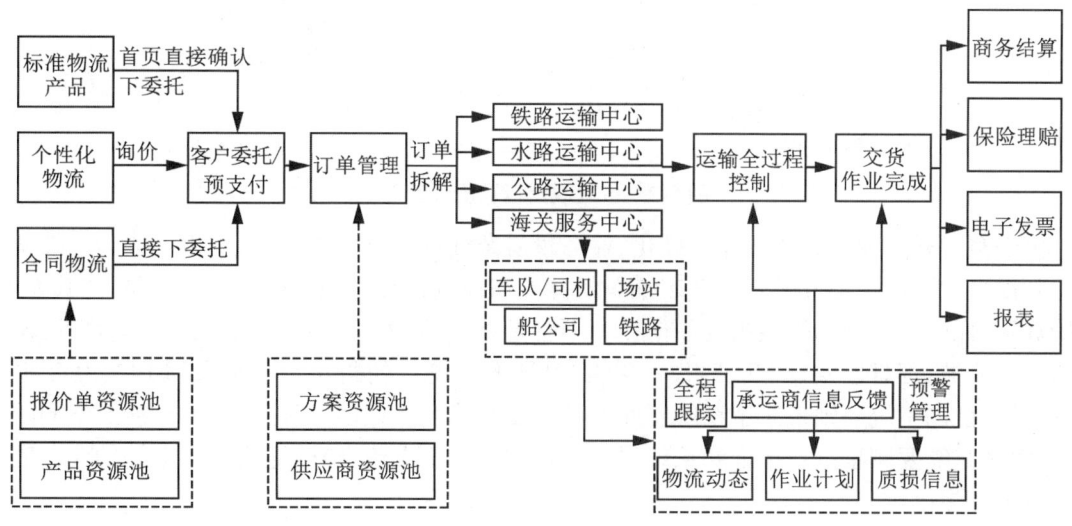

图 9-1　多式联运多元主体架构

9.2 多式联运生态组织多元主体结构类型

9.2.1 多元主体业务结构

1. 多式联运运输业务管理

典型的多式联运运输业务流程包括:发货人向多式联运经营人(或其代理人)提出托运申请,多式联运经营人(或其代理人)经过协商签订全程运输合同,并制订相应的运输计划,包括运输路线、运输方式、运力分配以及履行报关报检手续等。在实际承运人完成运输之后,多式联运经营人(或其代理人)负责将货物交付给收货人。多式联运运输流程管理如图9-2所示。

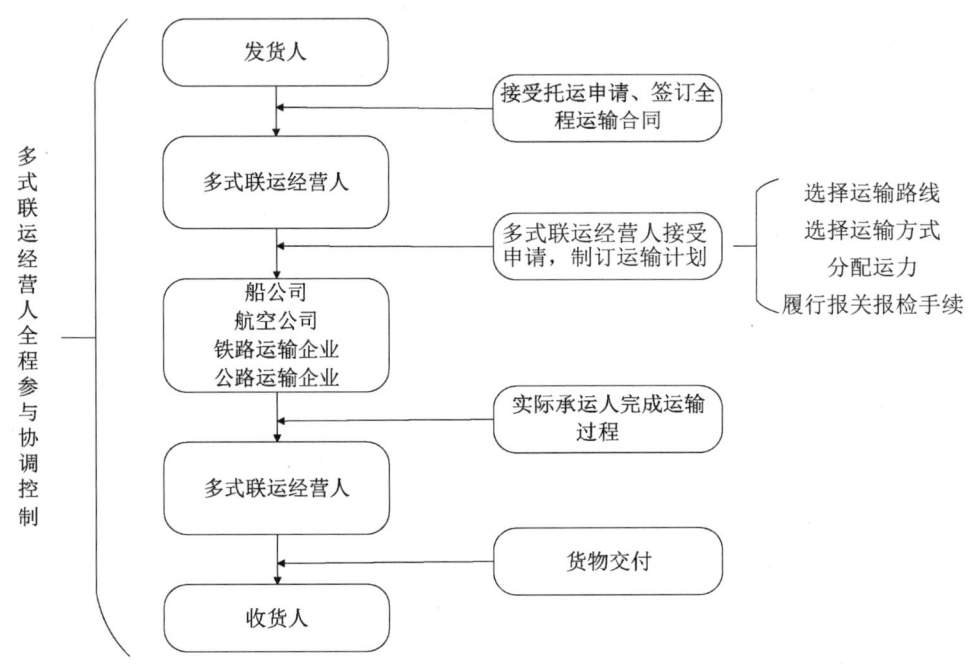

图 9-2 多式联运运输流程管理

由于多式联运业务具有主体多样化、业务段复杂和操作频繁等特点,全程货物运输效率很难得到提高。不同运输方式之间缺乏统一的标准和规范,导致单证格式、货类代码、装载要求、计费规则、保险费用缴纳等很难统一衔接。不管是单一运输方式的业务还是涉及不同运输方式衔接的业务,都难以实现"无纸化"。纸质单证的不统一使得单证层面的数据交互变得困难,电子单证的不统一则带来了系统层面的数据交互难度。在多式联运中,由于涉及不同的运输段,尤其是需要频繁进行单证和系统层面的相关数据全方位交互,这给整个过程的业务数据衔接带来诸多困难。

2. 金融服务管理模式

(1)多式联运融资服务

在多式联运中,融资服务与供应链融资服务相似,多式联运融资服务与传统的银行融资产品不同,其创新之处在于稳稳把握住大型优质多式联运经营人的多式联运网络。为了促进多式联运网络的健康有序发展,多式联运融资将着眼于资信良好、拥有稳定销售渠道和可靠回款资金来源的企业,并以大型核心企业为主要合作对象,进行产品设计和开发。同时,为了确保融资的安全性和有效性,多式联运融资还会严格筛选符合规范资质要求的企业,作为商业银行的优先融资对象。多式联运管理是针对核心企业多式联运网络而进行的一种管理模式,多式联运融资则是银行或金融机构针对经营人多式联运网络中各个节点企业而提供金融服务的一种业务模式。

(2)多式联运融资租赁服务

多式联运企业单纯通过存货质押来进行融资并获取授信已经成为一种常见的做法。融资租赁公司通过参与多式联运金融业务,利用厂商租赁和商业保理等方式,成为新兴的融资力量。融资租赁是一项动产融资工具,其租赁物是以设备为主的动产。融资租赁可以分为直租和售后回租两种形式,直租与多式联运金融更为贴近,而售后回租更像是一种贷款。

(3)多式联运保险服务

金融服务在多式联运中主要承担的作用是为运输业务承担保险。发货人向多式联运经营人委托货物运输,多式联运经营人需要与金融机构进行合作,购买运输保险,金融机构一般需负责赔偿自然灾害(恶劣气候、雷电、海啸、地震、洪水)造成的货物全损,另外对于运输工具发生意外事故造成的货物全部和部分损失,由金融机构进行赔偿。此外,金融机构需负责赔偿货物装卸时整件落海的费用、共同海损、施救费用、救助费用和船舶因碰撞责任产生的费用。基于多式联运经营人与金融机构合作项目不同,金融机构担保力度也不同,具体担保协议需多式联运经营人与金融机构共同协商交流确定。多式联运保险服务管理流程如图9-3所示。

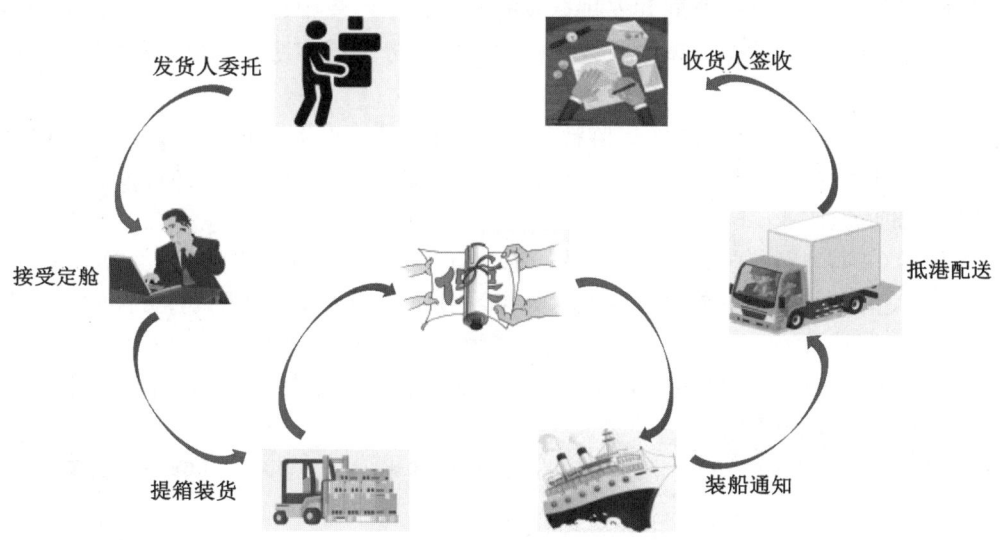

图9-3 多式联运保险服务管理流程

3. 多式联运监管模式

在多式联运监管中心的监管下,多式联运企业只需填写一份多式联运申请单,不再使用传统的转关模式。这就实现了进出口货物"一次申报、一次查验、一次放行"的管理方式。"一次申报"是指多式联运企业只需要填写一份多式联运申请单,即可实现不同运输方式之间的自由转换;"一次查验"是指在海关和检验检疫部门需要对货物进行开箱查验以及检验检疫时,通过信息平台进行信息的对接和核对,并按照"一次到场、一次开箱"的原则,依据各自的规定要求共同进行查验作业;"一次放行"是指在货物申报和查验检疫等程序完成后,海关和检验检疫部门将一次放行信息发送给口岸,口岸单位依据该放行信息进行放行操作。

多式联运监管流程如图9-4所示。

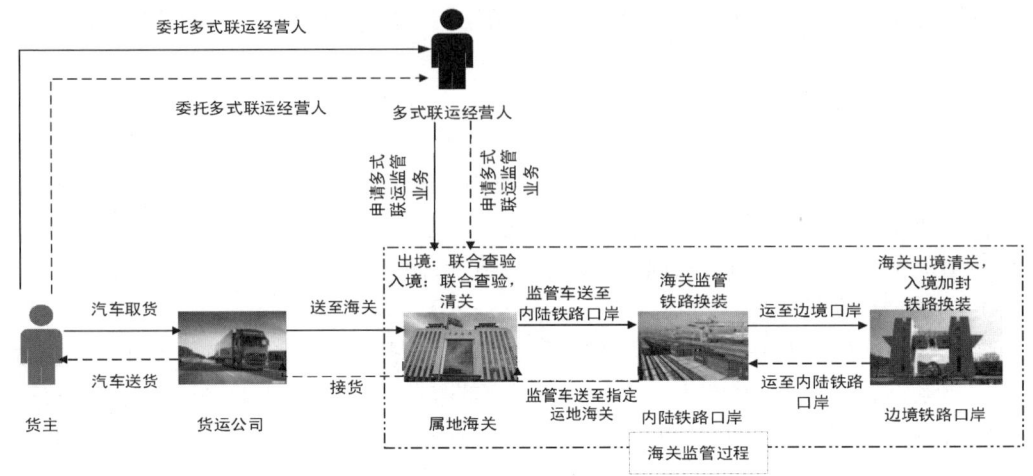

图 9-4　多式联运监管流程

(1)出口业务监管流程

1)货主委托货代进行国际多式联运业务,货代则寻找货源地海关监管区域内拥有公路运输资质的运营企业,签订货运合同并安排运输时间。这个过程中,货主将货物运输责任委托给了货代,而货代与公路运输企业以及其他相关方进行业务沟通和协调,确保货物按时到达目的地。

2)货代向海关申请开启多式联运监管模式,并向检验检疫部门提出报检申请。通过检验检疫后,海关对集装箱进行加封志。在装车完成后,海关将货车进行再次加封志,并发出通行证,以便后续的货运作业。

3)当货运车辆将货物送至监管中心后,海关人员会确认所有货物的数量、规格、品牌以及价值,并与相关的商业发票等单证相匹配。如果没有出现任何差错或问题,货代就会被告知货物放行的情况。

4)当货物到达边境口岸的发运场后,海关会对集装箱进行封志核验,并且要求确保封志无误才能进行下一步的作业。

5)铁路运输公司会向海关发送理货报告、预配舱单和列车出境申报单。海关确认这些文件后,完成监管货物换装并批准发出。

6)一旦列车启程,铁路运输公司会再次向海关发送列车出境报告,以确保海关可以全面监管并掌握货物的物流进程。

(2)进口业务监管流程

1)在外方车辆到达边境口岸之后,首先进行运单翻译,并向海关提交原始舱单、列车进境报告以及理货报告。海关随后会对车体和集装箱的封志进行核验,并确保所有单证的有效性。同时,相关部门进行检验检疫工作。

2）理货报告出具后,货代将向海关申请开启多式联运监管报关模式。随后,海关会对相关单据进行审核,以确保货物的合法流通和通关手续的正常进行。

3）货代向铁路部门提交运输申请后,铁路部门会进行运输计划的制订,并向海关发送预配舱单。海关在审批通过后反馈允许换装指令,随后货物进入装车作业阶段。完成装车作业后,列车出发并开始运输过程。

4）当列车运达内陆铁路口岸时,海关会对列车的封志进行核验。一旦核验通过,监管中心运营单位将开展卸货作业。

5）货代需要与具备海关监管车经营资质的公路运输企业签订合同并确定拉货时间。

6）当列车运达监管场时,海关对车辆封志、集装箱、货物数量以及各种单证进行核验。在海关完成核查和监管之后,监管中心运营单位将会根据现场指引进行卸货作业,并采取相应的防潮、防盗、防磨等措施,以确保货物的质量安全,车辆发出。

7）当车辆到达指定运输地点的海关监管场所后,海关会对车封和集装箱封印进行核验,在确认无误后,将货物提至查验区进行检验检疫。经过海关和检验检疫部门的认可后,货代将组织提箱并进行后续的运输工作。

9.2.2 多元主体交互结构

从运输服务的角度来看,在整个多式联运过程中,各相关企业需要相互合作,形成协同关系。在货物装箱到被送至目的地的整个过程中,每个环节都需要紧密配合与无缝衔接,保证时空物的有效耦合。在整个流程中,多式联运经营人扮演着重要的角色,其不仅需要负责全程的运输组织和安排工作,还要协调好各实际承运人之间的交互协同关系。

从金融服务角度来看,整个多式联运运输链条都依靠金融服务,如果这个多式联运链条出现意外以及货物延迟交货等状态,会根据多式联运经营人和金融机构的协商交流,由金融部门按合同内容进行赔偿,因此,金融服务需要与多式联运经营人通过信息交互与协商,确保运输过程创造更多的利润。

从多式联运监管的角度来看,多式联运经营人需要向海关申请多式联运监管,多式联运承运人需要将货物送至海关处。在多式联运监管过程中,多式联运经营人与监管部门进行信息交互,多式联运承运人的主要作用是运输货物。

从运输产品的生产角度来看,各种运输服务提供者在多式联运链条上纵向协作,各卡车运输企业、场站经营商、干线运输服务商等必须在各自的结合点做好生产协作,以确保整个链条畅通无阻、完整高效。

从产品运输的交易角度来看,多式联运承运人可以直接与货主进行交易并提供运输服务,而实际承运人和场站服务提供者需要通过多种途径,如物流综合服务商、代理等间接地为货主提供服务。此外,多式联运承运人也可以作为总承包商与其他运输方式的承运人以次级承包方式来完成运输服务。

综上,整个多式联运链条的关键在于,多式联运经营人需要同多式联运承运人、金融服务机构以及监管部门进行信息及资源交互与协商。有效的信息交流、资源共享,能够提高整个多式联运运输的收益。图 9-5 所示为整个多式联运系统的信息交互。

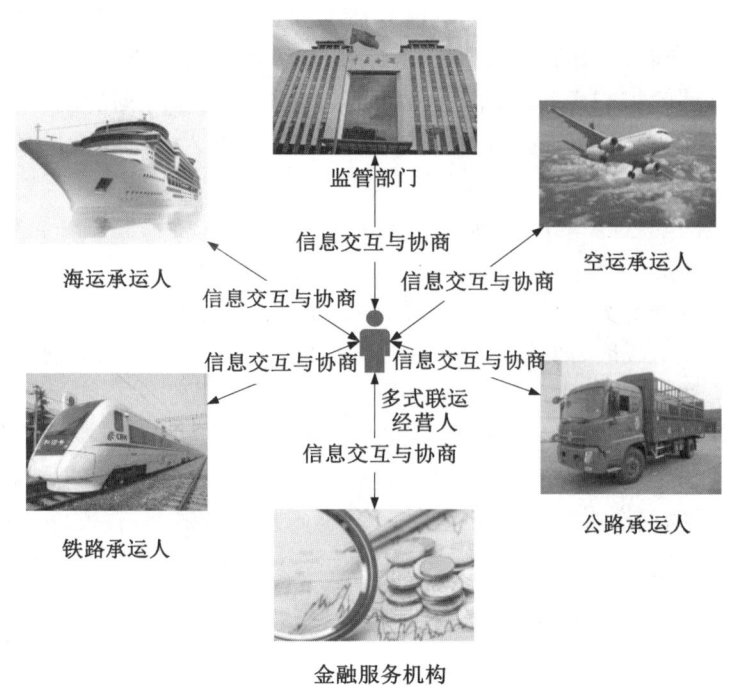

监管部门

信息交互与协商

海运承运人

信息交互与协商   信息交互与协商

空运承运人

信息交互与协商   信息交互与协商

多式联运
经营人

信息交互与协商

铁路承运人

公路承运人

金融服务机构

图 9-5　整个多式联运系统的信息交互

9.2.3　多元主体竞合结构

多式联运各主体之间既存在资源的交互及协商,也存在各主体之间的竞争与合作,各主体之间的合作是为了完成整个多式联运运输业务。因此,从发货人委托多式联运经营人进行货物运输开始,首先出现的是发货人与经营人之间的合作关系。其次,为了避免多式联运过程中出现意外延迟等情况,多式联运经营人需要与金融机构合作,确保在货物发生意外时将其损失最小化。同时,多式联运经营人还需要确定合适的多式联运承运人,并与其建立稳定的合作关系,确保货物能够安全、准时地运输到目的地。最后,多式联运经营人与海关部门应建立合作关系,便于及时向海关部门申请多式联运监管。因此,整个多式联运链条的合作关系呈现为以多式联运经营人为核心,通过多式联运经营人与发货人、承运人、监管部门、金融服务机构建立合作关系,最后安全地将货物送至收货人手中。

各主体之间的竞争表现为争取自身利益的最大化,多式联运各主体竞争主要表现为多式联运经营人与承运人之间的竞争。承运人可以将自身企业作为运输主体运输,不参与联运业务,以寻求自身利益的最大化。此时,多式联运经营人与承运人之间存在竞争关系,货主可以考虑多式联运,也可以考虑寻找承运人进行单一方式运输,还可以考虑寻找多式联运经营人为其安排多式联运。同时,在整个多式联运中,既然存在各企业之间的合作,必然就存在各企业为追求自身利益最大化导致的竞争。如果不能及时处理多式联运各主体之间的竞争关系,在整个多式联运中可能会导致链条崩溃。因此,在经营和管理整个多式联运链条时最小化各主体之间的竞争,同时最大化各方之间的合作,是实现多式联运成功运营的关键问题。

9.3　多式联运生态组织多元主体运作模式

多式联运按照不同的准则可以分为不同的类型。多式联运组织者主要分为协作式和衔接式两大类型。在协作式多式联运中由各运输企业和中转站共同组成的联运办公室负责制订货物全程运输计划并在各级政府主管部门的协调下工作。联运办公室通过受理发货人的托运申请,根据实际需要申报整批货物运输的车辆、船只计划,同时将计划转发给各个环节的运输企业和中转港站,在中转站点换装后,将货物交付给下一程运输企业进行运输,依次进行,直到将货物送至目的地。衔接式多式联运则是由发货人向经营人提出托运申请,双方签立合同,发货人将货物托付给多式联运经营人。多式联运经营人制订运输计划并且各个运输环节的实际承运人也会分别订立货物运输合同。在衔接式多式联运中,多式联运经营人会从前程实际承运人那里接收货物,并将其转交给下一程承运人。当货物到达最终目的地时,多式联运经营人会从最后一程实际承运人手中接收货物然后将其交付给收货人。

9.3.1　集装箱"公铁水"多式联运模式

1.集装箱"公铁水"多式联运的作用与特点

集装箱"公铁水"多式联运模式采用以集装箱为统一的标准运输载体,对不同的运输方式进行组合,完成连续性的一体化综合运输。它是一种高效、灵活的集装箱多式联运运输模式。集装箱是当今物流企业在完成多式联运过程中最常用的一种运输载体类型,它不仅可以在公路、铁路和水路联运过程中发挥有效的作用,还能够保证货物的质量,提高装卸搬运操作的便捷性,并简化记录步骤。集装箱"公铁水"多式联运模式如图 9-6 所示。

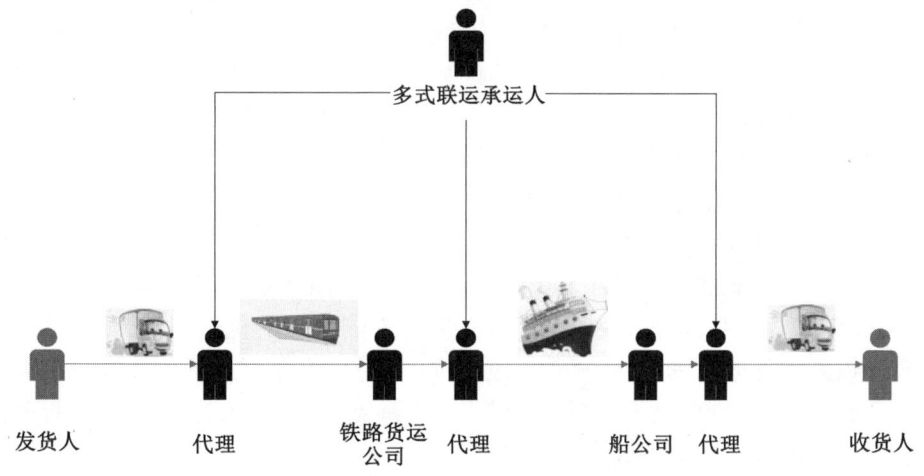

图 9-6　集装箱"公铁水"多式联运模式

依据集装箱"公铁水"多式联运的运输要求以及运输含义,集装箱"公铁水"多式联运不仅能够满足货物集疏运输的相关需求,也可以发挥出集装箱运输的优势。第一,集装箱"公铁水"多式联运模式能够在整个运输过程中指定一个人作为承运负责人,统筹管理各个承运环节的责任人,有效避免可能出现的多个责任人之间的纠纷;第二,使用集装箱作为统一的运输载体,不仅可以节省公路运输所需的相关费用,还能够实现在最后一公里内的"门到门"或"站到站"集装箱物流运输服务;第三,在集装箱"公铁水"多式联运过程中,由于采用了统一的运输载体,转换不同运输方式时无须更换载体,可以缩短节点转换时间和降低转换搬卸费用以及货物再次包装成本,从而大大提高运输效率和客户服务满意度;第四,集装箱"公铁水"多式联运不仅可以保障货物在运输过程中的安全,降低货损率,同时还能有效地提高货运的可靠性和稳定性;第五,集装箱"公铁水"多式联运可以有效地降低整个货物运输过程的成本,从而真正实现降本增效的目标;第六,集装箱"公铁水"多式联运各主体建立全程"一次委托"、运单"一单到底"、结算"一次收取"的服务方式,各企业建立应用电子运单、网上结算等互联网服务新模式。

2. 集装箱"公铁水"实践工程

目前,随着物流业的高速发展,物流市场竞争日益激烈。物流市场的需求已经无法通过单一的运输方式来满足,而且会带来多种问题,例如交通拥堵、货物遭受损失的风险增加以及客户满意度的下降等。而在我国,多式联运发展尚处于初级阶段,为大力发展多式联运,鼓励、引导和支持企业先行先试,在实践中探索发展新技术、新模式和新业态,成为推进多式联运加快发展的有效路径之一。由于集装箱"公铁水"多式联运可以带来巨大的效益,越来越多的企业参与研究集装箱"公铁水"多式联运试点工程的实践中。

辽宁省"东南沿海—营口—欧洲"通道集装箱"公铁水"联运示范工程项目入选全国首批多式联运示范工程,由营口港务集团有限公司(以下简称营口港)和辽宁沈哈红运物流有限公司(以下简称沈哈红运公司)共同负责组织实施。该示范工程实施以来,按照交通运输部、辽宁省关于发展多式联运的工作要求和示范工程实施方案,营口港和沈哈红运公司从基础设施、物流通道、节点布局、信息平台、运输装备以及标准体系等方面对示范工程项目建设进行了积极探索,取得了良好成效。"宁波-舟山港—浙赣湘(渝川)"集装箱示范工程依托海上航运通道、国家铁路网、高速公路网以及港口铁路、货运场站等基础设施,充分结合海运、铁路运输以及公路"门到门""门到站"甩挂、双重运输的优势,综合实施集装箱"海铁公"多式联运。通过探索创新多式联运组织模式、加强多式联运各运输方式之间衔接、推进多式联运信息系统建设、推广应用快速转运装备技术以及统一规范多式联运服务准则等五个方面的内容,建立了宁波-舟山港—浙赣湘(渝川)地区的多式联运物流通道。

此外,"河北省'东部沿海—京津冀—西北'通道集装箱'海铁公'多式联运示范工程"入围全国首批十六个"多式联运示范工程"。该示范工程利用两条国家级物流大通道,发挥京唐港核心枢纽优势以及乌海、朔州、太原与乌鲁木齐等内陆腹地的优势资源,建设多式联运示范线路;整合海铁公各类运输资源,构建重去重回、高效循环组合调配的创新型多式联运经营模式。集装箱"公铁水"多式联运项目的试点先行,为集装箱"公铁水"多式联运具体实践发展提供了经验与教训,促进了我国多式联运的发展。

9.3.2 集装箱"公铁空"多式联运模式

1. 集装箱"公铁空"多式联运模式的重要性

航空货运是一种快捷的现代运输方式。它除了具有速度快、超越地理限制、运价较高的特点外,还具有运输方向性(来回程运量有差异)、对象广泛性(货物种类多)、销售集中性(货物市场相对集中、稳定)等特点。随着现代科技的发展,高性能、大运载量、低油耗新型飞机的投入使用以及人们对时空的新需求,航空货运市场正在不断地拓展。总之,航空运输能够以较高的安全性、较强的实效性促进多式联运货物运输。因此,不仅需要建设集装箱"公铁水"多式联运模式,还需要建立集装箱"公铁空"多式联运模式,促进我国多式联运多元发展。集装箱"公铁空"多式联运模式如图9-7所示。

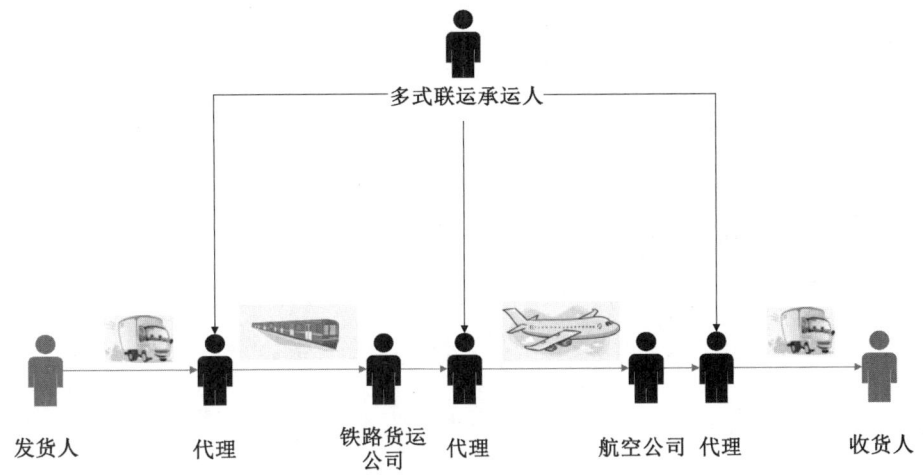

图9-7 集装箱"公铁空"多式联运模式

2. 集装箱"公铁空"实践工程

集装箱"公铁空"多式联运示范项目旨在推动该地区加速建设国际性综合交通枢纽和打造内陆开放型经济高地,带动多式联运网络优化升级,助力企业提质降本增效,促进实体经济发展。该项目融合了航空、铁路、公路三种运输方式,实现了"空中+陆上"丝绸之路的高效物流运作,有序构建"天网+地网+信息网"于一体的"空铁公"多式联运物流生态系统。国内"公铁空"示范工程如下。

四川省"公铁空"多式联运示范项目是由成都铁路局牵头,联合成都交通投资集团有限公司、四川成渝高速公路股份有限公司共同组建多式联运投资公司,并与四川川航物流有限公司、成都双流国际机场航空地面服务有限公司及四川物流航空港有限公司等企业协同营运,通过建立"国有合资运营平台+项目开发运营公司+业务战略联盟"新型组织模式,形成了省企、市企、央企三级国有企业共建项目典范。湖北省鄂州三江港区国际物流"铁水公空"一体化多式联运示范工程以沿江港口为节点和枢纽,实现了水路运输、铁路运输、公路运输和航空运输集疏运系统的协调发展。该项目以铁水联运、公铁联运、公铁空联运三种运营模式为依托,致力于打造长江中游地区"铁水公空"多式联运枢纽和供应链管理中心。三江港区长达4.3 km的进港铁路,可以直接连接武九铁路,并且与武鄂、鄂黄等多条高速公路相连。此外,它还拥有一条30 km左右的快速路,可直达鄂州花湖机场。这意味着铁路、水路、航空和公路四种交通方式真正实现了全面衔接。

"公铁空"试点工程的丰富经验能够加快推动铁路、公路、航空信息系统互通,实现信息共享,为多式联运创造条件,同时加快实现"公铁空"运输方式的运单、载距等标准的相互衔接和贯通,实现多式联运一单制,简化多式联运运输流程。它还可以进一步深化国内通关区域一体化、通关作业无纸化改革,同时推动与国外海关联合监管,研究并制定统一的国际货物转运准单等物流单证,共同开发具有数据交换、执法交互协调能力的新型国际联运监管模式,以便优化且简化通关作业的流程。

10 多式联运生态组织资源共享模式

随着科技的发展,信息技术已经在多式联运行业中得到广泛应用,信息的及时采集和有效传递对多式联运的顺利进行发挥着重要作用。研究多式联运供应链中的信息资源共享是很有必要的。根据多式联运企业自身的业务特点所开发的信息管理系统在使用过程中,会存在数据和信息冗余的现象,而系统之间没有一致的数据标准,也导致在不同系统之间数据几乎不能快速传递,从而产生了信息孤岛问题。

多式联运系统是一个非常庞大的系统,需要有很多不同的成员协同配合、共同完成。在这些成员企业之间,物流信息会进行传递和更新。当成员企业将物流信息上传至信息管理系统后对数据进行整合处理。标准化后的数据可以直接被后面的企业成员使用,从而提高信息传递的准确性和及时性,以便从运输链方面提升多式联运的整体竞争力。有效整合多式联运信息资源对于物流信息的迅速流转非常有成效,可以提升整个多式联运的服务质量。降低运输成本、吸引更多的客户可以提高多式联运信息整合系统中多式联运企业的整体竞争力。另外,通过参与集装箱多式联运,政府机构与多式联运系统中的企业的信息进行资源整合,使得双方都可以更加精准、高效地掌握市场动态,进而实现政府和企业的双赢。

通过进一步梳理多式联运中的多元主体的信息需求,从运输链、信息链、产业链、价值链四条线分析多式联运生态组织多元主体的资源整合模式,从而构建多式联运生态组织多元主体资源共享模型。

10.1 多式联运生态组织多元主体共享需求分析

多式联运涉及的部门众多,主要包括以下三类:①运输企业:多式联运经营人、实际承运人;②监管部门:海关部门、检验检疫部门和其他政府部门;③金融服务企业:银行、保险。多式联运多元主体关系如图 10-1 所示。

目前,铁路、港口、海关等政府和企业以及第三方物流公司都具备了自己的业务应用管理信息系统,但它们之间的信息交流有所欠缺。为了实现不同运输组织、企业及政府间的高效配合协作,多式联运的各个利益方需要进行大量的信息共享。以下就多式联运的多元主体在联运过程中对资源的需求进行分析。

10.1.1 运输企业需求

多式联运生态组织多元主体中的运输企业主要分为以下两类:多式联运经营人和实际承运人。

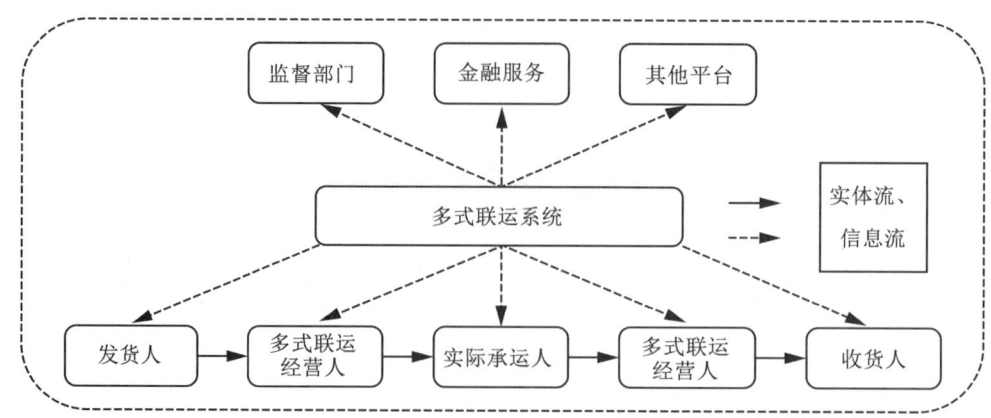

图 10-1　多式联运多元主体关系

1. 多式联运经营人

多式联运经营人是发货人和实际承运人的中介,各个环节的信息都需要对其有所展现。多式联运经营人的作用在于实现货物运输的全过程管理和综合协调。它可以根据客户的需求,选择最合适的运输方式,优化货物运输方案,并协调各个运输环节,以保证货物能够安全、快速、经济地到达目的地。同时,多式联运经营人还可以提供保险、仓储、报关等配套服务,帮助客户降低物流成本和风险。在国际贸易中,多式联运经营人的作用尤为重要。由于国际贸易通常涉及跨越国界的货物运输,而且运输方式复杂、环节多,因此一个专业的多式联运经营人来管理和协调整个物流过程是十分必要的。此外,多式联运经营人还能够提供跨国货运代理服务,协助客户办理运输文件、报关、支付关税等手续,为客户提供更加便捷、高效的服务。

其中发货人和多式联运经营人在整个运输过程中所需要的信息可以分为四类:实际承运人运输安排信息、货物与集装箱信息、货物在途信息、国家法律法规及公共标准。利用这四类信息,集装箱多式联运经营人可以根据情况制定请车、订舱、报关等流程,同时通过促进多线程工作来提高集装箱多式联运系统的运输效率,并完成货物的全过程状态追踪。

(1)实际承运人运输安排信息。不同的运输任务有着不同的运输要求,因此实际承运人的信息应当随之变化。该类信息可划分为公路、铁路、海运承运人三类运输计划表,港口业务运作信息及集装箱货运站业务运作信息等。其中,多式联运人有必要明确铁路承运人的真正运输能力、运输安排、申请车次的模式、计费与收费模式等方面的信息。

(2)货物与集装箱信息。这方面信息包括四项基本信息:货物基本信息(货物品名、质量、数量和价格等)、集装箱信息(编号、所属人、容积和费用等)、发货人信息及收货人信息(名称、联系方式和地址等)。

(3)货物在途信息。货物运输过程中的状态信息也是值得关注的,这样的信息可以帮助各方实时了解到货物的安全状态,同时也能在出现意外情况时追究责任。该信息主要涵盖货物的具体位置、货物的经办人以及货物的预计办理时间。

(4)国家法律法规及公共标准等政策性信息。法律法规是底线与基本,这类信息包括:第一,大层面的法律,如《中华人民共和国铁路法》《民法典》等。这在市场规范的方面对集装箱多式联运的利益方做出约束。第二,公共标准与操作规范。这一类信息用于提高集装箱多式联运的规范程度,一般由国家或者地方政府等权威机构制定。例如特殊物品的处理、集装箱的规格等,参与集装箱多式联运的利益方需要完全按照此类标准进行活动,这样才能确保各环节的衔接并降低国际对接风险。第三,政策相关信息。政策导向是十分重要的一环,与政策的结合能获取最新的动态和发展趋势,这样才能更好地把握市场与机遇。各主体要坚持对政策信息的跟踪,动态适应运营管理的方式方法,实现利润最大化。

2. 实际承运人

集装箱多式联运由公路、铁路以及水路三种运输方式联合协作,其实际承运人应当是这三者之间的任意两者的组合。集装箱多式联运的信息来源主要包括以下三类:

(1)公共基础信息

公共基础信息是指各运输方式、各参与主体都要遵守的相关法律法规、公共标准、政策导向、操作规范、参数信息等。此类信息构建了信息资源的基础部分,是广泛认同、普遍接受和默认的公共基础信息,也是完成集装箱多式联运的前提。

(2)对发货人和多式联运经营人的信息需求

发货人发出对货物运输的需求,由多式联运经营人协调沟通配合发起,再由实际承运人来满足运输需求,因此前两者是实际的发起者。实际承运人对发货人和多式联运经营人有着两类不同的信息需求:第一类是服务需求信息,也就是发货人和多式联运经营人发起的运输服务的需要,例如货主信息、请车信息、增值服务信息等;第二类是发货人和多式联运经营人在运输服务开始或结束后,向实际承运人的信息反馈,例如实时评价、投诉等信息(此类信息有助于双方的深入沟通交流,促进业务改进和效率提高)。

(3)实际承运人间的信息交换需求

由于实际承运人有两个及以上,因此承运人之间的信息往来也是必不可少的。尤其是在不同运输方式之间的转换和接驳,充分的信息交换才能保证运输作业的高效顺利完成。但目前的情况是各类运输方式之间信息共享问题比较严重,形成了一个个"信息孤岛",信息不公开、不透明,信息流通不顺畅。不同的承运人都有对其他承运人的信息需求。

按照信息来源的差异,集装箱多式联运的信息资源可划分为三种不同的类别:

1)公路集装箱运输信息资源

公路集装箱运输凭借其灵活机动的特点,能够有效助力"门到门"运输的实现,对集装箱运输的衔接配合起到重要作用。正因为公路运输的灵活性,我国公路集装箱运输部门数量众多但规模较小且分布零散。其中很大比例被多式联运经营人企业或生产企业所占据,这些企业仍存在信息系统落后、业务处理手工化、自动化水平较低等问题。公路集装箱运输企业或部门迫切需要与外部的资源进行共享,而其本身应该向其他实际承运人提供的信息包括运输计划和运输能力信息、货物运输时刻表信息。

2)铁路集装箱运输信息资源

我国采用全国统一的铁路运输管理信息系统(TMIS),该系统包含货票信息管理、调度与计划管理、车辆管理等几十个信息管理子系统。这些功能多样的子系统对铁路运输的信息资源调度起到至关重要的作用。但存在的问题是目前铁路运输管理信息系统仍然缺乏与公路、海运的信息网络对接,其他运输部门尚且无法连通铁路部门的必要信息。其他实际承运人需要向铁路部门获取如表 10-1 所示的信息。

表 10-1　铁路运输信息需求

信息名称	信息描述
预确报信息	提供了车皮信息、编组信息、编组后的确报信息、列车的始发站点和到达站点、安排线路等
货票信息	包含铁路部门的运输统计信息、财务信息、货物货流分析的原始信息
车皮计划	港口等下一实际承运人根据车皮计划安排运输至铁路部门的货物数量
列车编组	列车编组信息的获取便于下一实际承运人制订运输计划
发运计划	根据铁路实际运输计划交付待运输的货物
班列信息	包含开行时间、推迟时间等确切的消息,以便做出相应与船公司的船期计划相匹配的反应
货物及集装箱信息	此次班列所运载的货物基本信息及对应的集装箱信息
查验作业信息	作业信息和作业流程,双方实现信息共享

3)水路集装箱运输信息资源

水路运输部门可以归纳为两个部分,即港口和船公司。前者采用的是集团化管理模式,将港口事务交由分公司处理,同时设立相关独立管理的子公司,并配套健全的信息系统来服务集团。相较铁路部门而言,由于 EDI 技术在我国港口信息系统当中的大规模使用,目前港口的发展更为开放,其中绝大多数完成了与大型船公司的信息交接。这使得我国水路运输部门内实现了信息的高效流通。但存在的问题仍然是,包括铁路部门在内的内陆运输部门与港口、船公司的沟通有所欠缺,出现"信息孤岛"与资源浪费现象,表现出来许多"车等船、船又等车"的问题。水路运输部门需要向其他实际承运人提供的信息如表 10-2 所示。

表 10-2　海运信息展示

信息名称	信息描述
港口基本信息	它包含港口的生产经营计划、堆场设施能力、港口作业线的装卸机械、装卸效率等信息
集疏运计划	港口集疏运计划关系着港口的日生产计划,直接影响和反映港口的工人、机械设备的运能和技能
船期计划	船期计划主要是指货运船舶的计划,包括运载能力、目的地、预计到达时间、货物品类、去向、需求空车车种和数量等
港口当前铁路、车辆占用及使用	它包括港口内货车中集卡的保有量,到发场股道占有信息,港口内的现有集卡分部、车辆运用状态等。其他实际承运人部门会根据这些情况综合考虑,制定对应的工班等信息
货物及集装箱信息	根据其所运载的货物基本信息及对应的集装箱信息,集装箱货运站可判断库存是否充足

10.1.2　监管部门需求

值得注意的是,集装箱多式联运的整个作业流程都应在监管部门的全程监督下展开,其中包括海关、一关三检等政府部门。因此对监管部门的需求分析也是十分重要的。

1. 海关部门

海关是依据本国或当地的法律或者行政法规行使货物进出口监督管理职权的国家行政机关。海关承担了对出入境的一切商品和物品进行监督、检查并照章收取关税的责任。在国际货物多式联运过程中,海关有责任对货物进行监督、检查并征收税费,同时海关还要对出入境的运输设施设备进行管理和监督。为了能够减少冗余作业、提高通关的效率,海关必须协同检验检疫部门对货物进行共同查验,将查验的结果反馈给国际货代或者货主。如果查验的结果合格,则需发送允许作业的指令给铁路运输部门来配合衔接此后的装车、运输等工作。具体而言,表单和信息在海关、国际货代、铁路部门、检验检疫部门之间的交接与流通,对货物进出口的效率有着直接影响。因此系统需具备海关向铁路发送指令、接收货代报关申请、向国际货代发送查验结果等功能。海关需要获取进出口货物的准确信息,如货物的品类名称、货物价值预估、货物的重量等,还有权获得货物的全过程运输信息。

2. 检验检疫部门

国际货物多式联运过程中,货物运抵口岸后,检验检疫部门要对国际货代提供的报检单进行审核,告知国际货代审核的结果,对进出口货物进行数量鉴定、重量鉴定、品质检验、安全卫生等查验。就检验检疫部门的需求来看,系统必须具备接收国际货代报检单、向国际货代反馈检验结果的能力。

3. 其他政府部门

除了以上两种类型的部门之外,还有政府管理部门等。政府管理部门专务监督管理和协调两个层面的工作。其中涉及监督管理的工作包括:①对货物多式联运经营主体经营行为的管理,这些经营行为需符合法律法规,不能超出企业的权利范围;②对货物多式联运市场的运作进行监督管理,使参与该市场的各方按照正常市场秩序开展活动,禁止采用不正当手段,维护良好积极的市场环境;③对货物多式联运全过程环节的监督管理,综合统筹全局、协调各方、维护公平公正、充分考虑供需双方利益。

综上所述,监管部门的信息资源需求涵盖多样,包括海关部门需求的货物及通关等信息、海事管理部门需求的船舶到发港等信息,以及其他国家机关部门对集装箱多式联运三个关键主体的相关信息。政府部门利用这些信息形成相关报告,助力于政策制定和统筹工作。

10.1.3 金融服务企业需求

多式联运中金融服务企业通常为银行和保险两大企业,其中两者的功能和需求如下所示:

1. 银行需求分析

银行是重要的投融资以及贷款机构,可以向多式联运核心企业提供所需的金融服务,还可以向其上下游供应链环节提供相关的金融服务。

(1)融资租赁模式

多式联运企业融资模式根据质押对象的不同可以分为质押模式、担保模式以及直接融资模式三类。

1)质押模式

存货质押模式以物资为基础,利用企业拥有的仓储物资作为质押向银行提出融资的请求。银行并不具备物资管控能力,因此需要借助第三方的物流企业等来对所质押物资进行监控和管理,确保物资所有权的归属。而商业银行方面也存在相关的要求,包括质押货物的种类、货物的价值发展趋势等。银行采用科学合理的评判标准,可以对成本收益实现有效控制,同时保证一定的收益率。

2)担保模式

在现代物流业务中,银行和物流企业之间采用了一种名为"统一授信"的新型融资模式。该模式允许银行直接授权给物流企业一定的贷款额度,物流企业则可以利用这些额度来满足客户的质押贷款和最终结算需求。物流企业需要遵守有关信用担保管理的规定和要求,以提供信用担保并获得银行的信贷额度。在这种模式下,银行基本上不会参与质押贷款项目的具体运作。

3)直接融资模式

当第三方物流企业代表发货人承运一批货物时,首先会代表提货人预付一半的货款。而当提货人取货并交付全额货款后,第三方物流企业将另一半货款交付给发货人。这其中,由于存在资金沉淀期,第三方物流企业暂时持有一笔不需要付息的资金。为了更好地利用这部分资金,第三方物流企业可以将其用于贷款业务,贷款的对象仍然是与物流业务相关的客户。这样一来,不仅能够加快客户的流动资金周转,改善客户的财务状况,还能够降低客户的存货持有成本。此外,第三方物流企业还可以在贷款过程中通过对客户的风险评估,提高自身的风险控制能力,从而进一步提高自身的经营效益。

(2)业务信息需求

在办理融资租赁业务时,银行需要获取以下信息来评估承租人的信用状况和融资项目的可行性:

1)承租人的融资用途必须符合国家的产业政策和银行信贷的规定,确保用途合理。

2)如果融资租赁项目涉及固定资产投资,银行需要审核项目评估报告,特别关注未来现金流预测的情况,以确保项目的可行性。

3)银行需要确认承租人无不良商业信用记录,最近三年在金融机构无不良信用记录,生产经营情况良好,内部管理制度健全,以确保承租人的信用可靠。

4)银行需要审查出租人与承租人签订的租赁物转让协议和融资租赁合同,并了解租赁双方的责任义务及违约事项的处理方式,以保护银行和承租人的权益。

5)银行需要确认回租租赁有明确的租赁物,并且租赁公司的买入价格有合理的、不违反会计准则的定价依据作为参考,以避免套取银行信贷资金。

6)银行要求承租人为非银行退出客户,且三年内无在银行申请贷款被拒的记录,以确保承租人有良好的还款能力。

2. 保险需求分析

多式联运企业对于运输过程中造成的货物损坏或灭失的赔偿责任,通常都是以货物赔偿责任保险(简称责任保险)向保险公司或保赔协会投保的。在多式联运的商务活动中,与保险相关的索赔和理赔等活动占有重要的地位。金融服务企业需要研究确保货运质量的方法和途径,同时还需要分析货运事故的原因,研究事故的处理和理赔程序等相关内容。在多式联运中,风险承担一般遵循多式联运合同,如果出现了重大货损或货物灭失等情况,那么就需要按照《联合国国际货物多式联运公约》或适用的法律来判定赔偿责任。

保险在多式联运中的作用主要体现在多式联运综合责任保险的条款结构中,其中包括货物损坏与灭失责任、运输设备/工具责任、第三者责任、关税责任、共同海损分摊责任以及额外费用。附加险中还包括迟延责任等内容。

货物损坏与灭失责任包括多式联运经营人以及与其签订合同的承运人在运输、转运仓储等过程中,对货物的搬运、装卸、保管、照料控制等过程中的灭失、损坏以及相继损失的责任。因此,保险企业需要了解投保人和保险利益人名称、联系方式、地址等基础信息,集装箱编号、所属人、容积、费用等信息,货物品名、质量、数量、价格等基础信息,以及包括货物位置、经办人姓名、预计办理时间等货物在途信息等。

10.2　多式联运生态组织多元主体资源整合模式

多式联运物流系统涉及政府多个管理部门和多个物流枢纽的不同环节,还包括各种物流企业与货物的供应方和需求方。另外,由于物流企业的经营管理模式多种多样,解决"信息孤岛"的问题,实现多元主体间的资源共享和行业资源的有效配置,多式联运生态组织多元主体应实现资源整合,进行战略协作。多式联运生态组织多元主体资源整合主要围绕着运输链、信息链、产业链和价值链展开,包括运输环节、信息共享、产业协作和价值创造等四个方面。此外,为了进一步推进资源整合和共享,多式联运生态组织多元主体需要加强行业间的合作,推动资源共享,助力协作的深入发展。

10.2.1　运输链整合

涉及公路、铁路、内河、海运以及航空等多种运输方式的运输链是将物资从生产地运送到消费地的整体链条,连接各个运输环节和服务方式以及相关信息。多式联运运输链是在跨国、跨区域的经济往来下开始展现的,是伴随着集装箱的广泛应用和国际经济合作的不断深化而产生的。多式联运运输链的整合主要涉及运输链、信息链、产业链、价值链等多个环节,需要政府不同层次的多个管理部门以及相关的物流企业及货物的供需双方的共同参与。

因此,本节从运输链的组成开始,在运输链节点层面介绍了中转站、港口以及运输通道间的路线的连通整合,再到节点层面上具体的技术设备间的共享,最后以集装箱箱务管理作为主线贯穿整个运输链,进行资源整合设计。

1. 中转站/货运站

中转站/货运站将集装箱货物从内陆区域收集起来,通过装卸搬运、中转和暂存等方式进行内陆集疏运。这些站点通常位于内陆运输的经济腹地,是集装箱货物在内陆区域的枢纽。货运枢纽站的选址与编组站的设置高度和城市公路系统的高效便捷链接也是选址的关键。中转站/货运站通过接收、保管和转运整箱或拼箱货物,促进多式联运系统深入内陆地区特别是枢纽城市和外贸经济发达地区,从而形成集装箱货物的运输网络。

2. 港口及堆场

港口是多式联运运输链上的重要节点,主要类型包括国际型集装箱枢纽港、集装箱干线港、集装箱支线港及集装箱喂给港。港口的码头内部或码头附近的堆场是码头的重要组成部分,这些堆场通过接收、装卸、拆装箱、堆存、交付等环节来完成货物在码头的短期保管及中转。

3. 运输通道

运输通道包括公、铁、水、空等运输方式及多种运输方式的组合,其中在集装箱运输链中,不同的运输方式可以实现节点之间的连接,同时通过集疏运网络节点的高效衔接,提升整体的服务水平,并实现集装箱供应链的高效协同。此外,内陆部分的运输可能仅涉及单一运输方式并包括货运站的中转,以实现短途与干线运输的连接。

4. 技术设备协调

多式联运的技术设备包括在运输枢纽、港口以及运输通道的多种设备,如运输线路、航道、车站、空港、集装箱机车、集装箱车辆、集装箱船舶、接卸转运装备等。这些设备在实现集装箱多式联运的运输功能方面发挥着各自不同的作用。除了这些设备外,还存在其他的固定设备和移动设备,如各种信息设备。

货物自身无法移动,因此在进行各种运输方式的交叉作业时,需要借助适当的装卸设备和载运工具。集装箱多式联运技术设备的协调共享,旨在满足集装箱多式联运系统的功能需求,并考虑各种运输方式的种类、数量等方面的因素。对于交叉作业于两种以上运输方式的技术设备,集装箱运输无论采用水运、公路运输还是铁路运输,都需要使用专用的车辆和装卸设备,以实现各运输方式之间的换装。

5. 集装箱箱务管理

贯穿运输链的是集装箱,因此集装箱是箱务管理中不可或缺的组成部分,其中包括备用、租赁、调运、保管、交接、发放、检验、修理、清洗和消毒等内容。优化集装箱箱务管理可以有效地降低集装箱运输总成本、置箱投资,加快集装箱周转速度,提高货物装载质量和货运质量。

10.2.2 信息链整合

对于现代化的综合运输系统——多式联运来说,其涉及各种运输方式、港站场以及不同载运工具的行政管理部门,具有广域、分散、多环节等特点,会在多式联运过程中产生大量信息。对这些信息的管理水平的高低,直接关系到多式联运能否安全、有效地运行以及运输效率和效益的程度与质量。因此,只有充分利用多式联运中及时、准确、完整的管理信息,才能保证整个多式联运过程协调、高效的运行。

除了物质资源,信息资源也是现代社会中不可或缺的重要资源之一,涉及主体在经营活动中所需的一切文件、资料、图标和数据等信息。它与能源、材料一起并称当今世界的三大资源。为了优化和重组原有信息资源,多式联运针对当前由于各种原因造成的缺乏统一规划的信息资源现状,进行了一种名为信息链资源整合的操作。这种整合方式注重系统的传承,是在目前系统、资源的基础上进行的进化式改变。

1. 信息分类

多式联运信息链中信息分为以下四类:

(1)运输信息

运输信息是指包括托运人、收货人、承运人、多式联运经营人在内的运输利益相关方信息,是与运输单据相对应的全程或某段运输的相关信息字段。它主要包括运输线路及相关信息,如货物运输的起运地、交付地、目的地、装运港/发站、卸货港/到站、装运日期、到达日期等信息,此外,还包括其他与运输相关的信息,如运输条款、声明价值、缔约合同日期、海关手续的记载、承运人签字等。这些信息共同构成了运输信息链中的一环,为多式联运信息的流通和管理提供了重要支持。

（2）货物信息

货物信息专门指与货物本身相关的系列信息,包括货物名称、包装、件数、描述、箱号、铅封号、重量、尺寸等。

（3）商务信息

商务信息是与运输费用相关的信息,也包括一些杂费等,通常涵盖运输单价、费率、支付方式（预付/到付）等相关信息。

（4）运单信息

运单信息是指与运输单据相关的信息字段,包括运输单据编号、正本的份数、签发的地点和日期等。

2. 电子单证

在集装箱运输的港站以及船代、货代、银行、保险、监管、运输公司等部门的业务活动中,存在烦琐的作业环节,包括集装箱的验收、提取、装卸、堆存、装箱、拆箱、费用收取、一关三检等。实现集装箱运输信息的单证电子化,对于提高集装箱运输的效率具有重要意义。

（1）集装箱运输的电子单证

电子单证与纸面单证具有同等的效力。根据我国原交通部于1997年5月1日发布的《海上国际集装箱运输电子数据交换管理办法》,电子单证是EDI的数据交换标准。电子单证格式、代码数据应采用联合国欧洲经济委员会颁布的《行政、商业和运输业电子数据交换规则》（UN/EDIFACT）国际标准或国家技术监督局颁布的国家标准,无国际标准或国家标准时,可采用行业标准或协议标准。

（2）铁路集装箱运输对参与多式联运各方提供信息的要求

1）海铁联运信息

铁路集装箱办理站（或货运代理）和船代之间相互进行预报和确报时间,预报和确报内容包括列车车次（船名）、箱型箱号、抵（离）港时间、到达时间、发送时间、进出口货物的名称和数量、装卸设备状况及特殊货物装载情况和要求等。

2）公铁联运信息

公铁联运构成了集装箱多式联运集疏运系统的重要一环,在集疏运前后连接环节,需要涵盖货物品类名、数量、重量、体积、包装、发（到）站港、收（发）人等与货物运输联系的相关信息,同时还应向各利益方呈现集装箱的全过程环节实时跟踪信息。

3）货源组织与管理信息

货源方面的信息通过发货人的托运请求和运单提出,这些信息包括接货地点、运输时间要求、装货港、卸货港、交货方式、货名、重量、所需空箱数、装箱地点等。

4）银行与保险信息

铁路货运集装箱站需要向保险公司递送货物溢卸、短缺和运输信息,以此对保险金额进行核查。同时,铁路货运集装箱站与银行之间需要进行信息传递,包括货款结算和外汇结算等方面的信息。

3."一单通"协同服务

"一单通"协同服务重点在于协同,将多式联运各个过程环节的单证数字化、电子化。利用平台实现信息共享、业务配合、成本-效益优化并提高了效率,其中包括更优的方案备选、更全面的报价与在线支付、全过程物流协同、区港流动等。

(1)利用平台将用户汇总后,就能将传统的合作协同网络电子化,进而实现多式联运信息服务链,确保资源整合,降低重复作业成本。系统通过对资源服务的整合,平台能够向客户提供更加完善的多式联运。而系统可以促进服务资源的整合,向客户呈现更优的多式联运备选方案及报价。客户也可以通过系统实现在线一次性交付费用。

(2)平台利用数据接口与其他各方连接,实现数据的获取、递送、导入与单证信息数字化。单证数字化后有利于在不同单位之间、不同区域之间高效传递,进而促进服务业务的协同、信息的精准预报,实现无缝衔接。客户利用平台在线发出委托,平台根据相关信息生成规范的电子委托单证并推送信息给各方单位。作业任务得到确认后,业务的各个环节信息由系统反馈给相关的客户及单位,告知货物在全过程环节中的实时状态。

(3)平台还能接入现有的区港联动系统,促进区港多式联运和"一单通"大流转。

10.2.3 产业链资源整合

多式联运产业链资源整合的任务在于建立一个多式联运产业链资源整合系统,以确保参与集装箱运输的各个企业实体能够协调一致地工作,为用户提供高效、快速、敏捷的运输计划方案,以满足其需求。

多式联运的核心是将分散在不同地点的运输要素和转运要素进行整合,通过多式联运服务提供商提供集合服务,以满足市场需求,从而确保货物能够按照托运人的要求,高效、准确地送达目的地。

本节分析了供应商、生产商、销售商、客户等多式联运产业链主体的分工,在此基础上,各主体需从产业链角度进行协作。

1.主体分工

随着多式联运分工不断地向纵深发展,传统的产业内部不同类型的价值创造活动逐步由以一个主体为主导分离为多个主体的活动,这些主体相互构成上下游关系,共同创造价值。这些服务于特定运输需求所涉及的一系列互为基础、相互依存的上下游链条关系就构成了多式联运产业链。

(1)产业链上游企业。多式联运产业链的上游企业(包括区段承运人、港站经营人、船代、保险代理、报关报检代理、租箱代理等)推动了多式联运的发展,实现了不同交通方式的有效衔接)。多式联运产业链的上游企业各自承担的任务如下:

1)区段承运人:区段承运人是指在多式联运中,负责承运货物的企业。它们将货物从起点运输到中转站或目的地,负责货物的中转、装卸和转运等工作。同时,它们也需要处理货物的文件和手续,并保证货物能安全和准时到达。区段承运人在多式联运中可以分为以下几类:

公路运输公司:负责在公路运输中承运货物,包括卡车、货车、拖车等,将货物从起点运输到中转站或目的地。

铁路运输公司:负责在铁路运输中承运货物,包括铁路货车、集装箱列车等,将货物从起点运输到中转站或目的地。

水路运输公司:负责在水路运输中承运货物,将货物通过内河运输、河海联运、近海航运等方式运输到中转站或目的地。

空运公司:负责在航空运输中承运货物,包括航空公司、航空货代等,将货物通过航空运输方式运输到中转站或目的地。

联运公司:负责将不同运输方式(如公、铁、水、空等)进行整合和协调,实现不同运输方式之间的衔接和联运,将货物从起点运输到目的地。

2)港站经营人:港站经营人是指在多式联运中,负责管理和运营港口、码头或货运站等物流设施的企业。它们需要负责协调各个物流环节的工作,包括货物的进出港、装卸、存储等工作。同时,它们还需要处理货物的文件和手续,并确保货物在港口、码头或货运站内能安全和有序地运作。

3)船代:船代是指在多式联运中,负责处理海运货物的文件和手续,为船舶提供服务的企业。它们需要为货主和船东之间建立联系,为货主和船东进行协调,确保货物的装船和卸货工作得以顺利进行。同时,它们还需要处理海运货物的保险和报关等相关事宜。

4)保险代理:保险代理是指在多式联运中,为货主和物流企业提供货物运输保险的企业。它们需要评估货物的价值和运输的风险,并提供相应的保险服务。同时,它们还需要处理货物的理赔事宜。

5)报关报检代理:报关报检代理是指在多式联运中,负责处理货物的海关报关和检验检疫等手续的企业。它们需要为货主提供咨询服务和协助货主,确保货物能够合法地进出口,并符合相关的法规和标准。

6)租箱代理:租箱代理是指在多式联运中,为货主和物流企业提供集装箱租赁服务的企业。它们需要为客户提供不同类型和规格的集装箱,并协调好集装箱的运输和管理工作。同时,它们还需要处理集装箱的保险和维修等相关事宜。

(2)产业链核心企业。多式联运经营人是多式联运产业链的核心企业。多式联运经营人是指在多式联运产业链中,为货主提供一站式的多式联运服务的企业。它们负责组织、协调、监管货物在不同的运输方式之间的转运和联运,将不同的运输方式有机地结合起来,形成一条完整的运输链,为客户提供快捷、安全、高效的运输服务。在多式联运产业链中,多式联运经营人的任务和作用主要包括以下几个方面:

1)运输方案设计和组织:多式联运经营人需要根据货主的需求和货物的特性,设计和组织合适的运输方案,包括选择合适的运输方式、制订货物转运计划、安排装卸作业、协调不同运输环节之间的联系等。它们需要对每个环节进行严格的监督和管理,确保货物在运输过程中的安全性和稳定性。

2)费用计算和结算:多式联运经营人需要为货主提供综合的运输费用计算和结算服务,包括运输费、装卸费、保险费等。它们需要根据不同的运输方式和运输距离等因素,合理计算费用,并与货主进行协商和结算。

3)物流信息管理:多式联运经营人需要建立完善的物流信息管理系统,及时跟踪货物的运输情况,提供货物跟踪和查询服务,实现货物运输过程中的信息共享和沟通,保证货主对货物的实时掌控和监管。

4)风险控制和保险服务:多式联运经营人需要对运输过程中的各种风险进行评估和控

制,并为货主提供合适的保险服务,包括货物损失、运输途中的事故和延误等风险的保险。

5)合作与协同:多式联运经营人需要与物流服务提供商、运输公司、货代等合作,共同解决运输过程中的问题,并协调各方资源,以确保货物顺利到达目的地。

总之,多式联运经营人在多式联运产业链中承担着重要的任务和作用,通过提供综合的运输服务,促进不同运输方式之间的有机结合,实现货物的高效、安全、快捷运输,为货主提供全方位的物流解决方案。

(3)产业链下游企业。产业链下游企业介于运输需求者和运输供给者之间,能够促进多式联运的顺利运作,确保货物在不同运输方式之间进行高效流动,包括货代、运输经纪人和市场调查公司等。

货代是代表托运人安排货物运输的中介机构,把托运人委托的货物,通过指定的运输途径,确保货物从始发地到目的地高效且具有成本效益地进行运输。它们负责协调装运流程,包括处理文件、清关、保险,以及组织公、铁、水、空等多种运输方式,为托运人提供一站式服务,并提供物流、航运法规和供应链管理方面的专业知识。

运输经纪人是托运人和承运人之间的中介,促成交易并从中取得佣金的代理人、联系人、中间人、经理人或介绍人。运输经纪人代表托运人谈判运输合同,并基于对运输市场的广泛了解,帮助托运人为其货物寻找合适的承运人,选择合适的运输方式和路线,在将托运人的需求与承运人的能力相匹配、优化运输方式选择以及提供具有成本效益的解决方案中发挥着重要作用。

市场调查公司向托运人、承运人和其他行业参与者等利益相关者提供有关多式联运行业的重要信息和见解,对市场趋势、定价、供需动态、监管变化以及影响多式联运行业的其他因素进行研究。市场调查公司帮助利益相关者做出明智的决策、制定战略并了解行业的最新发展,在提供市场情报和促进数据驱动的决策方面发挥着至关重要的作用。

(4)产业链终端。多式联运的最终目的是为有多式联运需求的货主提供服务。货主的具体需求影响整个产业链的发展,是促进多式联运不断发生改变的动力。

通过上述分析,多式联运的产业链网络结构如图10-2所示。

2. 主体整合

多式联运产业链的各个主体企业存在地理上分散、组织上独立、利益需求不同等问题,无法形成一个更加高效和协调的运输体系。多式联运产业链主体整合后,可以提高货物的运输效率,降低物流成本,促进产业链的可持续发展。在对多式联运产业链进行主体整合过程中,作为多式联运的参与者和实际执行者,各个主体企业需要满足以下要求:

(1)以多式联运经营人为核心,联动其他合作企业进行深入的业务合作和资源共享,协调与上下游企业的业务关系。在企业内部积极调整自身业务和运营策略,及时反馈企业协调结果,均衡分配运输任务。

(2)衔接多式联运任务,承担在多式联运产业链中的角色,完成多式联运运输工作和其他辅助工作。

(3)资源整合和配置优化,尽可能统一运输和技术设备的标准,缩短设施设备的换装时间,实现运输流程的无缝衔接。

(4)以整体利润提高为主要目标。

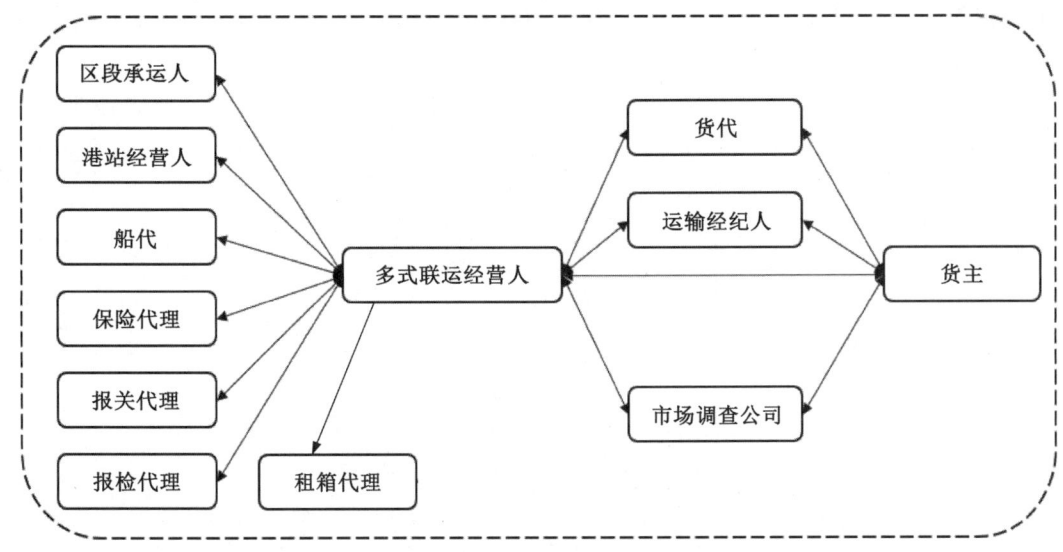

图 10-2 多式联运的产业链网络结构

10.2.4 价值链整合

企业的价值链是指在一系列相互关联并相互影响的活动中创造的总价值,它不是单个活动产生价值的简单累加,而是包括从供应商的原材料获取到最终产品消费时的服务之间的每一个环节的活动。这些活动通过相互协调和协作,形成了运输服务的价值创造过程。

传统的价值链概念是由迈克尔·波特(Michael Porter)于 1985 年提出的,是用于描述企业内部活动如何创造价值的模型。在传统的价值链中,创造价值的活动包括主要活动和支持活动,这些活动互不相同,但相互关联,连续完成能够对整体进行增值,这就是企业的价值创造过程,这些活动构成了价值链。

然而,随着社会经济、网络技术和通信技术等信息技术的发展,传统的线性实物价值链模式已经不再适应当前市场需求。互联网技术的开放性、互动性和快速性消除了产业、企业和顾客之间的时空限制,使得以顾客需求为中心的拉动式、网络化的创新模式逐渐兴起并备受关注。

一般而言,运输服务的价值链可以包括以下几个主要环节:

(1)订单接收与处理:涉及接收客户订单、处理订单信息、生成运输计划和安排货物装载等活动。

(2)货物运输:涉及实际的货物运输活动,包括公、铁、水、空等不同运输方式的选择和操作,以确保货物安全、准时到达目的地。

(3)货物跟踪与信息传递:涉及实时监控货物运输状态、信息传递给客户和内部管理人员,以确保运输过程的可视性和透明性。

(4)运输服务支持:包括运输服务的配套支持活动,如货物装卸、包装、保险、报关等,以确保货物在运输过程中的安全和合规。

(5)运输服务管理:包括对运输服务的计划、组织、控制和协调等管理活动,以确保运输服务的高效运营和服务质量。

（6）售后服务：涉及运输服务的售后支持，包括投诉处理、索赔管理、客户满意度调查等活动，以提高客户的满意度，增强其忠诚度。

新的价值链要求必须以顾客的需求为核心，经营不同活动但相互间有关联的企业共同合作，迅速满足顾客需求，促进价值的增值。多式联运价值链包括多式联运实体价值链、多式联运无形价值链和多式联运虚拟价值链三个部分，如图 10-3 所示。

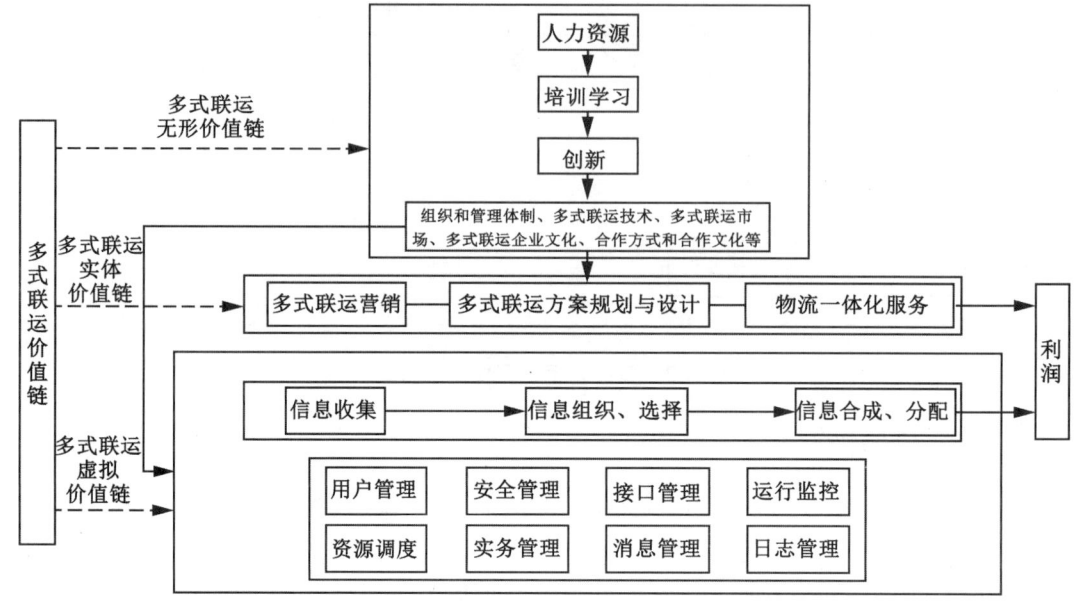

图 10-3　多式联运价值链

1. 多式联运无形价值链

多式联运无形价值链主要通过智力资本的作用在多式联运企业间及相关利益方间实现价值的增值。

（1）培训学习和创新：多式联运企业通过持续的培训学习和创新，能够不断提升运营和管理水平，不断改进多式联运技术和服务方式。通过引入新的技术和服务模式，多式联运企业可以提高运输效率、降低成本、提升服务质量，从而实现价值的增值。

（2）组织和管理体制：多式联运企业通过合理的组织和管理体制，包括分工合作、协同管理、信息流和物流的高效衔接等，能够实现资源优化配置和运作协同，从而提高企业的综合竞争力。

（3）多式联运技术：多式联运企业通过引入先进的信息技术、物联网技术、大数据分析等，可以实现物流信息的精细化管理、运输路径规划的优化、运力资源的合理调配等，从而提高运输效率、降低运输成本。

（4）多式联运市场：多式联运企业通过积极拓展多式联运市场，包括寻找新的业务机会、开发新的客户资源、扩展合作网络等，能够提高企业的市场占有份额，扩大企业的业务规模，从而实现规模效应，促进经济效益的提升。

（5）多式联运企业文化：多式联运企业通过建立积极的企业文化，包括共享愿景、团队合作、创新精神等，能够凝聚企业内外部各利益方的共识和合作，从而推动企业的持续发展和创造性的业务增长。

（6）合作方式和合作文化：多式联运企业通过积极拓展合作方式，推进合作文化，包括与供应商、客户、合作伙伴等之间的协作与协调，能够形成良好的合作生态，提升企业在多式联运生态中的地位。

2. 多式联运实体价值链

多式联运实体价值链的基本活动包括多式联运营销、多式联运方案规划与设计、物流一体化服务。其中，营销活动是重要环节，往往在实物流动之前进行；服务活动是关键环节，决定多式联运产业链产生的价值量。

多式联运企业需要通过市场营销活动提高自己的知名度，增加客户来源，并与客户建立合作关系。这包括了市场调研、销售推广、客户关系管理等活动，旨在吸引客户并促使其选择多式联运服务，从而带来业务增长和价值创造。多式联运企业需要通过提供高质量、高效率的服务来满足客户需求，包括方案规划与设计、运输安排、跟踪和监控、货物配送等。良好的服务能够提升客户满意度、增强客户黏性，并促使客户进行再次合作，从而实现客户价值和企业价值的双向增长。

多式联运实体价值链中的服务活动包括各种物流一体化服务，例如物流规划、物流组织、运输、仓储、装卸、包装、配送等。这些服务活动通过提供高效、安全、可靠的物流服务，能够为多式联运企业和相关利益方创造价值，提高客户满意度和企业竞争力，降低运营成本。

在多式联运实体价值链中，物流规划和设计是非常重要的环节，可以优化物流网络，提高运输效率，降低运输成本。例如，合理的路线选择、运输模式组合以及设备配置等，都需要在物流规划和设计中考虑，从而实现物流成本的最小化。此外，实体价值链中的仓储、装卸、包装和配送等环节也对提升多式联运企业的价值起到关键作用。高效的仓储管理和装卸操作可以提高货物的周转速度，减少仓储成本；合理的包装设计可以保护货物免受损坏，并提高货物运输效率；准时、准确的配送可以提高客户满意度，增强客户黏性。

3. 多式联运虚拟价值链

多式联运虚拟价值链是指在多式联运（即不同运输方式之间的协同运输）中，通过利用信息资源和信息技术，形成的价值链和企业联盟，从而实现多式联运的价值增值。随着信息和通信技术的发展，物质和信息逐渐分离，商业模式和结构也发生了变化，多式联运也不再是简单的物流运作，而是更加注重信息化和虚拟化。通过信息技术改进，多式联运企业可以实现更高效的运输管理、信息共享、业务协同等，从而提高服务质量和竞争力、降低成本。

未来企业的竞争不仅仅是供应链和供应链之间的竞争，更是多式联运价值链和价值链之间的竞争。多式联运企业需要通过信息技术和虚拟化手段，不断优化多式联运的运作流程，提高资源利用效率，加强与其他企业的合作与协同，形成更加高效、灵活和智能化的多式联运虚拟价值链。这将有助于多式联运企业在市场中获得更高的竞争地位，提高企业的综合竞争力。

综合来说，多式联运实体价值链中的各种服务活动相互关联、相互支持，共同为多式联运企业和相关利益方创造价值，实现多式联运价值链的增值效应。同时，随着信息化、虚拟化的发展，多式联运虚拟价值链也越来越重要，通过信息资源的利用，可以实现更高效、更智能的物流管理和运输方案规划，从而进一步提高多式联运的竞争力。

10.3　多式联运生态组织多元主体资源共享平台架构

多式联运生态组织多元主体资源共享平台架构是一种基于信息技术的物流运输模式,旨在整合多种不同的运输方式(例如公、铁、水、空等),通过共享平台实现物流资源的高效调度和运输服务的优化。多式联运多元主体资源共享平台架构具体如下:

1. 战略目标

多式联运多元主体资源共享平台架构的战略目标通常包括以下方面:

(1)提高客户吸收率。通过整合不同运输方式的资源和信息,平台优化运输方案,发掘更多具有多式联运需求的客户。区域公司/专业公司业务员能够在平台为客户提供物流方案、线路比对、方案报价,提高业务员的销售水平,体现业务的专业性;平台对接需求方内部系统,自动接入多式联运订单或由需求方通过平台提交运输订单,提高订单的生成速度;通过实际发生的业务,根据与需求方、提供方签订的合同报价,按照设定的周期和时间点自动生成应收、应付账单,及时传送订单信息。

(2)优化资源配置。为了实现不同运输方式之间的资源共享和优化配置,以提高物流资源的利用效率,平台优化搜索引擎,提供精准服务,将运输订单匹配最优的供应商,供应商通过平台接收运输订单,并按订单要求提供专业化的运输服务;平台跟踪监控供应商订单执行节点进度,通过对接硬件设备及船舶、港口、铁路、公路和航空系统,实现运输过程的透明监控。

(3)促进物流服务创新。通过物流信息系统和服务交互平台,平台提供丰富的在线服务。及时更新大宗商品价格指数以及公路运输、铁路运输、水路运输及多式联运的运价,时时更新相关运营信息等。

(4)提升客户满意度。增加新的服务内容,如提供集装箱的租箱服务、修箱服务、退箱服务,支持物流状态在线查询,满足客户多样化的物流需求;完善服务售后保证,实现运输保险、应收款项融资、信用贷款融资、动产质押融资、应收运费融资的供应链金融服务。

综上所述,多式联运生态组织多元主体资源共享平台架构的战略目标是通过整合多种运输方式的资源和信息,优化运输方案、提高运输效率、促进服务创新、提升客户满意度,实现各方的利益最大化,形成合作共赢局面,从而推动物流行业的现代化、智能化和可持续发展。

2. 关键业务与功能需求

平台的关键业务主要聚焦在以下方面:

(1)用户服务需求模块:该模块包括用户注册、登录、账号管理等功能,用户可以在平台上提交物流需求订单,包括始发地、目的地、运输时效要求等信息,同时可以查看自己的订单状态、历史订单记录等。

(2)信息服务需求模块:该模块通过与物流服务提供方和硬件设备对接,实现物流全程透明管控和信息共享。它包括订单跟踪监控,通过与工厂地磅、车辆定位、箱定位、箱温控等硬件设备对接,实时监控收发货货量、短运箱位置、短运车辆位置、箱进出场站时间点等信息,并将这些信息反馈给用户。

(3)多式联运业务需求模块:该模块通过整合铁路站点、船公司、物流商、堆场、车辆等服务提供方,根据用户的物流需求订单自动规划多种运输方案。它包括运输路线选择、运输方式选择、时效要求匹配等功能,用户可以根据自己的需求选择最合适的运输方案。

(4)堆场业务需求模块:该模块包括集装箱堆场资源管理功能,包括长期储存、短期暂存、集装箱调拨、货物监管、箱修、箱定检、箱洗等服务。用户可以在平台上查询堆场分布、堆场利用率、货物库存、堆存周期、费用明细等信息,并提交相关服务需求订单。

(5)账务管理模块:该模块包括合同报价、账单生成、发票开具和结算等功能。根据与用户和服务提供方签订的合同报价,平台可以自动生成应收、应付账单,并通过系统对接或协同平台推送给用户和服务提供方审核。同时,平台还可以生成报表,包括箱出入堆场明细,箱堆存周期,堆存费用,监管货物出入堆场明细,箱修、箱定检、箱洗的明细及费用等报表,供用户查看和管理。

以上模块可以相互关联、交互操作,实现物流方案定制化产品的综合管理并满足服务需求。

3. 多式联运生态组织多元主体资源共享平台

多式联运生态组织多元主体资源共享平台应该具有开放性、模块化及适应性、及时性等特点;应尽可能兼容已有的技术及已开发的系统,与它们实现无缝对接。多式联运生态组织多元主体资源共享平台设计模块如下:

供应链资源及服务网络:供应链资源(业务上下游参与方)包含工厂、堆场、港口、物流商、箱东、箱修服务商、运输车辆等。供应链上下游各资源通过将公路运输、铁运、海运等运输线路与航空运输线路连接形成物流服务网络。供应链资源及物流服务网络是形成平台的标准化服务产品以及平台根据需求规划综合服务解决方案的基础。

各类数据与平台的对接:通过对接大宗商品价格指数平台,获取石油、矿石、钢材、煤炭等大宗商品价格信息,形成价格趋势图。通过对接平台参与方系统或提供协同平台的方式,实现在线接入需求订单、订单在线分配给对应服务商、订单执行监控数据共享。通过对接船舶、港口、铁路、公路和航空系统,实现供应商资源及业务订单、执行监控、箱动态等数据共享。通过对接铁路总公司和航运公司运营系统(货票系统、运价管理系统、集装箱跟踪系统)实现货票、集装箱动态数据、运价信息共享。

平台的需求管理模块包含采购合同、报价模型、订单管理,为专业公司、区域公司、服务需求方提供了业务签订前期需要的资源。供应商产品管理包含各类线路产品及箱服务产品,作为服务需求方搜索产品的产品库。公共信息管理提供集装箱办理、铁路公告政策的信息资源。即时车站作业能力为线路决策提供辅助手段。结算管理包含财务相关的支付、结算、开票功能,在平台上进行平台业务结算的同时与多式联运财务系统进行数据交互。

全程透明模块聚焦物流作业全程动态,供应商发端作业信息与航运、港口、铁路、公路和航空系统的客服中心模块进行数据交互,供应商接单进行作业路线调度,采集作业时间、节点执行情况数据并录入箱动态数据。在运输的过程中场站箱动态信息、运输信息模块为订单状态查询提供数据。运输过程全节点监测异常情况,对于异常情况做预警提示。

数据运营服务模块管理供应商注册资质与审查、服务需求方会员体系,积累业务运营数据进行相应分析,生成路线热力图、运输周期图、运价趋势统计等,并根据业务数据生成供应商画像,量化供应商服务,促使供应商提高服务效率。

多式联运生态组织多元主体资源共享平台是一种整合不同运输方式和多个物流主体资源的平台,是多种运输方式的衔接者,多种综合服务的提供者和多种运输资源的整合者。该平台集信息化、网络化、智能化、平台化为一体,以集装箱多式联运为核心,通过统一的订单管理和资源调度系统,实现不同物流运输方式之间的无缝衔接和资源共享,从而提高物流效率、降低物流成本、优化物流运输组织结构。

结合前面对多式联运各主体的需求以及平台相关模块的分析,对多式联运生态组织多元主体资源和信息进行整合,多式联运生态组织多元主体资源共享平台如图10-4所示。

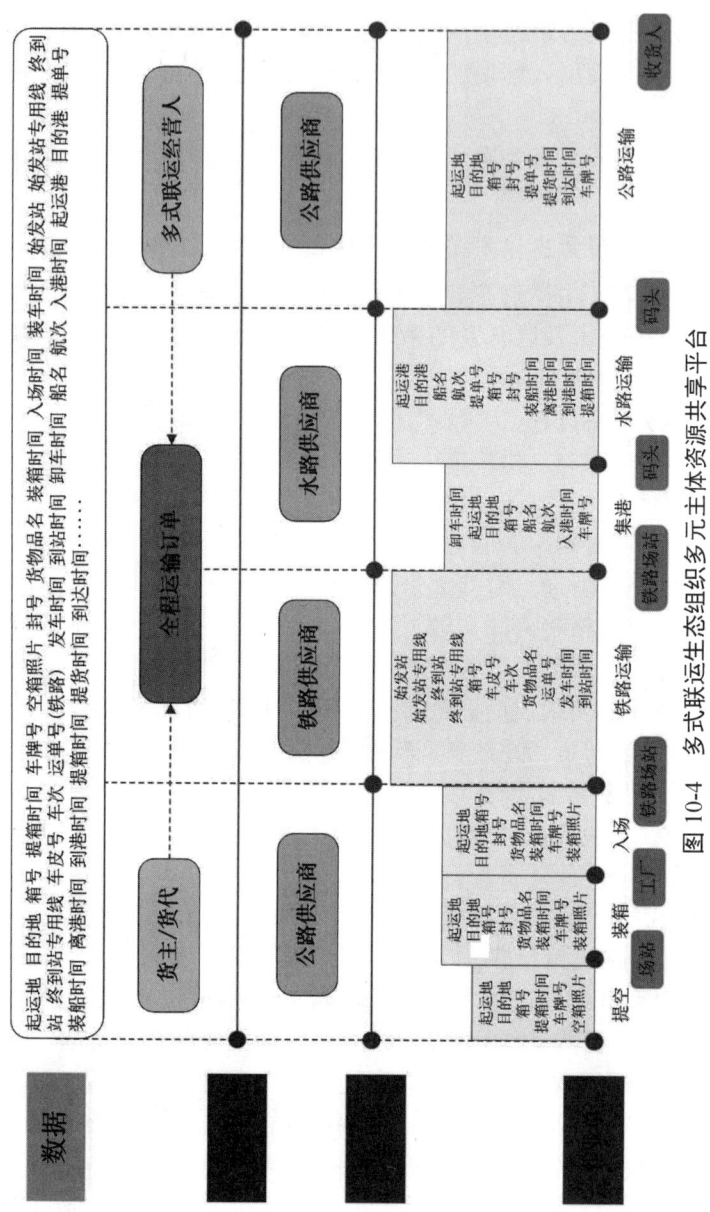

图 10-4 多式联运生态组织多元主体资源共享平台

11 多式联运生态组织收益分配模式

11.1 多式联运生态组织多元主体收益分配影响因素

11.1.1 风险因素识别

风险因素是指在多式联运运输组织活动过程中造成多元主体参与方运输活动与运输收益不匹配的因素,这种运营风险包括运营层面、技术层面以及组织层面等的具体风险。多式联运运输组织风险因素如图 11-1 所示。

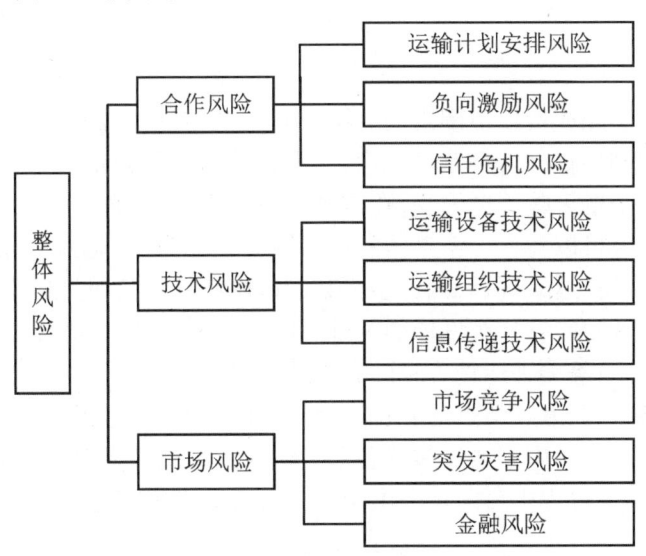

图 11-1 多式联运运输组织风险因素

1. 合作风险

合作风险主要是指多式联运组织过程中存在多方利益主体各自的利己行为,由于信息不对称造成的信任危机以及利益分配不合理导致的退出行为等。它具体包括基于利己行为的运输计划安排风险、由于分配不当导致的负向激励风险以及由于信息不对称等所致的信任危机风险。①在运输计划安排风险方面,考虑到参与多式联运运输活动的多元主体参与方存在利己行为意识,在巨大利益面前存在发生不合理、运输计划安排不科学的可能,进而产生合作风险。②在激励风险方面,多式联运生态组织多元主体参与方具有同样的利益诉求,因此如何制定合理的利益分配方案成为保障多式联运运输组织活动持续、高效开展的关键。相反,利益分配得不合理、不科学将极易造成负向激励效应,进而产生合作风险。③在信用风险方面,良好的合作伙伴关系是促使多式联运运输组织持续、健康发展的基础,而良好的信用是多式联运生态组织多元主体之间合作的基础,但同时由于信息壁垒、业务流程盲点、利益诱惑等破坏多元主体间信任关系的因素的存在,多式联运运输组织活动存在产生信用风险的可能,进而产生合作风险。

2. 技术风险

技术风险代表的是在整个多式联运运输服务过程中各个运输环节责任方由于技术未能满足多式联运运输要求而产生的风险,具体包括运输设备技术风险、运输组织技术风险、信息传递技术风险等风险要素。首先,在运输设备方面,多式联运运输活动涉及对集装箱的装运、转卸、接驳等多个环节,对集装箱多式联运运输设备提出更高要求,是否具有能够满足托运人货运需求的运输设备成为一项重要的技术风险。其次,在运输组织方面,多式联运运输组织活动需要对运输计划、运输线路、运输参与方等进行高效组织,组织过程中涉及的节点衔接、实时沟通、问题预判等都是导致产生运输组织技术风险的因素。最后,在信息传递方面,信息有效传递是多式联运运输组织活动高效开展的根本保障,但信息的传递仍面临体制机制、信息技术、竞争关系等多方面的不利因素,因此多式联运生态组织多元主体面临因信息传递不畅而造成的技术风险。

3. 市场风险

市场风险代表的是完成责任范围内的运输服务活动与预期收益间匹配的不确定性,具体包括市场竞争程度加剧导致的市场竞争风险、突发自然灾害导致的突发灾害风险以及金融方面的汇率变动导致的金融风险等。第一,在市场竞争方面,多式联运是一种运输服务,每一个具体的联运组织活动都可以看作一个具体的运输服务产品,在运输服务市场上往往有多种同质化的运输服务产品供托运人选择,因此多式联运运输产品具备明显的竞争优势,成为其在竞争激烈的运输服务市场中能够长久发展的关键。第二,在突发灾害方面,多式联运运输组织模式往往需要公、铁、水、空等多种运输方式的有机结合,涉及的运输活动具有运输区域较广、运输距离较长、运输复杂性较大等特点,相应地,遭遇山体滑坡、恶劣天气等自然灾害的可能性变大。第三,在金融风险方面,由于通过多式联运运输的货物往往具有运量大、时间长、资金密集等特性,在运输服务结算过程中可能存在由于汇率变动等带来的金融风险,企业未能收获与运输服务相匹配的收益。

11.1.2 服务因素识别

多式联运生态组织多元主体参与方通过协作的方式共同为托运人提供运输服务,不同参与方所能提供的运输服务水平存在差异,因此运输服务质量势必成为衡量多式联运生态组织多元主体利益分配的重要因素。以下通过对影响多式联运运输服务质量的因素进行提炼总结,将其归纳出适配方面、效率方面、成本方面、安全方面四个方面的影响因素。多式联运运输组织服务水平如图 11-2 所示。

第一,适配方面。适配方面侧重考量多式联运生态组织多元主体提供的运输服务能够满足托运人运输需求的程度,包括运输组织的合理性、设备的先进性、能力的可容纳性等,因此选取运输能力适配性、运输设备适配性和运输组织适配性作为衡量多式联运运输服务满足运输

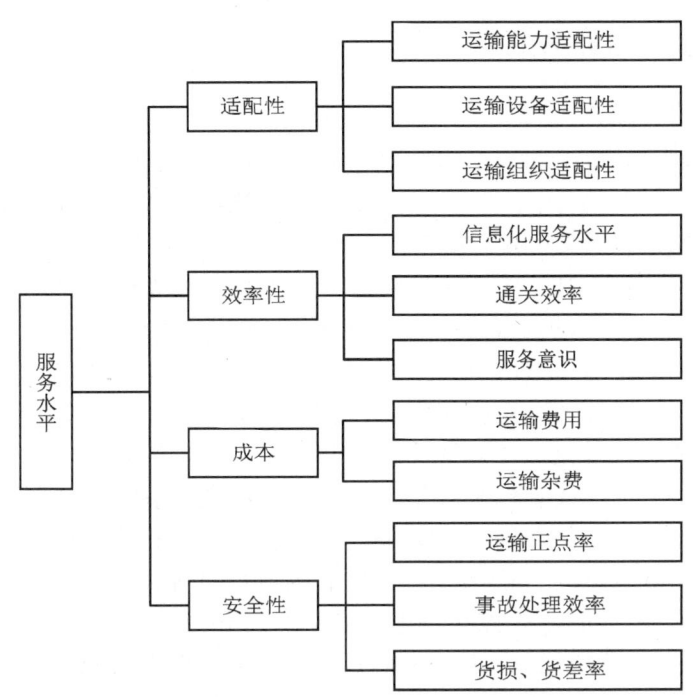

图 11-2　多式联运运输组织服务水平

需求的指标。

　　第二,效率方面。效率方面侧重考量信息技术、服务意识等在多式联运运输服务中的体现,当前的运输服务不仅是货物在地理空间上的转移,更从信息透明度、清关便捷性等角度对整个运输服务过程提出更高质量服务的要求。

　　第三,成本方面。运输服务是生产活动必要的环节与基础服务,是供应链竞争中极为关键的一环,同时运输服务费用也在生产活动成本中占比较高,因此如何为客户提供高效、便捷、低成本的多式联运运输服务成为衡量运输服务水平的关键因素。

　　第四,安全方面。考虑到货损、货差、货物到达时间等对生产活动经济效益产生的重要影响,运输服务在完成货物空间转移的同时,要保证具有较高的安全性和可靠性,体现在尽量降低货物的货损、货差,保证货物按时到达以及对事故的处理效率等方面。

11.2　多式联运生态组织多元主体收益分配方法及模型

　　选择恰当的利益分配模式是多式联运利益分配问题中至关重要的一步,利益分配模式涉及每个成员企业最关心的个体利益,也是多式联运体系对潜在成员企业的吸引力的关键。以下基于 11.1 对多式联运生态组织多元主体收益分配影响因素的分析,遵照“风险共担,收益共享”原则,结合典型的收益分配方法提出适合多式联运生态组织多元主体收益分配的方法模型。

11.2.1 典型的收益分配模式和方法

1. 典型的收益分配模式

多式联运是一种在运输链条中不同企业之间合作的模式,目前,典型的收益分配模式包括固定支付模式、利益分享模式以及混合模式三种模式。第一,固定支付模式是指多式联运组织者根据运输链上其他成员企业完成任务量的多少,从总收益中拿出固定额度支付给这些企业。这意味着成员企业的收益与其完成的任务量无关,而是按照预先设定的固定支付额度来分配。在这种分配模式下,多式联运组织者的付出是固定的,和运输总收益无关。第二,利益分享模式是指参与合作的所有成员包括组织者和成员企业按一定的分配比例系数从合作最终的总收益中分得自己应得的一份收益。在这种模式下,成员企业的收益与其在合作中的贡献有关,组织者和成员企业通常以一定比例或系数来确定共同分享合作所创造的收益。第三,混合模式是将前述的两种利益分配模式有机地结合,在这种模式的指导下,非核心成员企业既可以从核心企业那里获得一部分固定的报酬,又可以通过努力按一定比例或系数从多式联运总收益中获得更多利益。在多式联运的实际运作过程中,较为可行的利益分配模式就是混合模式,它能够更好地激励成员企业共同合作,提高整体运输链的效益,并减轻组织者承担全部风险的压力。不过,最终的利益分配模式应该根据实际情况和各方利益的平衡来确定。收益分配模式与多式联运协同水平和参与方的分享意识的关系如图 11-3 所示。

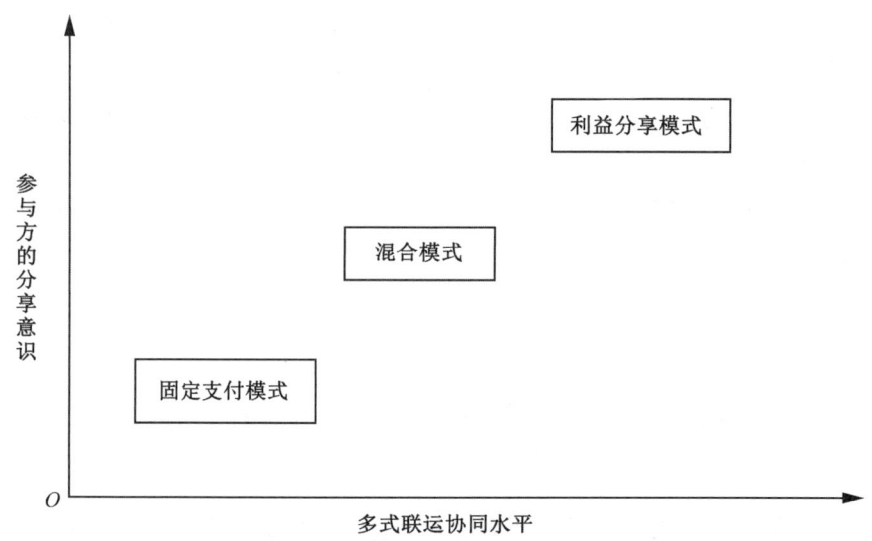

图 11-3 收益分配模式与多式联运协同水平和参与方的分享意识的关系

2. 典型的收益分配方法

多式联运体系在一定程度上与供应链管理较为相似,因此,也可以借鉴供应链管理中的收益分配模型将供应链收益分配模型与多式联运体系相结合。常见的收益分配模型有以下几种,如表 11-1 所示。

表 11-1　常见的收益分配模型

模型	模型概述
夏普利模型	它提出 n 个局中人合作的利益分配公式,是最早的定量方面的研究。博弈问题中的局中人通常都会事先预测他们可以获得多少利益,事先的预期对这些局中人决策参加博弈与否十分重要。夏普利值(Shapley Value)是局中人对联盟的贡献期望边际价值。在联盟中的获利能力的基础就是全部收益分配中的公平概念,这种方法就是将合作对策 (N,V) 的夏普利值作为每个成员的分配额
公平熵法	在采用公平熵对供应链各成员进行利润分配时,需确定供应链成员的贡献率,严格秉承"多贡献多得"的原则。以二级制造类供应链为例,λ 表示制造商在对供应链整合时所贡献的比例,$1\sim\lambda$ 则表示销售商在对供应链整合时所贡献的比例,其中 $0<\lambda<1$
TOPSIS 法	运用逼近理想点法求出在 i 种利润分配方案离正理想值最小或负理想值最大情况下各合作成员的权重,然后根据各成员权重求出 i 种利益分配方案离理想值的加权距离。运用 TOPSIS 法可以求得 i 种利润分配方案的权重,进而可以求出利润分配的最终结果
基于满意度的评价法	基于满意度的评价法是以满意度乘积最大为决策目标,根据参与主体所提方案的满意度为分配标准的评价法
MCRS 法	最大最小费用法
群体重心模型	群体重心模型是把各种利益分配方案集结成群体可以接受的比较公平的利益分配方案。群体重心模型基于这样一种思想:寻找一种距离理想分配方案最近的分配方案集,同时引用一种效用函数,衡量出即用方案与理想方案之间的距离量作为理想方案的损失
纳什(Nash)谈判模型	它提出五个公理,指出在双边谈判中,如果谈判双方决定合作,总存在谈判解。引入优超及帕累托(Pareto)最优的概念求出双方乐意接受的损益值
讨价还价模型(Rubinstein-Stahl,R. S 模型)	由局中人叫价以确定对盈余的分配方法。考虑到讨价还价阶段的无耐心情况,无耐心可以用折扣因子来表示
讨价还价博弈模型(Shaked & Sutton)	它提出了一种解决讨价还价博弈问题的思路,指出对一个无限回合博弈来讲,无论是从第三回合开始(假如能到达第三回合的话),还是从第一回合开始,结果应该都是一样的

（1）夏普利模型

夏普利模型是一种用公理化方法得到合作博弈的唯一解,考虑到了各成员对整体收益的贡献的收益分配问题,是更为合理的模型。对该模型的描述如下：

对于一个给定的 n 人博弈,设自然数集 $\mathbf{N}=\{1,2,\cdots,n\}$ 为局中人集合,其中任意一个非空子集 $S(S\subset\mathbf{N})$ 为一个联盟,$v(S)$ 为联盟 S 的特征函数,则,记 n 局中人的合作博弈为 (N,V)。设局中人 i 在博弈 (N,V) 中应该得到的期望收益为 $\varphi_i(V)$,夏普利指出,该模型应该满足以下几个公理。

首先给出一个运算定义:

对于 n 人合作博弈 (N,V) , π 为 N 上的一个置换运算,定义博弈 (N,π_V) 为一个新博弈 (N,U) ,对任意联盟 $S = \{i_1,\cdots,i_s\}$ 有:

$$U(\pi(i_1),\cdots,\pi(i_s)) = V(S)$$

则,期望收益 $\varphi_i(v)$ 应满足的公理有:

公理 1:帕累托最优性。总收益为局中人的收益之和,即,若 S 为 (N,V) 的任意一个承载,则有:

$$\sum_{i \in S} \varphi_i[V] = V(S)$$

公理 2:对称性原理。博弈中的任意两个局中人相互代替,他们的值相等,也就是说局中人的关系是平等的,分配结果和他们的顺序无关,即,对 N 的任意置换 π 和 i ,有:

$$\varphi_{\pi(i)}[\pi_V] = \varphi_i[V]$$

公理 3:可加性。由任意两个博弈构成的新博弈的值等于原有博弈的值的和,即,对任意两个 n 人合作博弈 (N,V) 和 (N,U) ,有:

$$\varphi_i[U + V] = \varphi_i[U] + \varphi_i[V]$$

公理 4:无贡献者不分配公理。如果某局中人的加入并没有使总收益增加,那么其收益为零。

在满足以上四个公理的前提下,可以计算得到联盟收益分配的向量:

$$\varphi(V) = (\varphi_1(V),\cdots,\varphi_n(V))$$

其中:

$$\varphi_i(V) = \sum_{\substack{i = S \\ S \in N}} w(|S|)[V(S) - V(S\backslash\{i\})], \quad i = 1,2,\cdots,n$$

$$w(|S|) = \frac{(n - |S|)!\,(|S| - 1)!}{n!}$$

式中:S ——联盟;

$|S|$ ——局中人的个数;

联盟 S ——局中人集合 N 的任意一个非空子集;

$V(S)$ ——联盟 S 的收益。

夏普利值可以概述为:假设 n 个局中人随机组成联盟,则每一种组成次序的概率相同,为 $1/n!$ 。在联盟 S 中局中人 i 的贡献为 $V(S) - V(S\backslash\{i\})$ 。$S\backslash\{i\}$ 和 $N\backslash S$ 的局中人共有 $(|S| - 1)!\,(n - |N|)!$ 中形成次序,每种次序形成的概率为 $(|S| - 1)!\,(n - |S|)!\,/n!$ 。由期望值的定义可以看出,局中人 i 的夏普利值是一种期望值。可以看出,夏普利根据贡献的大小,考虑了联盟中每个企业对整个联盟整体所做的贡献,贡献大则收益多,反之则收益少。"多贡献多得"的分配原则,能反映个体在集体中的重要程度。

(2)公平熵法

在采用公平熵对供应链各成员进行利润分配时,需确定供应链成员的贡献率,严格秉承"多贡献多得"的原则。以二级制造类供应链为例,λ 表示制造商在对供应链整合时所贡献的比例,$(1-\lambda)$ 则表示销售商对供应链整合所贡献的比例,其中 $0<\lambda<1$。

对二级供应链所得的超额利润进行归一化处理,可得:

$$\gamma_{s} = \frac{\pi_{s}/\lambda}{\pi_{s}/\lambda + \pi_{r}/(1-\lambda)}, \gamma_{r} = \frac{\pi_{r}/(1-\lambda)}{\pi_{s}/\lambda + \pi_{r}/(1-\lambda)}$$

二级供应链的公平熵可表示为:

$$H = -\frac{1}{\ln 2}(\gamma_{s}\ln\gamma_{s} + \gamma_{r}\ln\gamma_{r})$$

式中:π_{s}, π_{r}——供应链各成员的收益。

在采用公平熵法对供应链各成员进行利润分配时,通常将其公平熵作为目标函数,公平熵值越大,越能显示分配的公平性。

（3）TOPSIS 法

运用逼近理想点法（TOPSIS 法）求出在 i 种利润分配方案离正理想值最小或负理想值最大情况下各合作成员的权重,然后根据各成员权重求出 i 种利益分配方案离理想值的加权距离。运用 TOPSIS 法可以求得 i 种利润分配方案的权重,进而可以求出利润分配的最终结果。

具体方法如下:设 m 为对合作利润进行分配方法种数,n 为供应链中选择进行合作的参与者个数。形成原始的利润分配矩阵 $\boldsymbol{Y} = \{y_{ij}\}_{m \times n}$,其中 y_{ij} 代表第 j 个合作伙伴分得第 i 中利润分配方法的利益分配值。为方便计算对 y_{ij} 进行规范化处理,可得 $d_{ij} = \frac{y_{ij} - y_{j}^{\min}}{y_{j}^{\max} - y_{j}^{\min}}$,其中 $y_{j}^{\min}$,$y_{j}^{\max}$ 分别为决策矩阵第 j 列的最小值、最大值。因此可将规范后的决策矩阵计为 $\boldsymbol{D} = \{d_{ij}\}_{m \times n}$。再假设合作伙伴的权重向量为 $\boldsymbol{W} = \{W_{1}, W_{2}, W_{3}, \cdots, W_{n}\}$,令

$$\boldsymbol{R} = \{r_{ij}\}_{m \times n} = \begin{bmatrix} d_{11}W_{1} & \cdots & d_{1n}W_{n} \\ \vdots & & \vdots \\ d_{m1}W_{1} & \cdots & d_{mn}W_{n} \end{bmatrix}$$

可将决策矩阵的 $\boldsymbol{R}$ 的正负理想值分别定义为:

$$r_{i}^{+} = \max\{r_{ij} \mid i = 1,2,\cdots,m\} = \max_{1<i<m}\{d_{ij}W_{j} \mid i = 1,2,\cdots,m\} = d_{j}^{+}W_{j}$$

$$r_{i}^{-} = \min\{r_{ij} \mid i = 1,2,\cdots,m\} = \min_{1<i<m}\{d_{ij}W_{j} \mid i = 1,2,\cdots,m\} = d_{j}^{-}W_{j}$$

则第 i 种利益分配方案的正负理想值距离为:

$$R_{i}^{+} = \sqrt{\sum_{j=1}^{n}(r_{j}^{+} - r_{ij})^{2}} \quad i = 1,2,3,\cdots,m, j = 1,2,3,\cdots,n$$

$$R_{i}^{-} = \sqrt{\sum_{j=1}^{n}(r_{j}^{-} - r_{ij})^{2}} \quad i = 1,2,3,\cdots,m, j = 1,2,3,\cdots,n$$

其中,R_{i}^{+} 值越大,成员企业的满意度越小;R_{i}^{-} 值越大,成员企业的满意度越大。

（4）基于满意度的评价法

基于满意度的评价法是以满意度乘积最大为决策目标。第一步,假设有 n 个成员,每人均提供一个解决方案,$x_{i} = (x_{i1}, x_{i2}, \cdots, x_{in})$ 为第 i 个成员提出的利益分配方案,那么,从而形成一个 $n \times n$ 矩阵:

$$\boldsymbol{X} = \begin{bmatrix} x_{11} & x_{12} & \cdots & x_{1n} \\ x_{21} & x_{22} & \cdots & x_{2n} \\ M & M & \cdots & M \\ x_{n1} & x_{n2} & \cdots & x_{nn} \end{bmatrix}$$

然后,由 $u_i = m_i / M_i$ 计算出每人的满意度 u_i。 其中,M_i, m_i 分别表示第 i 个成员可以求出的最大值和最小值,即:

$$M_i = \max\{x_{1i}, x_{1i}, \cdots, x_{1i}\}, m_i = \min\{x_{1i}, x_{1i}, \cdots, x_{1i}\}$$

假设总利益为 M,可以计算出本次分配后的剩余未分配利益为 $M - \sum_{i=1}^{n} m_i$。 设第 i 个成员的初始满意度增加量为 r_i,初始满意度 u_i 增加后的利益分配额为:

$$s_i = (u_i + r_i) M_i = \left(\frac{m_i}{M_i} + r_i\right) M_i = m_i + r_i M_i$$

最后,验证 $\sum_{i=1}^{n} s_i$ 与 M 的大小,同时需要保证满意度 u_i 的乘积最大,如果 $\sum_{i=1}^{n} s_i \neq M$,则继续直到 $\sum_{i=1}^{n} s_i = M$ 成立为止。

（5）MCRS 法

最大最小费用法（MCRS 法）利用了空间向量建模理论,通常需要界定上下边界,分别用 $X_{i\max}, X_{i\min}$ 表示,$X_{i\max} = \max(l_1, l_2, \cdots, l_n)$,$X_{i\min} = \min(l_1, l_2, \cdots, l_n)$ 将点 $X_{i\max}$ 和点 $X_{i\min}$ 连接与超平面的交点求解。 即 $\sum_{i=1}^{n} x_i = V(N)$,其中 $x_i (i = 1, 2, \cdots, n)$ 表示供应链上节点企业 i 的利润分配额,则可通过表达式:

$$x_i = X_{i\min} + \frac{x_{i\max} - x_{i\min}}{\sum_{i=1}^{n} (x_{i\max} - x_{i\min})} \left| X(I) \cdot \sum_{i=1}^{n} x_{i\min} \right|$$

可以求得最终的利润分配结果,其中 $X_{i\max}$,$X_{i\min}$ 通过线性规划可以得出 $X_{i\max}$ 或 $X_{i\min}$:

$$\begin{cases} \sum_{i=1}^{n} x_i = X(I) \\ X_i \geq V_i \end{cases}$$

从上面的介绍可以看出,不同的利润分配方法各有优缺点。TOPSIS 法和公平熵法侧重于衡量利润分配的合理性,但在确定具体的分配方案时可能只能得出相对合理的范围,不够直观明了。夏普利模型可以求解出唯一的分配方案,但未考虑成员的风险、贡献等因素,可能与现实不相符,因此需要将成员个体差异考虑进去。MCRS 法的计算过程较为简单,但存在与夏普利模型类似的缺陷,即未考虑成员的个体差异。基于满意度的评价法以满意度为决策标准,并将满意度作为最大目标。这种方法可能在一些情况下比较合适,但也需要考虑其他因素的影响。

因此,在具体运用这些利润分配方法时,需要结合多式联运的特点、参与主体的性质、所处的实际环境以及成员个体差异、风险、贡献等具体问题,综合考虑各种因素来选择合适的方法进行利润分配,既要遵循互惠互利、兼顾效率与公平等原则,又要结合实际业务场景和利润分配的具体目标进行权衡和调整,以确保分配方案既合理,又公平。

11.2.2 基于利益共享的收益分配模型

1.采用犹豫模糊多属性决策方法确定多式联运风险值与服务水平值

第一,构建决策矩阵。设 $X = \{x_1, x_2 \cdots, x_n\}$ 为评价对象集,$U = \{u_1, u_2, \cdots, u_m\}$ 为评价指标集,评价指标权重向量为 $W = \{w_1, w_2, \cdots, w_m\}^T$,$w_i \geq 0$,$w_i \in [w_i^l, w_i^u]$,$\sum_{i=1}^{m} w_i = 1$。 使用评价指标 $u_j \in U$ 对第 i 个评价对象 $x_i \in X$ 进行评测,得到 m_1 项精确型评价数值和 m_2 项区间型评价数值($m_1 + m_2 = m$),使用所有评价指标对所有评价对象进行评测,得到决策矩阵 $A = (a_{ij})_{n \times m} = [(a_{ij})_{n \times m_1}, (a_{ij}^l, a_{ij}^u)_{n \times m_2}]$。

第二,决策矩阵规范化处理。根据指标数据值类型,指标可以分为精确型(定量)和区间型(定性),同时根据指标值大小的变化与该指标下评价结果好坏变化的趋势可将指标分为成本型和效益型,因此指标类型可分为定量成本型、定量效益型、定性成本型和定性效益型四种类型,不同类型数据分别采取如下规范化方法。

定量成本型指标数据规范化公式如下:

$$r_{ij} = \frac{\min_j a_{ij}}{a_{ij}}, j \in \mathbf{N}$$

定量效益型指标数据规范化公式如下:

$$r_{ij} = \frac{a_{ij}}{\max_j a_{ij}}, j \in \mathbf{N}$$

定性成本型指标数据规范化公式如下:

$$\begin{cases} r_{ij}^l = (1/a_{ij}^u) / \sqrt{\sum_{j=1}^{n} (1/a_{ij}^l)^2} \\ r_{ij}^u = (1/a_{ij}^l) / \sqrt{\sum_{j=1}^{n} (1/a_{ij}^u)^2} \end{cases}, j \in \mathbf{N}$$

定性效益型指标数据规范化公式如下:

$$\begin{cases} r_{ij}^l = a_{ij}^l / \sqrt{\sum_{j=1}^{n} (a_{ij}^u)^2} \\ r_{ij}^u = a_{ij}^u / \sqrt{\sum_{j=1}^{n} (a_{ij}^l)^2} \end{cases}, j \in \mathbf{N}$$

其中,$\mathbf{N} = \{1, 2, \cdots, n\}$。 通过以上公式可将决策矩阵 $A = (a_{ij})_{n \times m} = [(a_{ij})_{n \times m_1}, (a_{ij}^l, a_{ij}^u)_{n \times m_2}]$ 转变为规范化矩阵 $R = (r_{ij})_{n \times m} = [(r_{ij})_{n \times m_1}, (r_{ij}^l, r_{ij}^u)_{n \times m_2}]$。

第三,权重向量求解。权重向量 W 求解遵循在评价指标集下评价对象整体偏差值最大化思路。设区间数 $a = [a^l, a^u]$,$b = [b^l, b^u]$,令 $D(a, b) = \| a - b \| = |b^l - a^l| + |b^u - a^u|$ 称为区间数 a,b 的相离度。则在某一指标 $u_j \in U$ 下,评价对象 x_i 与其他评价对象的偏差值用 $L_{ij}(w)$ 表示,$L_j(w)$ 表示第 j 项指标下所有评价对象间的偏差值总和。

$$L_{ij}(w) = \sum_{k=1}^{n} (|r_{ij}^l - r_{kj}^l| + |r_{ij}^u - r_{kj}^u|) w_j, i \in \mathbf{N}, j \in \mathbf{M}$$

$$L_j(w) = \sum_{i=1}^{n} L_{ij}(w) = \sum_{i=1}^{n} \sum_{k=1}^{n} (|r_{ij}^l - r_{kj}^l| + |r_{ij}^u - r_{kj}^u|)w_j, j \in M$$

其中，$M = \{1, 2, \cdots, m\}$

进一步构建所有指标下的评价对象总体偏差值函数

$$L(w) = \sum_{j=1}^{m} L_j(w) = \sum_{j=1}^{m} \sum_{i=1}^{n} \sum_{k=1}^{n} (|r_{ij}^l - r_{kj}^l| + |r_{ij}^u - r_{kj}^u|)w_j, j \in M$$

求解权重向量 W 即是求解在一定约束条件下最大 $L(w)$ 值问题，求解方程如下：

$$\max L(w) = \sum_{j=1}^{m} \sum_{i=1}^{n} \sum_{k=1}^{n} (|r_{ij}^l - r_{kj}^l| + |r_{ij}^u - r_{kj}^u|)w_i$$

$$\text{s.t.} \quad w = (w_1, w_2, \cdots, w_m)^T$$

$$w_j \in [w_j^l, w_j^u], w_j \geqslant 0, \sum_{j=1}^{m} w_j = 1$$

第四，风险值计算，将规范化决策矩阵 R 与权重向量 W 进行相乘处理，得到风险系数值 Z。

$$Z = \begin{bmatrix} w_1 \\ w_2 \\ \vdots \\ w_n \end{bmatrix} \begin{bmatrix} r_1 & r_2 & \cdots & r_n \end{bmatrix}$$

第五，服务水平值计算，采用如上方法对多式联运各区段承运人服务水平值进行计算，得到各区段承运人服务水平值 S。

$$S = \begin{bmatrix} w_1 \\ w_2 \\ \vdots \\ w_n \end{bmatrix} \begin{bmatrix} r'_1 & r'_2 & \cdots & r'_n \end{bmatrix}$$

2. 多式联运生态组织多元主体收益分配比例计算

对多式联运多元主体收益分配比例的确定应该充分考虑风险承担和收益激励两方面内容。风险承担是基于风险共担原则，根据各区段承运人承担风险大小进行分配的方式。这种分配方式有利于促进多式联运生态组织多元主体间的协同合作，由于事关自身利益，各承运主体将进行全面的风险控制，进而降低多式联运运输服务过程的整体风险。收益激励是基于利益共享原则，当多式联运生态组织多元主体能够获取与其承担风险和付出成本相符合的收益时，将产生正向的激励作用，有助于多式联运生态组织多元主体间的进一步协同合作，并且会吸引更多的相关主体参与多式联运运输服务生态体系中。

多式联运生态组织多元主体收益分配比例的计算公式如下：

$$q_i = \left[(S_i \times R_i) \middle/ \sum_{t=1}^{n} (S_t \times R_t) \right] Q, \quad i = 1, 2, \cdots, n$$

其中，Q 为多式联运各区段承运人收益分配的比例；S 为各区段承运人服务水平值；R 为各区段承运人风险承担值。

进一步通过计算收益分配比例和多式联运总体运输服务收益，能够计算出各区段承运人

的收益值 D。

$$D = \begin{bmatrix} q_1 \\ q_2 \\ \vdots \\ q_n \end{bmatrix} \begin{bmatrix} s_1 & s_2 & \cdots & s_n \end{bmatrix}$$

11.3　多式联运生态组织多元主体收益分配策略

多式联运体系存在参与主体的多样性、环境的复杂性、利益关系的冲突性等问题,多式联运收益分配方案的制定也变得较为复杂。一个合理的、符合大多数企业利益的收益分配方案是维持多式联运体系稳定高效运转的重要保证。然而,一个收益分配方案的长效性需要科学的执行、完善与保障。

11.3.1　收益分配策略的实施

由于多式联运所处的环境不同,提供的产品具有独特性,面向的客户群也不同,上述的利益分配方法及模型不可能完全适用于多式联运的参与方。为了保障多式联运利益分配的公平性和合理性,利益分配模型和具体的实施策略需要根据多式联运的特点进行合理性选择和具体制定。一般来说,收益分配策略的实施可以分为以下几个步骤:

第一,由多式联运体系中有代表性的参与方共同成立管理部门,这些代表性企业一般包括占市场份额较高的港口企业、运输企业(包括公、铁、水、空)以及有着充足货源的货主或代理商。该管理部门的成立可以较为专业、高效地处理多式联运过程中参与方之间的业务不对称与利益冲突。

第二,管理部门在"利益共享,风险共担,民主决策"的基本思想指导下,共同制定多式联运利益分配的原则,并结合该多式联运的实际情况协商探讨,在众多方案中选出科学合理的利益分配方案。

第三,在确定了利益分配原则和选择了利益分配模型后,多式联运的管理部门根据确定的收益分配原则、收益分配模型,组织各参与方实施收益分配方案。在实施收益分配方案之前,确保各参与方对于收益分配的原则和模型有清晰的了解与共识。这包括确保各成员企业明白利益分配的原则是什么,如公平、合理、具有可操作性等,并了解具体的利益分配模型,包括权重和计算方法等。然后,多式联运的管理部门根据确定的收益分配模型和收集到的数据,进行利益分配的计算。这可能涉及对各项数据进行加权计算,或者按照设定的计算方法进行处理,最终得出各成员企业的利益分配比例。

第四,经过初次的利益分配后,对于多式联运利益分配结果和反馈情况的评价,组织独立的专家评审组来进行评估。这个专家评审组应该由具有相关领域经验和专业知识的专家组成,能够客观、公正地对利益分配模型和实际情况进行评估。在评估过程中,应该充分考虑利益分配模型本身的不足,例如是否公平、合理、具有可操作性等,并对实际情况进行全面、深入的了解。如果利益分配结果不太令人满意,导致各参与方之间出现利益冲突和纠纷,则应当共同协商解决。在解决过程中,各参与方应当遵循民主决策原则,充分尊重各参与方的意见,并参考专家评审组的评价建议。修正方案应当经过充分的讨论和协商,确保公平、合理、具有可操作性,以维护多式联运体系的稳定和可持续发展。此外,为了避免类似情况再次发生,多式联运体系的利益分配模型应充分考虑各参与方的意见和需求,并定期进行评估和修正。同时,各参与方应加强沟通和合作,建立健全利益分配机制和冲突解决机制,以确保多式联运体系的顺利运行。

11.3.2 收益分配策略的完善

多式联运的收益分配过程涉及多个参与方之间的合作博弈,可能面临各种挑战,具有较强的复杂性。为了进一步提高多式联运体系中各参与方的积极性,保证多式联运体系收益分配过程的顺利进行,让各参与方尽快达成合作,建立一套相对完善的收益分配策略完善机制是十分必要的。

1. 合作信任机制

在多式联运各参与方达成合作之后,部分参与方为了追求自身利益的最大化,可能做出损害整体利益的事,所以为了使多式联运整体利益达成一致,减少因为"内耗"带来的损失,建立多式联运各参与方间的信任机制是至关重要的。当所有参与方通过团结合作构成一个合理又协调的有机整体时,多式联运的整体性能不仅仅是个体性能的简单相加,而能够产生更优的多式联运系统性能。

多式联运的合作信任机制是多式联运各参与方之间建立起来的一种信任关系,通过建立互信、共赢、风险共担的合作关系,体现了多式联运各参与方内外资源的集成与优化,是多式联运体系成功运作和发展不可或缺的动力,能够实现多式联运整体利益最大化的目标。建立多式联运合作信任机制的核心是建立共同利益、风险共担的理念,以此来增强多式联运各参与方之间的合作关系,实现多式联运体系的优化发展。

在建立多式联运的合作信任机制时,多式联运管理部门需要牵头组织,通过建立联合工作小组、开展业务交流、加强协调管理、制定共同规章制度等方式,逐渐加强各参与方之间的互信程度,在多式联运体系中形成合作共赢的良好氛围。只有在充分建立起信任关系的基础上,才能形成有机协调、利益共享、风险共担的多式联运体系,最终实现整体利益最大化的目标。

2. 信息共享机制

多式联运信息共享机制是指在多种运输模式(如公、铁、水、空等)之间建立一种共享信息的机制,以实现货物在多种运输模式之间的高效转运和联程运输。信息共享是多式联运管理实施的基础,该机制通过共享货物信息、运输方案、运输成本、运输时间等信息,协调各个运输环节,提高运输效率和服务质量,降低物流成本和运输风险。

多式联运的协调运行依赖于各参与方之间的信息共享和信息沟通。现代化的信息技术为多式联运管理的发展提供了有效支持。基于现代化信息技术的信息共享机制为多式联运企业之间的有效沟通提供了坚实的物质基础,创造了极为有利的条件,促进多式联运各参与方之间的协同合作和利益分配。

信息共享机制的建立要求多式联运体系的核心企业发挥主导作用,建立一个支持性的基础信息共享平台,该平台能够将多式联运收益分配的主体与客体有机地联合在一起,协调多式联运中各种复杂的利益关系,促进多式联运整体利益最大化目标的实现。信息共享机制可以优化物流资源的配置,降低物流成本,提高货运效率和服务质量,有利于推动物流行业的协同发展和创新发展,同时也可以促进交通运输行业的绿色发展,推动可持续发展。

3. 风险分担机制

虽然多式联运体系中各参与方都拥有各自的资源和竞争优势,但由于多式联运涉及的行业范围较广,地域跨度也较大,货物还需要在不同的运输环节中转换运输方式,存在一定的风险,如货物的丢失、损坏、延误等。为了保持多式联运合作关系的相对稳定,各个运输环节的运营商可以通过协商制定风险分担机制,共同承担可能发生的风险和损失,确保各自承担的风险在抵抗能力范围内。完整的多式联运风险防范体系可以有效预防和控制各种风险,提高多式联运的安全性和可靠性,确保货物的顺利运输,并保障多式联运体系的正常运营和发展。

多式联运体系风险分担机制在建立时需要各参与方做好以下几个方面的工作:

(1)协商制定合理的分担方案:各参与方应当协商制定合理的风险分担方案,明确各自的责任和义务,并在运输合同中进行明确和规定。

(2)严格执行风险分担机制:各参与方应当严格执行制定好的风险分担机制,确保各自承担的风险和损失不超出预定范围。

(3)提高安全管理水平:各参与方应当加强安全管理,采取必要的安全措施,确保货物在运输过程中得到充分的安全保障。

(4)加强信息共享和沟通:各参与方应当加强信息共享和沟通,及时传递运输信息,协调运输安排,降低因信息不对称而引起的风险。

(5)加强监督和评估:相关监管部门应当加强对多式联运体系风险分担机制的监督和评估。

4. 激励惩罚机制

多式联运体系激励惩罚机制是一种用于促进多式联运体系合作和协调的管理方法,通过设定激励和惩罚机制来引导各参与方之间的行为,以达到整体协同效应。激励的对象是多式联运体系中所有成员企业。多式联运体系激励机制能够激发体系内各参与方的积极性和创造性,促使其在合作中提高效率,减少资源浪费和降低成本,还可以鼓励体系内各参与方积极合作,共同推动多式联运体系的发展和运营,而惩罚机制可以对体系内的不良行为进行惩罚,避免各参与方出现不合理的行为,优化资源配置,确保资源在体系内得到合理利用。

多式联运体系的激励手段从收益分配的角度考虑,主要包括两种:利益分配激励手段和非利益分配激励手段。常见的利益分配激励手段主要有价格激励、结算激励和订单激励三种。惩罚机制主要是淘汰激励,通过优胜劣汰的生存法则淘汰那些不能适应多式联运体系发展的弱势企业,督促多式联运体系中各参与方进行自身改革以不断适应多式联运发展潮流,使多式联运体系获得更优秀的业绩,从而促进多式联运体系的长效发展。

第4篇 增值服务

12 多式联运"一单制"内涵及模式

12.1 多式联运"一单制"概述

12.1.1 多式联运"一单制"的内涵

交通运输行业标准《货物多式联运术语》(JT/T 1092—2016)分别对多式联运和"一单制"进行了定义。多式联运是指货物受托运人或者发货人委托,通过两种以上运输方式连续进行装载的一种运输方式。"一单制"是指货物在多式联运的全过程只使用一张多式联运运单。多式联运"一单制"是指围绕降本增效,采用"一次托运、一次收费、一次保险、一次安检、一单到底"的服务方式,由一个承运主体通过两种或两种以上运输方式的联运组织,实现货物"门到门"一体化运输。

多式联运"一单制"的内容主要包括以下五点:

(1)全程"一次委托"。托运人只与多式联运经营人签订一份多式联运合同,即可完成从起点到终点的货物全程运输委托。

(2)运单"一单到底"。货物运输全过程中,改变运输方式,但托运人不需要重复填单。

(3)结算"一次收取"。多式联运经营人在运输全过程中,只收取一次费用。托运人不需要根据不同运输方式、不同运输区段分别付费。

(4)保险"统一理赔"。托运人一次性交纳全程保险费用,即可对货物在多式联运全过程中负责的承包范围内风险进行承保,多式联运经营人对受害人进行统一赔付,并可以向发生货损的区段承运人追偿。

(5)货物"全程负责"。多式联运经营人承担从接收货物到交付客户手中的全过程责任。在货物运输过程中,多式联运经营人通过先进信息技术手段对货物进行动态监测和信息追溯。

多式联运"一单制"核心要素如图12-1所示。

1. 全程多式联运经营人

全程多式联运经营人是"一单制"服务的主体。多式联运经营人可以是提供运输的实际承运人,也可以是安排其他人提供全程运输或部分运输的完成此项合同责任的人。它使用多式联运单证为客户提供全程服务,也是多式联运"一单制"的应用基础。

2. 运载单元标准化

运载单元标准化有助于确保货物在不同的运输方式之间安全有效地运输。通过使用标准化的运载单元,如集装箱,运输利益相关者可以降低处理成本,优化运载单元货物容量,提高货物安全性。它是实现多式联运"一单制"的设备基础。

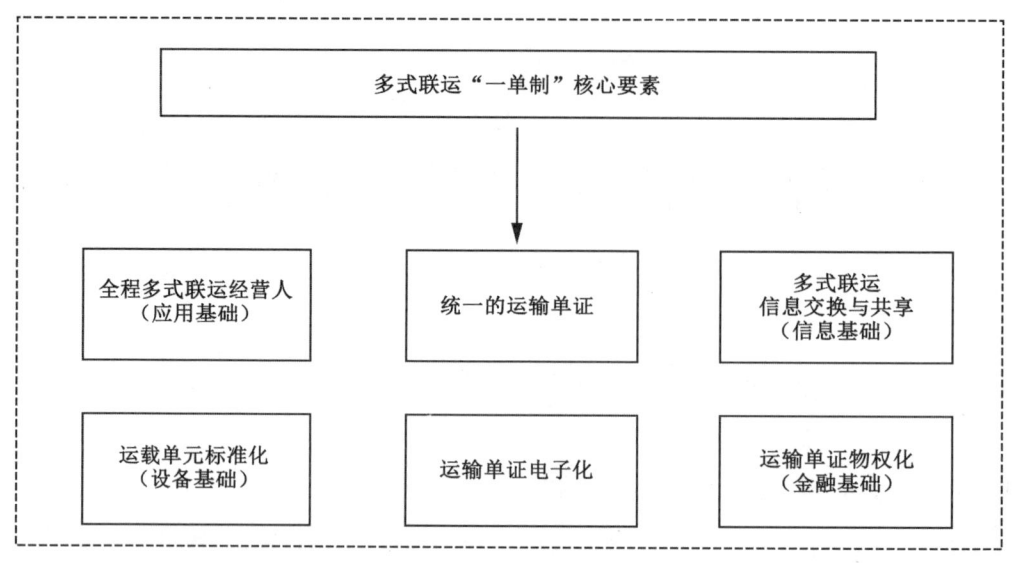

图 12-1　多式联运"一单制"核心要素

3. 统一的运输单证

多式联运运单是推行"一单制"的关键载体,其涵盖了货物品类、规格、数量、状态、收发货人、起讫地、货物交接等关键信息,可以在不同运输方式间流转,记录全程各段承运人货运任务和交接记录。托运人在任何时候都只收到由多式联运经营人签发的一份多式联运单证,即"一单到底"。

4. 运输单证电子化

在多式联运的背景下,电子运输单证日益普及。这些电子运输单证用来取代传统的纸质运输单证,如提单、运单和送货单等。与纸质运输单证相比,电子运输单证具有许多优势,包括提高了效率、降低了成本和改进了安全性。实施货票电子化项目后,一体化的电子货票管理系统取代了纸质运输单证和货票,改变了传统的随车送货方式,提高了货物运输效率。

5. 多式联运信息交换与共享

多式联运信息平台是基于计算机通信网络技术的信息平台。依托多式联运公共信息平台,不同运输方式数据信息可以交换共享,以达到对货物全程监测和实时跟踪。一旦发生货物灭失、损坏或延迟交付等突发情况,可通过信息平台进行追溯处理和责任识别。通过多式联运数据信息交换平台进行信息的共享和交换,是多式联运"一单制"实现的信息基础。

6. 运输单证物权化

目前,我国多式联运主要适用于《民法典》和《中华人民共和国海商法》(以下简称《海商法》),但在公、铁、水、空等领域仍需要依据单一运输方式规定。单一运输方式还没有明确认定多式联运运单,对运单物权属性的认定也模棱两可,多式联运在全程运输责任划分等问题上还处在无所适从的状态。单证物权化的本质是采用动产质押的形式,集装箱通过移动式监控仓发货,解决整个货运监管过程中存在的信用风险问题。目标利益相关者包括金融机构、融资公司和多式联运运营商。这就是多式联运的"一单制"实现的金融基础。

12.1.2 多式联运"一单制"的特点与优势

1. 多式联运"一单制"的特点

结合我国近年出台的"一单制"相关政策,总结我国多式联运"一单制"的特点如下:

(1)综合交通运输标准化、电子化和共享化

交通运输部按照《关于全面深化交通运输改革的意见》(交政研发〔2014〕242号)关于"一单制"的有关要求,成立了全国综合交通运输标准化技术委员会,统筹推进综合交通运输标准的制订、修订和实施工作,推进货运"一单制"、客运"一票制"、信息服务"一站式",实现综合运输一体化服务。国家发展改革委、交通运输部《关于印发〈国家物流枢纽布局和建设规划〉的通知》(发改经贸〔2018〕1886号)要求,必须推动多式联运"一单制"的实现,研究在国家物流枢纽间推行集装箱多式联运电子化统一单证,加强单证信息交换共享,实现"一单制"物流全程的可监测、可追溯。

(2)多式联运业务模式创新

交通运输部、国家发展改革委《关于开展多式联运示范工程的通知》(交运发〔2015〕107号)指出,推动建立以多式联运枢纽和信息系统为组织平台的资源整合模式,促进多式联运服务和上下游产业的跨界融合和联动发展。国家发展改革委、交通运输部《关于印发〈国家物流枢纽布局和建设规划〉的通知》(发改经贸〔2018〕1886号)指出,国家鼓励企业围绕"一单制"物流创新业务模式,拓展统一单证的金融、贸易、信用等功能,扩大单证应用范围,强化与国际多式联运规则对接,推动"一单制"物流加快发展。

(3)补齐多式联运短板

交通运输部、国家发展改革委、财政部等九大部门《关于建设世界一流港口的指导意见》(交水发〔2019〕141号)指出,以多式联运为重点补齐短板,以铁水联运、江海联运、江海直达等为重点,大力发展以港口为枢纽、"一单制"为核心的多式联运。

(4)物流业健康发展和高质量发展

工业和信息化部等24个部门《关于推动物流高质量发展 促进形成强大国内市场的意见》(发改经贸〔2019〕352号)指出,依托国家物流枢纽网络开发"一站式"多式联运服务产品,加快实现集装箱多式联运"一单制"。

(5)物流降本增效

国务院办公厅转发国家发展改革委、交通运输部《关于进一步降低物流成本实施意见的通知》(国办发〔2020〕10号)提到,推动物流设施高效衔接,降低物流联运成本,以多式联运示范工程为重点,推广应用多式联运运单,加快发展"一单制"联运服务。

2. 多式联运"一单制"的优势

(1)提升服务水平和运输效率

原有的多式联运经营模式流程烦琐,效率较低。"一单制"经营模式下,采用全程运输单证,而不是一系列单式运输单证,避免了运输单证复杂、频繁换单等现实问题。一个统一的运输服务组织者整合各运输企业和利益相关方,负责多式联运全程运输流程的组织和协调。

(2)优化资源配置

多式联运"一单制"使用一张综合性的多式联运单证,实现全流程信息化管理和多式联运

资源优化配置。"一单制"将不同的运输方式有机地结合起来,使得各种运输方式之间能够互补、协同,从而实现资源配置的最优化。在运输过程中,需要根据实际情况,合理规划货物的运输路线,选择最经济、最适合的运输方式,并考虑货物的特殊要求及时调整路线,合理安排各种资源的使用,提高资源利用率,减少资源浪费。通过信息化手段,实现对货物运输全过程的实时监控和管理,保障货物的安全运输,确保各项服务质量达到标准。

(3)增加经济效益

传统的多式联运模式,由于相关标准不统一,信息交互不够,只能进行一些基础性的物流服务,且参与的企业不多。在"一单制"经营模式下,企业通过整合各种运输方式,实现全流程信息化管理和多式联运资源优化配置,从而增加了经济效益。多式联运"一单制"可以通过信息化手段,实现对整个物流过程的实时监控和管理,缩短货物运输时间,使得客户可以更快收到货物,从而提高物流效率,降低成本,提高服务质量,进而提升客户满意度。企业能够灵活配合客户需求,开拓了市场优势,提高企业竞争力。

12.1.3 多式联运"一单制"的发展和问题

1. 多式联运"一单制"的发展

第一,从国家层面来看,近年来在交通运输部等有关部门的共同努力下,多式联运已被列为重大发展决策。多式联运"一单制"是降低物流成本、促进行业健康发展的重要抓手。为推进多式联运"一单制"发展,交通运输部、商务部、国家铁路局等部门做了大量的基础性工作。

(1)持续加强顶层设计。交通运输部等18个部门联合印发《关于进一步鼓励开展多式联运工作的通知》(交运发〔2016〕232号),提出"引导企业建立全程'一次委托'、运单'一单到底'、结算'一次收取'的服务方式"。国务院印发《关于支持自由贸易试验区深化改革创新若干措施的通知》(国发〔2018〕38号),提出"支持有条件的自贸试验区研究和探索赋予国际铁路运单物权凭证功能,将铁路运单作为信用证议付票据"。十三届全国人大三次会议表决通过了《民法典》,其中专门设立多式联运合同章节,为多式联运经营人赔偿责任提供法律依据。

(2)不断完善标准体系。交通运输部相继发布了《货物多式联运术语》(JT/T 1092—2016)、《多式联运货物分类与代码》(JT/T 1110—2017)、《国内集装箱多式联运运单》(JT/T 1244—2019)、《国内集装箱多式联运电子运单》(JT/T 1245—2019)等系列标准,统一了多式联运的术语和多式联运的货物类别及代码,为打通货物在不同运输方式间运单填报的障碍建立技术基础。同时,从标准化程度较高的集装箱领域入手,建立了标准化的多式联运运单格式、填报要求及背面条款,为市场主体实行"一单制"创造了较好的基础条件。商务部推动发布《国际货运代理多式联运提单》(SB/T 10800—2012),规定了国际货运代理多式联运提单的正面内容、背面条款和数据项。

(3)逐步深化应用研究。交通运输部组织开展"多式联运产业链大调研""多式联运产业技术政策研究""多式联运'一单制'关键问题研究"等系列研究课题,深入研究推进多式联运"一单制"关键问题和推进路径。商务部会同中华人民共和国最高人民法院、交通运输部、国家铁路局、中国国家铁路集团有限公司(以下简称国铁集团)等部门和单位推动建立铁路运单物权凭证工作机制,统筹推进铁路运单物权化工作。商务部组织开展多式联运单证规则研究,并参照海运提单设计了多式联运提单、铁路提单等单证。

(4)组织开展示范工程。国家发展和改革委组织开展了三批多式联运示范工程,70个项目被评为国家多式联运示范工程。以示范工程建设为载体,示范企业纷纷探索多式联运"一单制"服务,郑州、成都、重庆等地结合业务实际需要,对多式联运"一单制"进行了初步探索,积累了一些经验。

(5)加快建设信息平台。交通运输部会同国铁集团积极推进全国多式联运公共信息平台建设,以率先实现沿海及长江干线主要港口与铁路信息互联互通为目标,经充分调研与需求分析,梳理形成了港口与铁路的数据交换流程与清单,已完成项目建议书批复和工程专家审核,为多式联运运单电子化建立了技术基础。

第二,从地方层面,各地积极探索推行多式联运单证,除成都试用空铁联运运单外,重庆、郑州、西安等地主要是结合自贸试验区建设、中欧班列建设等业务需求,在借鉴海运提单的基础上,制定并试用了铁路提单、多式联运提单等单证。有关探索实践工作重点侧重于拓展单证的金融结算功能,为国际贸易提供更多便利,在多式联运运单方面尚未实现较大突破。

(1)支持政策方面

1)2018年1月,中国人民银行重庆市营业管理部会同市财政局、商务委员会、交通委员会、中新示范项目管理局、物流办、高级人民法院、中国银行保险监督管理委员会重庆监督局、中国银行保险监督管理委员会重庆监督局等部门联合印发《关于推进运单融资促进重庆陆上贸易发展的指导意见》,针对铁路货运单及货权缺失、铁路运输贸易中国际信用证结算接受度低等问题,通过组织货运单结算融资工作试点,构建多层次货运单融资工作机制,大力推进货运单融资。

2)2020年4月,重庆市人民政府印发《重庆市推进西部陆海新通道建设实施方案》,建议"协调有关省(区、市)共同推进铁路海运'一单制'试点,探索贸易物流金融新规则,促进多式联运单证物权化",并研究制定《西部陆海新通道铁海联运'一单制'试点工作推进方案》,拟进一步扩大试点范围,提升铁海联运"一单制"服务水平。

(2)联运单证方面

1)2017年8月,中国铁路成都局集团有限公司联合四川航空股份有限公司、中铁快运股份有限公司、顺丰快运、四川省机场集团有限公司,创新推出"一单到底,一箱到底"的协同产品。客户只需填写一张"空铁联运单",便可实现全程便捷的物流服务。该"空铁联运单"仅在中国铁路成都局集团有限公司管界内。货物从绵阳出发,经成绵乐城际动车组到达双流国际机场高铁站,经绿色通道登机,直接飞抵上海,完成国内首个空铁联运。2017年9月,该产品完成首单来自香港的"航空+高铁"跨境物流订单试运。

2)2020年9月,重庆陆海新通道运营有限公司与中国外运重庆公司合作,率先在全国范围内开具了首张中国国际货运代理协会(CIFA)多式联运提单。CIFA提单装运的两个标准箱货物是发动机部件,通过重庆到越南海防的铁海多式联运线运送。

(3)融资结算方面:

1)2017年9月,成都铁路局基于国内信用证项下货权融资的运单,试点多式联运"一单制"运输,通过一系列铁路运单质押等项目,探索建立新的业务规则,并打破现有产权单证的限制,逐步建立以铁路运输为基础的多式联运贸易物流新规则。

2)2017年10月,重庆铁路口岸成功开出首张铁路信用证;2018年3月,重庆铁路口岸完成铁路信用证的批量使用。该方式以"NVOCC(无船承运人)货代单"代替铁路运单为主要思路,将物流信息与结算单证分离,作为相互核查凭证,从而实现铁路运单项下进口信用证融资。

3)2017 年 4 月,首单基于中欧班列的多式联运提单在中国(四川)自由贸易试验区成都青白江铁路港片区成功签发,实现了以提单质押方式开具信用证进行贸易结算的新模式。成都国际陆港运营有限公司(以下简称陆港公司)已成功签发了基于中欧班列的多式联运提单。陆港公司还依托自身物流资源,实现对货物的全程监控,并与金融机构合作,不断创新提单金融服务模式,通过引入开证公司为客户提供敞口资金,实现提单议付,敞口资金为 90%。

4)2018 年 3 月,中国银行股份有限公司河南分行为郑州国际陆港开发建设有限公司办理了多式联运提单质押开立国际信用证和汇出汇款业务。中国银行根据郑州国际陆港开发建设有限公司出具的多式联运提单,以"提单质押+货物监管+担保"方式,为中欧(郑州)货运班列客户开通国际信用证及相关国际贸易结算、融资服务。此举既解决了中小企业融资难的问题,又增强了郑州国际河港经营平台的吸引力,吸引到更多上下游企业,深化了物流业务合作。

2. 多式联运"一单制"存在的问题

近年来,"一单制"成为行业热词,各部门加大了规划、发展的力度。但是"一单制"仍没有大面积推广,下面从四个层面分析我国多式联运"一单制"的问题。

(1)理念层面:行业认识不一致

"一单制"的发展,需要运输结构、运作模式和从业人员的观念发生根本性的转变。这种转变是一个主动求新和求变、协同创新的过程,就是要实现由高耗能向绿色低碳转变,由数量规模型向质量效益型转变,由聚焦于单环节向全链条、生态体系的全覆盖转变,产业组织关系由线性竞争向生态共赢转变,由国际驱动向国内国际相互促进转变,资源配置方式由过去以多式联运经营人为主导向协同平台和生态共生转变。这一完整的过程,说到底是运输业的供给侧改革。

(2)法律层面:法律制度不完善,经营人法律责任不明确

一方面,我国多式联运单证主要适用《海商法》《民法典》,《海商法》对必须包含国际海上运输的多式联运提单做出界定,《民法典》则是对多式联运合同和单据给出法律依据,但均未对多式联运运单给予明确的法律定位。一旦发生货物灭失、损毁、延误等赔偿责任问题,参与多式联运利益相关方权利、义务、责任难以清晰判定,各种运输方式还在执行单一运输方式的法律法规。另一方面,由于各种单一运输方式运单的使用已形成较为固化的机制,推行多式联运运单既需要理清与既有运单的从属关系,更需要推动各种运输方式的制度变革。

(3)信息流通层面:信息共享不便利

铁路运输公司、公路运输公司、港口、船公司、船代、货代、货主、海关、检疫检验等主体在多式联运全程会采集、处理、加工、传递不同的货运信息,而且都自成体系。由于缺乏多式联运运单,与全程运输关联的关键信息在不同主体间需要重复填写,且存在口径不同、要求不同等问题,关键信息缺少交换共享技术标准和渠道,难以为客户提供预告、跟踪、查询、结算、追溯等功能,降低了多式联运服务质量。

(4)技术层面:联运规则不统一

我国的公、铁、水、空运输均形成了各自相对完备的运输服务规则,但是不同运输方式在货类品名、危险品划分、包装与装载要求、安全管理、保险理赔、责任识别等方面的规定各不相同。以标箱为例,海运可装载 30~32 t,公路运输可装载 32~35 t,而铁路运输严格装载 27.5 t。类似的,铁路运输和航空运输对货物运输品类的要求较公路运输和海运严格,使得货物在不同运输方式之间难以实现有效衔接,需要建立多式联运经营人管理制度、多式联运运输规则等以及

修订各单一运输方式的运输规则。

12.2 多式联运相关单证研究

12.2.1 纸质单证和电子单证

1.纸质单证

（1）铁路运输单证

铁路相关运输单证如表 12-1 所示。

表 12-1 铁路相关运输单证

单证名称	单证作用	主要字段
铁路订单	货物运输要约	发货人、收货人;发站、到站;运输时限;吨数;相关服务;品名、品类;车种
铁路运单	运输货物与订立合同的凭证	发货人、收货人;相关服务;货票号;品名、品类运单号;发站、到站
货票	铁路核算货运收入和铁路统计的主要原始凭证	发站、到站;发局、到局;运输经由;货名、货重;运费金额、货票类型、支付方式
国际联运运单	国际货协运单（SMGS）	中欧班列国际联运单:运输信息、计费信息
	国际货约/国际货协统一运单	保留 SMGS 各栏内容,只在次序上进行部分调整,新增国际货约部分内容与办理转发运手续相关内容,共 112 项

除此之外，还包括如列车预确报和装车计划等涉及铁路具体业务的记录单证，集装箱装载清单、破损记录等用于记录集装箱信息的相关单证，以及在运送空集装箱和交接集装箱时的各种清单等。

（2）港口主要单证

港口相关运输单证如表 12-2 所示。

表 12-2 港口相关运输单证

单证名称	单证作用	主要字段
设备交接单	集装箱交接凭证,用于集装箱出入场站时	箱号;尺寸、类型、破损记录;用箱人、运箱人;提箱地点、来自地点、返回地点、收箱地点;航名/航次;提单号;相关服务等
装箱单	用以制作货物舱单,记录集装箱内货物信息	集装箱号,尺寸、类型等;发货人、收货人;备注描述船舶信息、提单号;货物信息
交货记录	证明堆场或货运站完成货物交接并记录交接状态的单证	收货人;起运港、目的港、到站;提单号;箱号、包装、尺寸、类型;品名、货物名称、数量;第一承运人及收货人章、港区场站章;船名、航次等

续表

单证名称	单证作用	主要字段
场站收据	用以解决纠纷	发货人电话、收货人电话、通知人电话;装货港、卸货港;交货地点、目的地;前程运输、收货地点;集装箱的详细情况;运费和附加费、运费吨、运费率、兑换率;船名、航次;预付地点、到付地点、签发地点;预付金额、货值金额等

（3）海关报关单证

海关报关的主要材料:贸易合同、发票、提单（运单）、代理报关授权书、加工贸易手册、装箱单、货物舱单（舱单）、进出口相关单证。上述材料的部分关键信息将在海关进出口货物报关单中随电子报关系统录入海关数据库。海关报关单证如表 12-3 所示。

表 12-3　海关报关单证

单证名称	单证作用	主要字段
出口货物报关单	用于出口报关	出口口岸、出口日期;发货单位、经营单位、提运单号;货物信息;运费、保费;录入人员;结汇方式、许可证号等
进口货物报关单	用于进口报关	提单号、发货/经营单位;货物信息;进口口岸、进口日期;运费、保费;结汇方式、许可证号;录入人员
集装箱中心站	记录站内货物信息	票号;计划号;发站信息、到站信息;货票状态装车方式;箱型、箱数等

（4）海路运输单证

海路运输单证如表 12-4 所示。

表 12-4　海路运输单证

单证名称	单证作用	主要字段
海运提单	货物装船后签发给发货人的提单	货物信息等;记载事项;装船名称;装船日期
装货清单	分类并排序汇总装货单	装货单号;货物名称、包装方式、数量、重量、估计立方米;备注等
舱单	实际载货的汇总	船名、航次;箱号、箱型;提单号;货物数量、重量、体积等内容
船舶积载计划	标明货物在船舶中具体装载位置的图	货名、具体位置等

（5）国际多式联运单证

国际多式联运单证是指多式联运过程中,按照合同规定进行的多式联运经营人交付货物的凭证。它由纸质单据和在法律允许的情况下相互确认的电子数据交换信息组成,并可以以可转让形式或以指定收货人的不可转让形式签发。国际多式联运单证覆盖国际多式联运各区段、各运输环节,适用于运输全程,包括国际多式联运提单和提单以外的其他单证（比如运单）。国际多式联运单证有着广泛和多样的特点,可以具体表现为海运单、海运提单、空运单和铁路提单等各种形式的单式运输单证,也可以表现为一体化的国际多式联运运单或者"一单制"国际多式联运提单。

在运输和贸易环节,国际多式联运单证承载着当事人的权利和义务,架起单证权利人(例如提单持有人)与签发人的法律关系桥梁——即使提单持有人与签发国际多式联运提单的经营人之间没有直接的联运合同关系,但其依然有权利依据单证的记载要求经营人履行某种义务。此外,国际多式联运单证采用的贸易术语直接影响贸易的报价方式、风险转移、通关手续和保险办理等问题,这些问题也会切实影响当事人权利和义务的分配乃至利益的平衡。单证在不同国际贸易术语的语境下,风险转移的时间节点、通关手续和保险办理的当事人的责任分配均不相同。例如在风险点问题上,采用 FOB、CIF、CFR 等术语并适用港到港条款的海运提单就与采用 FCA、CPT、CIP、DDU、DDP 等术语并且运输条款随之囊括"门到门"、场到场等的其他国际多式联运单证不同。

总而言之,国际多式联运单证是多式联运和国际贸易中至关重要的组成部分,对国际贸易和货物运输的公平与效率具有不可忽视的影响。

2. 电子单证

多式联运电子单证可分为五类,如表 12-5 所示。

表 12-5 多式联运电子单证种类

类别	主要内容
铁路运输类	出发/到达确报报文;货物装车信息、装车日报计划报文;运单报文、现车询问报文及统计报文等
货物	危险品通知、危险品清单报文
船类	订舱申请、订舱确认报文;船期表、挂靠与离港报文;舱单报文、装船指令、船图报文
监管部门类	海关检验报文、货物报告报文、报关报检报文等
集装箱运输类	集装箱装/卸报文、装箱单报文、残损报文、堆存报文、装箱指示报文、进/出门报文等

12.2.2 多式联运单证的流转过程

多式联运单证在相关主体之间的具体流转过程如图 12-2 所示。

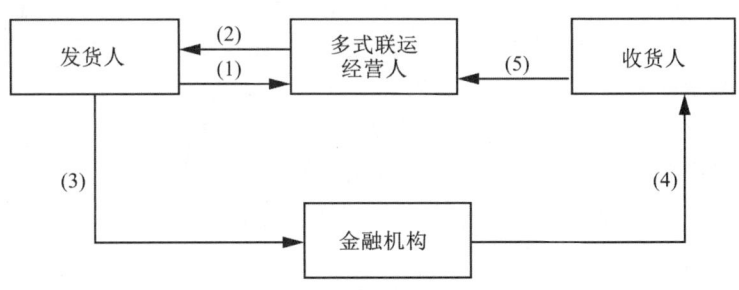

图 12-2 多式联运单证具体流转过程

(1)发货人将货物提交给多式联运经营人。

(2)发货人应当在收到货物的基础上与多式联运经营人交换多式联运单证。

（3）发货人以多式联运单证为凭证至金融机构结汇。

（4）收货人付款后从金融机构取出多式联运单证。

（5）收货人应当向多式联运经营人提供多式联运单证,交换提单,凭提单提货。

12.2.3　多式联运电子单证的设计

以上分析表明,没有统一和有效的多式联运单证。另外,在企业的匹配对接过程中,需要创建大量不同规格的单证,其内容具有重复性。例如,铁路运单、运输许可证发票内容相同,但由于提交服务不同,需要重复填写。因此,在单证层面,要设计统一的多式联运电子单证,简化多式联运业务衔接中的手续,实现一票到底。下面介绍多式联运"一单制"电子单证的设计思路。

1. 功能目标

一是运输合同证明功能。它是指通过一种具有法律效力的文件,即运输合同,在运输货物的过程中对交易双方的权利和义务进行约束和保障,并且确保货物能够按照协定的要求顺利地到达目的地。具体来说,运输合同证明功能包括以下内容:确定运输方式和时间、运费和保险,规定货物的数量、品质和包装与确定违约责任和索赔方式。总之,运输合同证明功能对于保障货主和承运人的权益非常重要,可以有效预防和解决因货物运输过程中发生的问题而引起的纠纷和损失。

二是货物收据功能。它是指交易双方为了证明货物的交付和接收而发出的一种书面凭证的作用。它具体包括以下内容:证明货物交付、作为结算依据、防止纠纷产生和保证安全运输。总之,货物收据功能不仅可以证明货物的交付和接收,还可以作为结算依据和解决争议的依据,有助于保障交易双方的合法权益。

三是物权凭证功能。它用于证明货物运输过程中的权利和义务。多式联运电子单证物权凭证功能主要内容如下:证明货物所有权、作为货物交付凭证、作为结算依据、防止纠纷产生、保证货物安全。多式联运电子单证物权凭证在货物运输和物流领域中具有重要的功能,它可以证明货物所有权和运输权,作为货物交付凭证和结算依据,防止纠纷的产生,保证货物的安全运输。

2. 设计原则

一是用户导向原则:以用户为中心,从用户需求出发,设计易于使用、清楚明确的界面和功能,提高用户体验。多式联运电子单证是在多式联运运输过程中货物的交易凭证,因此应从托运人需求角度出发设计出实用可行的多式联运电子单证。

二是统一规范原则:遵循行业标准和技术规范,确保系统的兼容性和互通性,实现数据共享和联合作业。多式联运电子单证要按照国家相关制度规范设计和优化,具体要按照国家标准《标准化工作导则　第 1 部分:标准的结构和编写》(GB/T 1.1—2009)设计,确保单证的严谨性和规范性。

三是可扩展性原则:具备可扩展性,能够根据业务变化和用户需求进行灵活调整和功能扩展。随着时代的发展,对多式联运电子单证的功能和要求也在不断变化和扩展,在设计时,要考虑不同时期的相关需求,以便后期对其进行拓展和补充。

3. 确定内容

（1）提取和归纳不同运输运单的数据内容

首先，了解各种运输单证的数据内容和要求，包括货物信息、发货人和收货人信息、运输方式、承运人信息、交付签收信息等。接下来，可以向运输公司、海关或报关行等专业人员咨询，了解各种运输单证的实际应用情况，以及常见问题和注意事项等。然后，结合实际运输案例，分析并比对各种运输单证的数据内容和实际应用情况。最后，确定标准的单证内容模板，包括各种运输单证的数据内容和格式要求等，并根据实际情况进行调整和优化，以便在实际操作中快速准确地填写和使用。总之，提取和归纳不同运输单证的数据内容需要经过多方面的参考和分析，并结合实际情况进行综合判断和总结。同时，还需要注重更新和完善知识体系，以应对市场的发展变化。

（2）参考相关标准并确定其框架模型

参考国内外的标准，例如国家标准《多式联运提单制定规则》（GB/T 33525—2017）等，以了解多式联运单证的规范要求和格式模板。借鉴相关标准和理论，确定多式联运电子单证的框架结构、信息模型和内容属性，确保其合理性、规范性和有效性。

（3）评估单证的可行性

评估多式联运电子单证时，要考虑数据完整性、单证的可读性和易用性等。一是考虑数据完整性。多式联运电子单证作为一个重要的物流单证，需要包含大量的详细数据信息，如货物名称、数量、重量、包装、托运人和收货人信息、起点和终点等。在设计多式联运电子单证时，需要充分考虑数据的完整性和准确性，以便避免因数据缺失或错误而引起的物流纠纷。二是考虑单证的可读性和易用性。多式联运电子单证作为一个物流单证，需要在实际操作中被各相关方迅速地识别、审核和记录。因此，在设计多式联运电子单证时，需要考虑其可读性和易用性，选择适当的字体、排版方式和语言表述方式，以便实现信息的高效和准确传递。

12.3　多式联运"一单制"模式

12.3.1　多式联运"一单制"模式的分类

1. 合作式"一单制"

一是不同运输方式的企业间合作，通过将多种运输单证集成在同一个单据上，实现在同一单据上共同承担多式联运的运输业务的模式。不同企业共同参与审核和签署多式联运单证，统一发放给货主或收货人。这样做可以避免不同运输方式之间的信息断档和传递错误，从而提高整个运输流程的效率和准确性。二是承担多种运输方式的大型企业扩大单证范围。比如一些大型企业可以承接不同运输方式的运输业务，在整个运输过程中，实行"一单制"运输，扩大单证的使用范围，使得单证能够贯穿整个多式联运运输流程。三是承担单一运输方式的企业成立合资公司。按照公司的统一规定，进行多式联运"一单制"运输。

在合作式"一单制"下，采用不同运输方式的企业可以通过数据共享和信息整合，实现物流、贸易、金融等各方面的快速便捷处理，节约时间和成本，提高效率，降低物流及跨境贸易的风险。这种模式已经成为国际贸易和物流领域的主流趋势，受到越来越多的企业重视，被越来越多的企业采用。

2. 联盟式"一单制"

在联盟的统一领导下,实现不同运输企业间的单证互认和信息共享的物流模式。物流联盟是一种长期的合作关系,指相关企业共担风险、共享信息、共同获利的形式。其核心思想是通过建立联盟机制,将不同企业之间的物流信息、业务数据等资源进行整合和共享,从而提高多式联运的协同性和透明度,降低运营成本,提高市场竞争力。

具体来说,联盟式"一单制"包含以下几个方面。一是统一标准和规则:联盟需要制定一系列标准和规则,以确保各个企业之间的单证格式、内容和处理方式达成共识,从而实现单证互认。二是共享信息和资源:联盟需要搭建信息平台和资源库,进行数据共享和资源整合,在保障商业机密的同时,提高供应链的可见性和透明度。三是统一管理和监管:联盟需要设立统一的管理和监管机构,对联盟成员进行动态管理和风险控制,避免联盟内部出现纠纷和信任问题。四是强化合作与共赢:联盟需要强调成员间的合作与共赢,鼓励开展深入合作,优化供应链结构,提高效率和降低成本。

3. 行业式"一单制"

在国家的统一领导下,从全行业出发,结合不同运输方式的特征和运输范围制定行业统一标准和统一的多式联运单证,实现我国不同运输方式间的多式联运单证互认。行业式"一单制"能够推动我国多式联运业务发展和进步。

目前,多式联运"一单制"多为合作式"一单制",以船公司或者物流企业为主导。国家和各省(自治区、直辖市)现在正积极探索行业式"一单制",初步实现省(自治区、直辖市)内不同运输方式之间多式联运单证的互通互认。

12.3.2 多式联运"一单制"开展基础

1. 多式联运"一单制"开展的基本条件

能够开具多式联运单证的多式联运承运人所具备的基本条件如下:

(1)拥有稳定的多式联运货源。"一单制"的开具一般选择货源稳定、双方有较好合作和互信基础的企业,以便双方更好地开展合作,完善流程。

(2)能够实现对货物全流程的把控。这要求企业拥有固定(自建或合作)的货物作业场所,能够在接发货物时,快速组织完成集(拆)货、装卸、报关报检以及其他相关检查,控制整体运输流程和时效,增强对货物的把控;拥有完备的信息管理系统,能够实现订单管理、货物追踪管理、运单电子化以及与班列、承运人、货代、外贸企业等相关主体间的信息共享,实现全流程、全业务在线协同处理。

(3)具有较强的资源整合能力。能够跟境内外贸企业、班列公司、货代、境内外金融机构、保险以及海关等部门达成一致,建立多方互认的运行机制和工作流程,保障整条供应链实现"一次委托、一次结算、一单到底"。

2. 多式联运"一单制"开展的基本流程

多式联运"一单制"参与主体有交易双方、多式联运经营人、实际运输方、金融机构(如银行)等。交易双方负责提供多式联运运输业务。多式联运经营人负责谈判合同,协调物流公司和制定运输路线,要确保完成供应链的整个运输过程。实际运输方负责具体运输服务,将货物准时送达客户。金融机构在风险可控的前提下,通过科技赋能金融创新,凭多式联运"一单制"提单为贸易企业提供仓单质押、贸易融资、应收账款融资、运费融资、租赁融资、联运保险等服务。基于以上分析,多式联运"一单制"开展流程如图12-3所示。

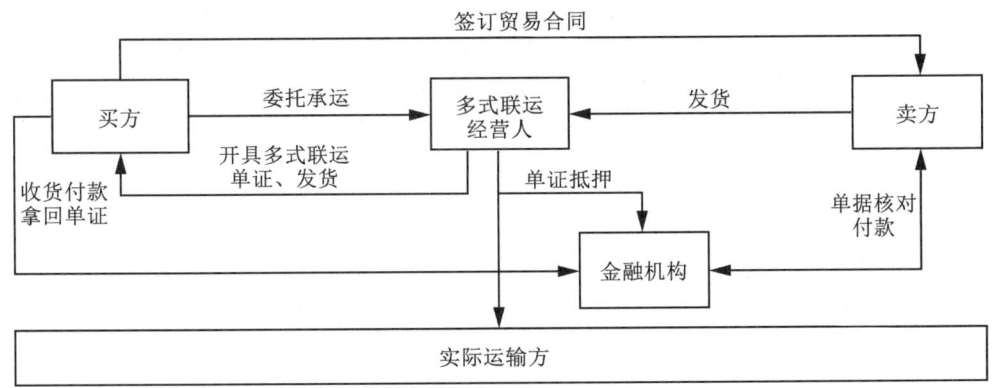

图12-3 多式联运"一单制"开展流程

12.3.3 多式联运"一单制"模式的构建

多式联运"一单制"模式的构建是一项系统工程,需要在技术手段、管理制度、政策支持等方面全面推进。构建"一单制"模式,可以实现货物运输信息的高效共享、物流成本的降低、运输效率的提高,对优化我国物流体系、推动经济发展具有重要意义。下面介绍多式联运"一单制"模式的构建方法和策略。

1. 统一多式联运"一单制"的口径

统一多式联运"一单制"的口径是指在实施多式联运"一单制"模式时需要遵循统一的标准和规范。具体而言,可以从以下几个方面进行规定:

(1)单证内容:明确"一单制"包括哪些信息,如装箱单、运输合同、发票、保险单等,要求每张单证都应符合规定的格式和内容要求。

(2)数据传输标准:规定各种单证信息的传输方式和数据格式,以确保不同系统之间的信息互通互认。

(3)标准流程:规定多式联运"一单制"模式下货物的运输流程,包括起点、中转站、终点等环节的操作规范和标准流程。

(4)多式联运服务标准:制定多式联运"一单制"相关的服务标准,包括货物跟踪、客户服务、安全保障等方面的标准,以提高服务质量和满足客户需求。

(5)运费结算标准:制定多式联运"一单制"模式下的运费结算标准,包括货物重量、体积、里程等因素的计费方法和标准。

2. 线上搭建多式联运"一单制"数据框架

确定数据框架的目标和功能,明确需要实现的业务目标和支持的业务功能,如货物跟踪、运费结算、安全保障等。其主要步骤如下:

(1)设计数据模型:设计相应的数据模型,包括单证信息、货物信息、车辆信息、路线信息、运费信息等。实现数据接口,将不同系统之间的数据接口进行规范化,以便实现数据的交换和共享。可以采用标准化的接口协议,如 EDI、XML 等。

（2）搭建数据平台：选择合适的数据平台或集成系统,如云计算、大数据平台等,来管理多式联运"一单制"数据。建立数据安全机制,包括权限管理、数据加密、备份恢复等措施。

（3）集成业务应用：将多式联运"一单制"数据框架与相关业务应用进行集成,实现信息共享和业务优化。所有业务数据统一展示,当面对客户时,只生成一个云平台订单。这种展示不局限于一种特定的格式,而是呈现出多种多样的表现形式,但是其数据源统一,均来自平台"一单制"数据元素集合。

以上步骤可以搭建出一套高效、安全、可靠的多式联运"一单制"数据框架,实现数据的集中管理和统一使用。

3. 线上分步实施多式联运"一单制"

（1）手工关联数据

首先,需要收集与多式联运平台相关的数据,这些数据可能来源于不同的系统或文件,包括货物基本信息、托运人和收货人信息、运输方式和路线、运费、保险费等。其次,将收集到的数据整理成相应的数据表格或文件,按照规定的格式和标准进行分类、排序和存储。可以考虑使用电子表格软件或数据库软件来处理。最后,将整理好的数据与平台上已有的数据进行手工关联,建立起数据之间的联系。在关联过程中数据较多或者格式较为复杂时,需要注意各项数据的准确性和完整性,不符合要求的数据需要及时进行修正。

（2）数据手工关联与自动映射

数据手工关联和自动映射是两种不同的数据处理方式,可以并存。数据手工关联指的是根据人工判断和处理将不同来源或格式的数据进行整合。这种方式需要人工逐条比对、筛选、匹配数据,并进行数据清洗、去重等操作,需要耗费大量的时间和精力。但是,在一些特殊情况下,手工关联仍然是必要的,例如出现数据源不规范、数据质量不高等情况时。而自动映射是通过计算机程序实现数据之间的自动匹配。这种方式不需要人工干预,可以大大降低数据处理的成本和时间,降低了错误率和减少了漏洞。但是,自动映射也有局限性,某些数据可能由于格式或内容差异较大,无法自动实现匹配,因此在某些情况下还需要结合手工关联。因此,数据手工关联和自动映射可以并存。根据多式联运业务需求,在数据处理过程中,可以先采用自动映射的方式,对于自动映射无法处理的情况再使用手工关联的方式进行补充。同时,在手工关联时可以借鉴自动映射的结果,这样既避免重复操作,又提高效率。为了提高数据处理的效率和质量,也可以将两种方式结合使用,两种方法的结合使用可以更方便、准确、高效地进行数据集合。

（3）数据自动映射

它是指通过计算机程序和算法实现不同数据源或格式之间的自动匹配,从而将这些数据集成在一起。常见的应用场景包括数据仓库、数据集成、数据清洗等。数据自动映射需要先对平台收集的数据进行数据解析,将原始物流数据转换为计算机可读的格式。接着,通过"一单制"物流数据集规范匹配算法和规则,将不同来源或格式的数据进行映射匹配,最终生成一个整合后的集成数据集。多式联运"一单制"可以以集装箱业务为主,建立数据映射标准,提高数据处理的效率和准确度,然后推广到整个行业,满足不同业务需求。

4. 提高线下线上互动效率

多式联运"一单制"集成应用大数据、互联网、云计算等技术,贯穿多式联运"一单制"全过程,提高多式联运线上、线下互动效率,建立完善的信息化系统,实现线上、线下信息的快速传递和处理。良好的合作关系和监管机制可以降低协调成本。加强对平台各个环节的培训和标准化操作,可以确保"一单制"的顺利实施。

12.4　多式联运"一单制"案例:厦门自贸区

1. 厦门自贸区多式联运"一单制"现状

近年来,厦门自贸区发挥引领带头作用,积极推动多式联运"一单制"业务发展。目前,厦门自贸区多式联运的经营模式多是"一次委托、分段办理"的模式。除了某些没有根据客户要求签发全程提单的情况外,签发全程多式联运提单的做法很常见。

但是厦门自贸区内的一些大型企业(如中国远洋海运、马士基等大型航运公司)仅开展少量多式联运"一单制"业务。目前,厦门自贸区多式联运"一单制"的发展存在多式联运业务中不同运输方式间换单手续烦琐、缺乏统一标准的全程提单、缺乏多式联运承运人签发的全程提单、中小微进出口企业融资难、运输数据缺乏共享等短板。由于多式联运港口站铁路无法延伸至码头泊位,无法实现船舶和车辆的直接装载,厦门自贸区开展多式联运"一单制"业务面临巨大困难。

2. 厦门自贸区多式联运"一单制"业务

(1)开展试点企业:

多式联运"一单制"发展复杂,相关业务流程较多,涉及的管理部门较多,因此需要首先开展试点,在试点的基础上,总结经验和问题,推广相关业务发展。厦门自贸区积极开展试点企业运营,深化多式联运"一单制"工作实施。参与试点的企业种类多,包括航运企业、铁路运输企业、公路运输企业、码头及货代、商业银行、担保企业等。

厦门自贸区鼓励有相关资质的企业开展多式联运"一单制"业务,建立多式联运"一单制"平台,对相关试点企业进行资金扶持。相关试点运营企业的认定条件如下:试点运营企业应具备无船承运人资质;试点运营企业的海铁联运年度运输总量需达到500标箱及以上;试点运营企业的"一单制"业务平台须具备在线委托、全程管控、实时跟踪、查询结算、统计分析等功能,并对接国际贸易"单一窗口",提供"一单制"业务公共服务。

为了鼓励业务推广,对签发"一单制"海铁联运提单进出口集装箱总量每年达到500标箱及以上的试点运营企业,按实际完成总量每标箱180元的标准给予补贴,每家试点运营企业每年可得最高扶持金额为100万元。对试点运营企业实施"一单制"业务的海铁联运集装箱进出口箱量首次达到1 000标箱、3 000标箱、6 000标箱的,分别给予试点运营企业10万元、20万元、50万元的一次性达量奖励。政府支持试点运营企业在境外设点,并实现"一单制"业务落地且持续经营满6个月的,给予试点运营企业一个新增设点一次性50万元资金支持,每家试点运营企业每年可得最高扶持金额为50万元。

(2)2021年8月9日下午,厦门自贸区管理委员会举行了厦门"一单制"多式联运提单启动仪式。在启动仪式上,中国工商银行厦门自贸试验区分行与厦门外代国际货运有限公司签订了"一单制"银企合作合同。未来将打破传统的信用模式,赋予多模式提单产权证书的功能,促进"一单证制"的优质发展。

(3)2021年10月,厦门对"海丝"输入沿线口岸业务开出首张泰国进口"一单制"提单,实现了"海丝"沿线口岸与内陆经济区双向开放。首批厦门多式联运"一单制"进口货物从泰国林查班港出发,在厦门港的海天码头卸下,通过铁路运往江西赣州。这是继2021年8月9日首次开展"一站式"出口多式联运试点后,又一次进口货物的创新尝试,是厦门"一单制"多式联运试点的重要里程碑。这意味着厦门的"一单制"多式联运业务不仅实现了进出口物流和海陆通道的双向通达,也促进了"海丝"与内地经济的顺利对接,提高厦门国际航运中心的竞争力。

(4)2022年2月下旬,厦门推进RCEP(区域全面经济伙伴关系协定)生效后,第一批多式联运"一单制"业务——汽车零部件货物通过海铁运输"一单制"无缝对接,经厦门港直接运输至越南胡志明市,最快行程只需8天。与传统的河海联运相比,厦门铁海联运采用多式联运的"一单制"模式,大大缩短了物流运输时间,降低了综合物流成本。这种高效、低成本的一站式全程服务,使产品在外贸出口中占有优势。在海丰海铁联运的"一单制"运营中,客户可直接在南昌提取海丰空箱,进一步降低了其供应链成本,提高了物流效率,保证了国际产业链和供应链的顺畅运行。这趟专列的开通不仅是厦门、江西和福建的港口单位,中国铁路南昌局集团有限公司,中铁铁运南昌分公司,中国国际航空股份有限公司以及厦门港相关单位对海铁联运服务的升级,也是国务院《关于推进多式联运发展优化调整运输结构工作方案》的指示的响应和落实,有助于推动铁路和海运多式联运"一单制"的实施。

(5)2023年4月18日上午,一列满载马士基集装箱的海铁联运列车停在厦门多式联运港站。箱子里装着江铃汽车股份有限公司准备销往海外的轻型卡车。它们从南昌向塘国际陆港出发,通过海铁联运"一单制"系统在厦门港换乘大型船舶。马士基实现了厦门港海铁联运业务"零"的突破。马士基海铁联运业务成功登陆厦门港,完善了以厦门港为中转基地的内陆延伸服务网络,进一步巩固了厦门港作为国际集装箱枢纽港的地位。在"一单制"模式下,货物运输实现了"一次委托、一次结算、一单到底"。一站式的全程服务降低了供应链成本,提高了物流效率,使腹地生产企业的产品在外贸出口中占有优势。

13 多式联运金融服务

13.1 多式联运保险

13.1.1 多式联运保险概述

多式联运保险的种类可能会因为运输地区和涉及相应保险公司的不同而变化,但一般来说,主要包括以下几种:

(1)货物保险:该保险保障的对象是在运输过程中可能出现的货损情况。它包括所有类型的运输方式,如公、铁、水、空等运输方式。

(2)责任保险:这种保险主要保障的是承运人在运输过程中可能承担的责任。如果货物在运输过程中出现损失或损坏,承运人可能需要承担责任。这种保险可以保障承运人不会因为这些事件而遭受经济损失。

(3)延误保险:这种保险主要保障的是运输延误可能导致的经济损失。例如,如果货物无法按时到达目的地,可能会导致经济损失。

(4)额外费用保险:这种保险主要保障的是运输过程中可能产生的额外费用,如救援、清理和处置费用。

以上是一些常见的多式联运的保险种类,但实际的多式联运保险可能会根据具体的情况和需求进行调整。具体的保险条款和覆盖范围可能会因保险公司和具体的保险产品而异。不同种类的多式联运保险看似相似,实则各有侧重。以下将会对其进行详细的介绍。

1. 多式联运货物保险

多式联运货物保险是一种为货物在多式联运过程中可能遭受的损失或损坏提供保障的保险。在多式联运中,货物通常需要通过两种或更多种不同的运输方式(例如陆运、海运、空运)从发货地运输到目的地。

在这种情况下,由于货物在运输过程中可能会遇到各种风险,例如延误、失窃、损坏或丢失,因此多式联运货物保险的主要目标是为货主或承运人提供经济保障,使其在这些风险发生时能够得到补偿。

具体的保险条款和保险金额通常会由货物的类型、价值、运输路径和其他因素来确定。这种保险可能会覆盖从货物离开原始地点到目的地的整个过程,包括在运输途中的所有装卸和存储操作。

2. 多式联运责任保险

多式联运责任保险是一种商业保险,其主要目标是为承运人提供保障,以应对在多式联运过程中可能发生的各种风险。在这种情况下,如果在运输过程中货物遭受损失或损坏,承运人可能需要承担责任。

多式联运责任保险能够为承运人提供保障,保险范围通常包括在运输过程中货物的损失、损坏、延误,以及由此可能产生的法律责任等。具体的保险条款和覆盖范围可能会因保险公司和具体的保险产品而异。

3. 多式联运延误保险

多式联运延误保险是一种专门为运输过程中可能出现的延误提供保障的保险。多式联运涉及多种运输方式,货物从发货地到目的地的过程越复杂,存在的延误风险越大。

这种保险的主要目标是为货主或承运人提供经济保障,使他们在货物运输延误导致经济损失时能够得到补偿。例如,货物因为运输延误而无法按时到达时,可能会导致货主失去销售机会,或者需要支付额外的运输费用与存储费用。多式联运延误保险一般会根据预期的运输时间和货物的价值来确定保险金额。

4. 多式联运额外费用保险

多式联运额外费用保险是一种保障方案,旨在覆盖多式联运过程中可能产生的意外或非计划内的额外费用。这些费用可能包括但不限于救援操作费用、清理和处置费用,或者是在货物延误、损坏或丢失等情况下因采取补救措施而产生的费用。

13.1.2　多式联运责任保险特征

究其本质,责任保险当属于广义财产保险的一种,因此按照财产保险的一般性原则,结合多式联运的性质,以下介绍多式联运责任保险的特征。

1. 保险标的为无形的赔偿责任

责任保险的保险标的为无形的赔偿责任,与一般财产保险并不相同。民事赔偿责任被划分为侵权性质的赔偿责任和违约性质责任,从字面意义不难看出,违约性质的严重性要高于侵权性质的严重性。伴随责任保险的不断发展,它从仅承保侵权性质的损害赔偿责任慢慢变质为承保违约性质的赔偿责任及其他性质的责任。多式联运责任保险的保险标的是经营过程中产生的赔偿责任,其性质既构成了侵权性质的赔偿责任,又涉及其他的部分违约性质的赔偿责任。

2. 适用方式多种多样

责任保险按照赔偿责任的独立性可以划分为三类:第一类,将损害赔偿责任作为基本责任予以承保;第二类,将损害赔偿责任作为附加责任予以承保;第三类,将民事赔偿责任规定为独立的保险标的,并对其进行承保。换言之,赔偿责任既可以承保于普通财产保险合同中,又可以承保于独立责任保险合同中。

3. 第三方性质

责任保险承保侵权责任的作用之一便是对被保险人因需要承担赔偿责任所造成的损失进行补偿。额外功能是保证受害人第三者的人身健康或私人财产遭受损害时可以得到相应补偿。因此在考虑多式联运责任保险的一系列问题时,应该照顾到责任保险的第三方属性,不仅要分散多式联运经营人所承担的风险,还应兼顾第三方在损失方面的权益保护。

4. 保险赔偿金额限额化

责任保险的承保对象通常应负的是赔偿责任,而非有形的具体财产。由于被保险人所面临的责任风险通常是不可预测的,它不能被提前预知或衡量,故保险人不能确定自己具体能够承担多少的赔偿金额。所以,在保险合同当中,赔偿金额必须设置一个相应的上限,这就是所谓的保险赔偿金额限额化。

13.1.3　多式联运保险条款设计

多式联运保险的具体条款涉及许多因素,包括风险覆盖范围、赔偿限额、免赔额、保险期限等。其条款的设计通常也会有所区别,以下将给出一个相对标准且通用的条款设计流程。基本的多式联运保险条款的示例如下。

1. 保险对象

本保险合同的保险对象为承保人承运的货物,包括但不限于包装、储存、装卸和运输过程中的货物。

2. 保险期限

本保险合同的保险期限从货物离开原始地点的那一刻开始,直到货物抵达目的地并卸载完成。

3. 保险责任

保险公司应对以下风险负责赔付:

(1)货物在运输过程中的全部或部分损失,包括由于自然灾害、意外事故或其他非预见性事件造成的损失。

(2)由于运输延误造成的经济损失。

(3)由于承运人的过失或疏忽导致的货物损失或损坏。

(4)其他按照本保险合同条款约定的风险。

4. 保险金额

保险金额由承保人和保险公司协商确定,通常基于货物的价值以及其他相关因素。

5. 免赔额

对于每一次保险事故,承保人需要承担一定的免赔额,具体金额由双方协商确定。

6. 责任免除

如果货物损失或损坏是由于货主的过错、货物本身的缺陷、货物包装不当或货物在运输前已经损坏等,保险公司可以免除赔偿责任。

7. 索赔程序

索赔程序是指关于如何提出索赔的细节,包括时间限制、所需文件和解决争端的程序。

13.2 多式联运金融服务模式

13.2.1 应收运费模式

应收运费模式以中小型物流车队和小微型船东为主要的融资目标。多式联运物流企业供应链金融应收运费模式如图 13-1 所示。作为遍布全国的多式联运物流企业，其与全国各地的众多中小物流车队和小微型船东建立了紧密的业务合作关系。但是受限于自身的经营状况和资产规模，这些中小物流车队和小微型船东很难从金融机构直接获得融资或信贷支持。然而，应收运费模式能够有效解决其融资难题。

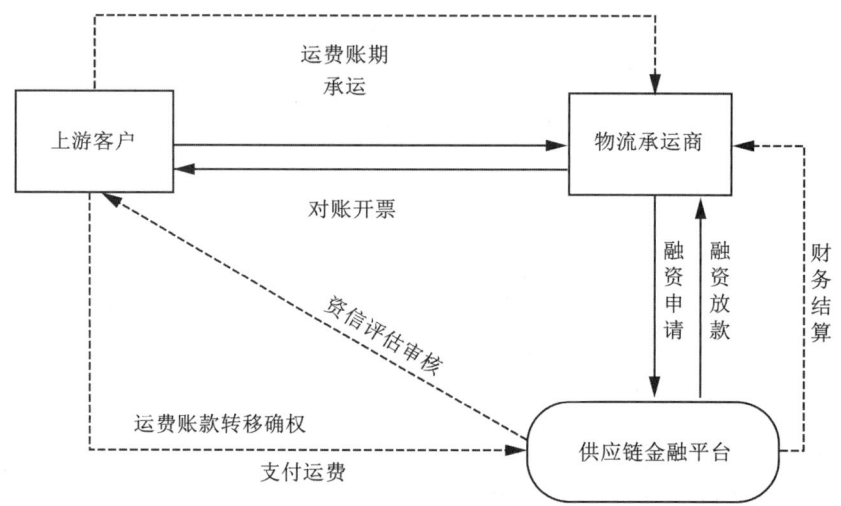

图 13-1　多式联运物流企业供应链金融应收运费模式

13.2.2 应收账款模式

应收账款模式存在的目的是解决供应链核心企业的上游供应商所面临的应收账款融资问题。多式联运物流企业应收账款模式如图 13-2 所示。为确保应收账款的真实性和有效性，多式联运物流企业将对货物的运输过程进行监督和负责。多式联运物流企业将货物安全运送至核心企业指定的收货地点，并完成物流环节的交接，以确保融资的安全和有效。

13.2.3 存货质押模式

存货质押模式服务于供应链核心企业的上下游企业所进行的存货融资行为。多式联运物流企业存货质押模式如图 13-3 所示。在这种模式下，库存货物将会被企业作为抵押品。多式联运物流企业会为这些供应链核心企业提供必要的流动资金，以确保其日常运营的顺利进行。此模式主要针对大宗商品货物，大宗商品货物通常为价值高、体积大的货物，例如饲料、玉米、氧化铝、钢铁、化工原料、煤炭等。而对于非标准化、不易变现的货物，多式联运物流企业所提供的业务通常不会涉及。

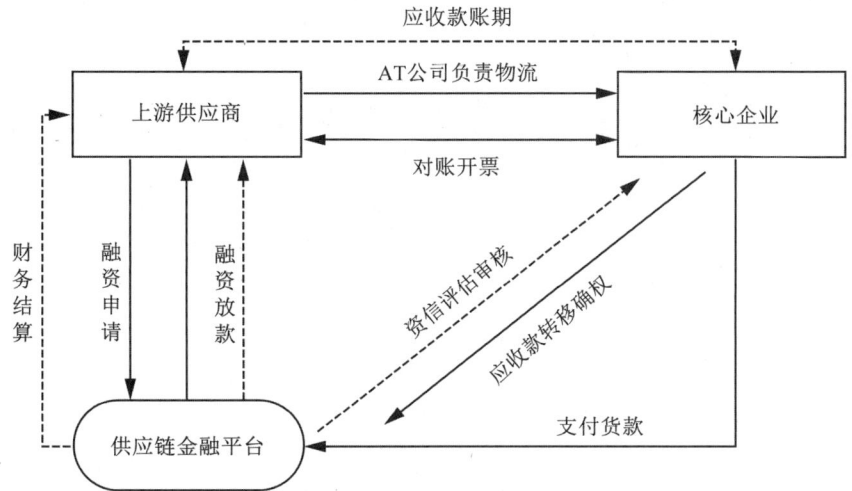

图 13-2　多式联运物流企业应收账款模式

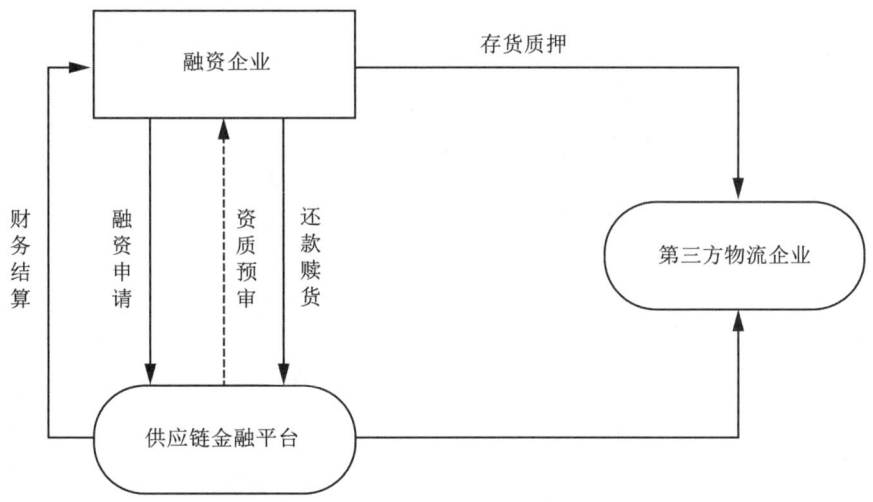

图 13-3　多式联运物流企业存货质押模式

13.2.4　在途动产质押模式

在途动产质押模式主要服务于供应链上下游中的运输时间长、运输距离远、批次多、货量大的企业。多式联运物流企业在途动产质押模式如图 13-4 所示。大量在途货物占用了企业多数可支配的资金。因此,多式联运物流企业专门为这类企业提供了在途动产质押融资和货到付款的产品服务,用以缓解企业的资金链压力。作为多式联运物流企业,监管货物的运输过程是其职责,多式联运物流企业对这一过程全程负责,直到客户付款赎货或将高于融资金额的货物作为抵押物为止。

13.2.5　预付账款模式

预付账款模式旨在为供应链核心企业的下游经销商提供采购预付类融资。多式联运物流

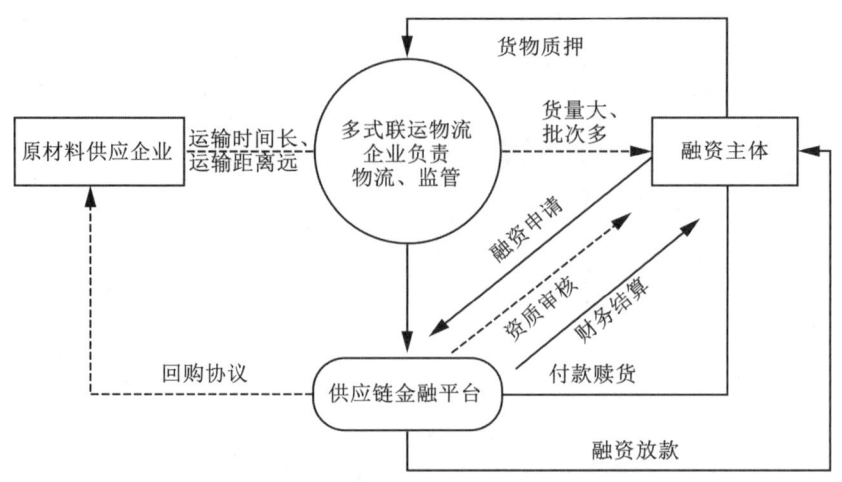

图 13-4　多式联运物流企业在途动产质押模式

企业预付账款模式如图 13-5 所示。该模式是为那些缺乏采购资金的下游经销商量身定制的。预付款融资产品基于对真实货物采购交易的评估而设计。该模式中的下游经销商只需与供应链核心企业签订买卖贸易协议。通过供应链金融平台,多式联运物流企业可以向供应链核心企业支付货款。供应链核心企业将货物储存至多式联运物流企业所要求的存储地,并由多式联运物流企业负责仓储质押监管,用以支持融资授信业务。这一模式的优势在于为经销商提供了及时的资金支持,帮助其满足采购需求。同时,供应链核心企业可以确保货款及时到账,并通过多式联运物流企业的仓储质押监管,保证货物的安全存储。

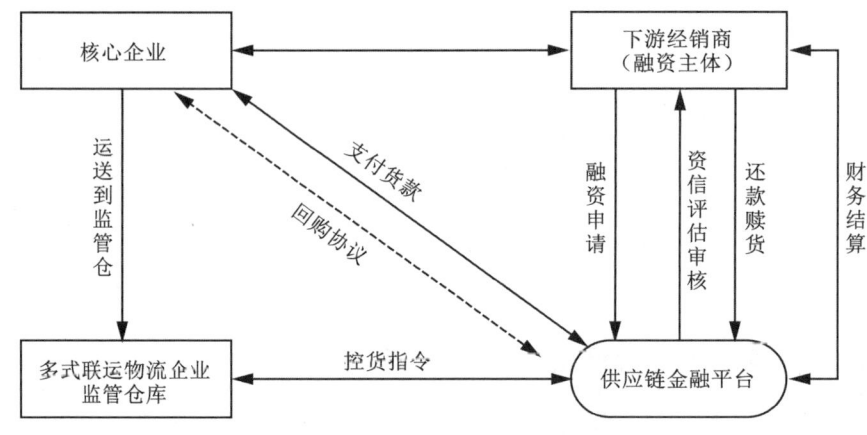

图 13-5　多式联运物流企业预付账款模式

13.3　多式联运担保货权

多式联运担保货权主要与多式联运单证物权凭证功能有关。这是在实施多式联运"一单制"改革的过程中,尝试赋予多式联运单证物权凭证功能。多式联运"一单制"推行的是多种运输方式的单证统一,需要与跨多部门、采用多种运输方式的承运商进行合作。目前,多式联运中公、铁、水、空都各有各的运输单证。以海运为例,海运提单是"用以证明海上货物运输合同和货物经由承运人接收或者装船,以及承运人保证据以交付货物的单证",具有三项功能——托运人和承运人的运输合同证明、承运人收到货物的收据、货主据此提货的物权凭证。

多式联运单证与海运提单相似,既是货物收据也是运输契约的证明,但是不像海运提单"天然"具备物权凭证功能。根据《民法典》第八百四十条"多式联运经营人收到托运人交付的货物时,应当签发多式联运单据。按照托运人的要求,多式联运单据可以是可转让单据,也可以是不可转让单据",多式联运单证只有在作为指示单据或不记名单据时才具有物权凭证功能。

为了弥补多式联运单证这一"天然"不足,国务院印发的《关于推进自由贸易试验区贸易投资便利化改革创新若干措施》提出要探索赋予多式联运单证物权凭证的功能,通过司法实践积累经验,条件成熟时形成司法解释,逐步探索铁路运输单证、联运单证实现物权凭证的功能。

13.3.1　担保货权概述

多式联运担保货权是指在供应链金融中,多式联运企业对货物进行仓储、质押和监管,作为担保物以支持融资授信业务的权益安排。具体来说,它涉及以下要素:

1. 多式联运企业

作为供应链金融的中介机构,多式联运企业在该模式中扮演着重要的角色。它负责对货物进行仓储、运输和监管等环节,并提供担保货权的服务。

2. 货物

货物是指供应链中的实际商品或物品,可以是原材料、成品或其他相关产品。这些货物作为担保物,用于支持融资授信业务。

3. 仓储、质押和监管

多式联运企业负责对货物进行仓储、质押和监管。它确保货物在运输和存储过程中的安全性,并提供相关的监管证明和文件。

4. 融资授信业务

基于担保货权,供应链金融机构可以为参与供应链的各方提供融资支持。担保货权使金融机构能够降低风险并提供更有竞争力的融资利率和条件。

综上,多式联运担保货权是通过多式联运企业对货物进行仓储质押监管的权益安排,以支持供应链金融中的融资授信业务。它提供了额外的担保保障,促进了流动资金的畅通,并加强了供应链参与方之间的合作。

13.3.2　担保货权的作用

多式联运的担保货权在供应链金融中具有重要的作用和意义。它是一种以货物作为担保的权益安排,用于支持供应链中的融资授信业务。以下是担保货权的作用。

1. 提供额外的融资保障

担保货权允许在供应链金融中使用货物作为担保,增加了融资的安全性和可靠性。这使得金融机构更愿意为供应链参与方提供融资,因为其可以依靠货物作为担保来降低风险。

2. 促进供应链流动资金

担保货权为供应链参与方提供了更多的融资机会,特别是那些依赖于货物库存和运输的企业,通过将货物作为担保,可以更轻松地获得资金,以满足日常经营所需的流动资金。

3. 加强供应链合作关系

担保货权有助于加强供应链中各个环节的合作关系。通过为下游参与方提供融资支持,核心企业可以促进供应链的稳定和可持续发展。这种合作关系的加强可以提高供应链的效率,增强协同效应。

4. 降低融资成本

担保货权可以降低供应链参与方的融资成本。货物作为担保,更便于金融机构评估和降低风险,从而提供更有竞争力的融资利率和条件。这对于供应链参与方来说是一个重要的优势,可以降低融资负担并增强经营的可持续性。

综上所述,多式联运的担保货权在供应链金融中起到了关键的作用。它为供应链参与方提供了更多的融资保障,促进了流动资金的畅通,加强了合作,并降低了融资成本。这种安排有助于提高供应链的效率和竞争力,增加可持续性。

13.3.3　担保货权的现存缺陷

1. 信息不对称

供应链中的各方可能面临信息不对称的问题,特别是金融机构可能难以获得准确和全面的货物价值与质量信息,这会削弱其对货物担保价值的评估和风险控制能力。

2. 依赖实物资产

多式联运担保货权的有效性取决于货物作为担保的可行性。然而,在某些情况下,货物的价值可能受市场波动、损耗、质量问题等因素的影响。这可能导致担保货权的不稳定性或使金融机构失去信心。

3. 操作复杂性

多式联运担保货权涉及多个环节和供应链参与方之间的协调与合作。例如,核心企业、多式联运企业和金融机构需要共同制定合同、监管流程和资金流转安排。其复杂性可能导致执行的困难和效率的低下。

4. 法律和监管环境

多式联运担保货权的实施受到法律和监管环境的影响。不同国家和地区的法律法规对担保货权的认可和执行存在差异,这可能会增加法律风险。

5. 不可控因素

供应链中存在各种不可预测的风险和灾害,如自然灾害、政局不稳定和全球性危机等。这些风险可能对货物的价值和可用性造成重大影响,从而影响担保货权的实施。

13.3.4　担保货权的提升空间

1. 可操作性和标准化

多式联运担保货权的操作流程的标准化程度仍然相对不足。不同地区和企业可能存在各自不同的操作规范和要求,这使跨地区供应链金融具有复杂性,并带来不便。标准化的操作流程和统一规范有助于提高效率和降低操作风险。

2. 法律和监管环境

不同国家和地区的法律法规与监管环境给多式联运担保货权的发展和实施造成差异。相关法律框架可能不完善,监管制度可能不够健全,这给担保货权的有效性和可行性带来了不确定性。

3. 信息共享和风险管理

担保货权需要供应链参与方之间的信息共享和风险管理,但在实际操作中,信息的获取和共享仍然存在一定困难。涉及多个参与方在供应链中的信息流动和协作,需要建立更加高效和更安全的机制,以确保信息的准确和保密。

4. 融资成本和利率

尽管多式联运担保货权能够降低轻金融机构的风险,但涉及货物的质押和监管等成本,可能会导致融资成本和利率相对较高。这可能给供应链参与方的融资举措造成一定的压力,限制了担保货权的广泛应用。

5. 风险控制和违约处理

在担保货权中,风险控制和违约处理是重要的环节。然而,在实际操作中,如何有效控制风险和处理违约仍然是挑战。完善的机制和程序需要建立,以确保各方的权益得到有效的保护。

13.4　多式联运货权质押融资

13.4.1　多式联运货权质押融资概述

多式联运货权质押融资是一种将多式联运货权(海运提单或实体货物)作为抵押物的融资方式。在这种模式下,港航企业可以在收到客户物流款项之前将手上控制的货物权益质押给银行,以获得信贷融资支持。这种融资方式使得资金流动与货权的流转相结合。几乎绝大多数的港航企业都可以通过货权质押的融资方式得到由银行提供的信贷支持资金,不受其在供应链中的位置限制。

在货权质押融资中,银行向港航企业提供信贷,把货物在规定的港口保兑仓质押,并交由第三方物流企业负责监管。海运提单作为物权凭证,也可作为质押物向银行进行质押以获得贷款。港航企业在发生货权质押融资时,通常会为货物运费回款设立专属的独立账户,保证货物运费可以直接被用于偿还银行贷款本息。与此同时,全部的海运提单也将作为质押物被存放在银行内,银行视质押率确定具体的信贷额度。

当新的资金到位后,港航企业将这笔资金投入物流服务当中,并尽快将运费回款打入合约银行的相对应账户,用以偿还银行的贷款本息。海运提单在全球港口和海关都具有物权凭证的作用,这也就意味着只有看见了海运提单才能提走货物,不存在无单放货的可能性。加入信贷支持的港航企业在偿还贷款本息期间,若违约,银行就可以依法处理相关的质押物,将可能的风险损失降到最低。这种港航供应链金融货权质押融资方式结合了货权和资金流转,为港航企业提供了融资支持,同时保护了银行的权益。

13.4.2 多式联运货权质押融资现状

近年来,宁波-舟山港的货运和货权质押融资取得了显著的发展,这使得该港口的吞吐量大幅增长,从而港航企业的数量有所增加。为了支持这一发展,宁波通商银行股份有限公司于2012年成立,专注于提供港航供应链金融服务。

然而,对于中小微型港航企业来说,其想获得融资并不容易。银行更倾向于向核心港航集团公司提供贷款,而中小微型港航企业在这方面面临一些困难。中小微型港航企业所需经营资金巨大,但由于资金回流受阻,它们迫切需要进行货权质押融资。中小微型港航企业经营规模较小,季节性波动较大,资产也比较少,这使得它们很难获得银行的支持。相比之下,核心港航集团公司更容易获取融资,银行可以直接提供贷款,而不需要进行货权质押。

随着经济全球化和国家"一带一路"倡议的推动,港口码头的货物吞吐量将继续增长。在这种情况下,中小微型港航企业需要依靠货权质押融资来解决资金问题。这将有助于它们获得所需的资金支持,推动业务的发展,并为港口行业的持续繁荣做出贡献。

13.4.3 多式联运货权质押融资参与主体

目前多式联运货权质押融资涉及以下几个主要参与主体:

1. 供应链核心企业

供应链核心企业是供应链中的主要经营者,通常是下游的制造商或零售商,是货权的所有者。它们将货物发送至多式联运物流企业要求的仓库,并在融资过程中作为质押物的提供方。

2. 多式联运物流企业

多式联运物流企业是供应链金融的中介机构,负责货物的仓储、运输和监管等环节。多式联运物流企业提供货权质押融资服务,并承担对货物的仓储、质押、监管等责任。

3. 金融机构

金融机构包括商业银行、供应链金融公司等,为多式联运物流企业提供资金支持和融资服务。金融机构对多式联运货权质押融资进行评估,并在货权作为担保物的情况下提供融资。

4. 下游经销商或客户

下游经销商或客户是核心企业的采购方,从核心企业购买货物。在多式联运货权质押融资中,其订单和采购行为是触发融资流程的基础。

5. 第三方物流企业

第三方物流企业在多式联运中扮演着运输、仓储和监管的角色。它可能是多式联运物流企业的合作伙伴,协助提供对货物的仓储、质押、监管等服务。

综上所述,这些参与主体共同合作与协调,促成货权质押融资的进行,满足供应链中各方的资金需求。

13.4.4　多式联运货权质押融资决策层级

货权质押融资是一种参与主体分为主导方和跟随方两个层级进行决策的融资方式。在这个过程中,银行作为主导方首先做出决策,评估风险和收益,并以降低贷款风险为原则。主导方银行决定贷款利率和货权质押比例,从而限制了贷款规模。另外,作为跟随方参与主体的港航企业处于较低的决策层级。港航企业跟随银行的决策,制定货权质押量,以满足收益最大化的目标。然而,主导方和跟随方之间的决策过程不同步发生。主导方银行先进行决策,并在实施决策时拥有数据和信息优势。跟随方港航企业的决策受到主导方银行决策的限制和制约。虽然跟随方的决策受到一定的约束,但也可以对主导方的决策产生一定影响。这种相互作用使得主导方和跟随方在货权质押融资中形成一种合作关系,共同寻求最优解。通过明确各方的角色和决策层级,货权质押融资可以更好地实现风险控制和收益最大化的目标。

13.4.5　多式联运货权质押融资困境

1. 港航企业信用等级低

对于港航企业,尤其是一些中小型港航企业,资产数量不足以抵押信贷资金,加上海运业务的不确定性和企业财务信息的透明度较低等因素,它们的信用等级偏低,难以获得银行的信贷支持。同时,当这些企业需要处理大批量客户订单需求时,由于其自身可供支配的周转资金紧张,在交易谈判的过程当中往往会处于弱势地位,失去了充分的议价权和话语权。然而,无船承运人(NVOCC)或一级货代等处于强势地位的企业会要求中小港航企业提早付款。这就造成中小港航企业面临资金短缺的局面,限制了中小港航企业的生存和发展空间。

2. 商业银行信息不对称

货权质押融资在银行业务中扮演着重要角色,然而,它面临着信息不对称的问题,包括银行难以准确把握海运价格的波动和港航企业的业务运营特点。这种信息不对称现象对货权质押融资的有效性产生了负面影响。港航企业作为港口和航运供应链的重要一环,受到自然因素和国家政策调整等客观因素的影响,这使得银行在进行货权质押时了解相关情况的能力不足。

海运市场价格的波动具有季节性和易受国际政治形势影响的特点。与此同时,港航企业通常具有金字塔形的资金需求特征,即前期投入的资金较多,这对港航企业的运营和发展产生影响。在海运出货旺季,船东无须以低价放舱,这导致海运价格上涨。港航企业的资金回笼又存在滞后性,可能出现资金缺口。然而,银行往往无法及时掌握这些信息,在制定货权质押融资方案时可能给予不太适当的质押期限和融资利率,从而存在风险控制的隐患。

综上所述,信息不对称问题、海运市场价格波动以及港航企业资金需求特征等因素影响了货权质押融资的有效性。为了改善这一局面,银行在制定融资方案时需要多了解海运市场和港航企业的实际情况,以提高风险控制水平。此外,银行还应制定更合理的质押期限和融资利率,以促进港航供应链金融的发展并充分发挥其效用。这样的改进将有助于确保货权质押融资的有效性,使银行和港航企业建立更加稳定和可持续的合作关系。

13.5 多式联运仓单质押

13.5.1 仓单质押概述

仓单是由仓储企业提供给贷款企业作为存货的证明文件。贷款企业将其存货交由仓储企业保管,并根据仓单上所载明的内容进行收存。仓单应当清楚地载明贷款企业与仓储企业之间的权利和义务,确保双方的权益能得到保障。与此同时,仓单同样是一种有价证券,具备一定的价值和交易性质。它可以作为贷款企业获取资金的担保物,用于提供贷款的抵押和担保。根据《中华人民共和国物权法》第二百二十三条以及《中华人民共和国担保法》的相关规定,仓单质押是一种以仓单为标的物的质权。在债权实现过程中,仓单质押常常被视为一种重要的担保手段。作为贷款企业获取资金的担保物,仓单具备一定的价值,具有交易性质。仓单上所规定的权利和义务明确了贷款企业和仓储企业之间的关系。因此,仓单在实际运作中对于确保贷款安全和维护各方利益具有重要意义。

仓单质押是一种金融创新业务,需要完成贷款企业将其完全拥有所有权的货物存放在仓储企业,并利用仓单向银行申请贷款的过程。银行根据质押货物的价值发放一定比例的贷款,并委托仓储企业保管货物并支付相应报酬。这种模式将物流和金融结合起来,解决了中小企业的融资难题,同时为银行提供了新的放款渠道。仓单质押的实施实现了融资方、物流企业和银行的共赢,符合各方的利益。近年来,仓单质押的发展势头强劲,持续上升,并在钢铁和石油等行业中发挥了重要作用。它不仅为企业提供了融资支持,还提高了物流效率和资金利用率。仓单质押作为从传统物流向现代物流发展的创新业务,受到越来越多的关注。1999 年,中国物资储运总公司与银行成功开展了仓单质押业务,并在许多行业广泛实施。它的应用不断扩大,已经成为提高供应链金融服务能力和促进经济发展的重要手段。它作为一种物流和金融结合的创新业务,在解决中小企业融资难题和为银行提供新的贷款渠道方面发挥了重要作用。仓单质押已经在不同行业中得到广泛应用,并且持续发展。这种模式为企业提供了更多融资机会,同时也推动了供应链金融的发展和经济的繁荣。

13.5.2 仓单质押流程

申贷企业把质押货物存放在指定的物流企业所属仓库当中,物流企业在确认验收无误之后开具仓单,同时要对质押物进行监管并做好对质押物价值的评估工作。申贷企业凭借仓单从银行处获取相应的授信额度。因此,第三方物流企业不仅需要具备合格的仓库管理能力和货物监管经验,还应具备达标的仓储容量和仓储网络空间。参与多式联运金融的第三方物流企业通常都具有良好信誉,出质人也能使用自己的仓储资源,但必须经由监管方的监管审查。虽然不同地区、不同业务的仓单质押业务有其各自的差别,但一般的仓单质押业务操作一般流程可被规范为以下步骤,如图 13-6 所示。

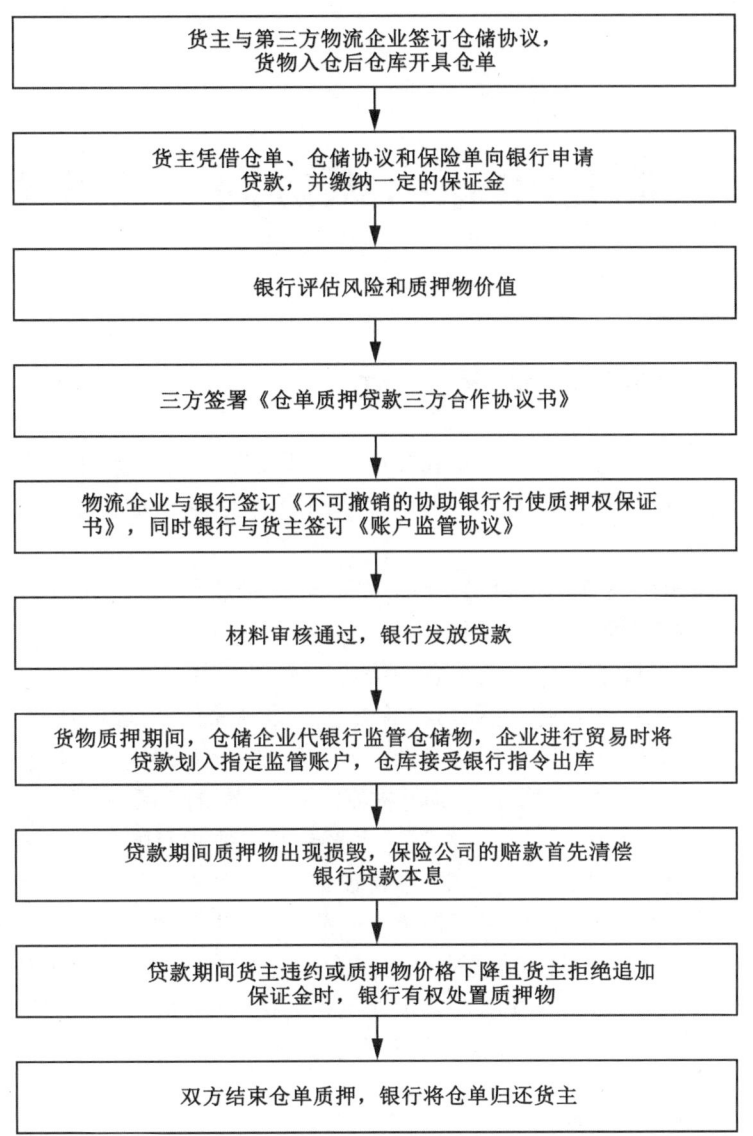

货主与第三方物流企业签订仓储协议，
货物入仓后仓库开具仓单

货主凭借仓单、仓储协议和保险单向银行申请
贷款，并缴纳一定的保证金

银行评估风险和质押物价值

三方签署《仓单质押贷款三方合作协议书》

物流企业与银行签订《不可撤销的协助银行行使质押权保证
书》，同时银行与货主签订《账户监管协议》

材料审核通过，银行发放贷款

货物质押期间，仓储企业代银行监管仓储物，企业进行贸易时将
贷款划入指定监管账户，仓库接受银行指令出库

贷款期间质押物出现损毁，保险公司的赔款首先清偿
银行贷款本息

贷款期间货主违约或质押物价格下降且货主拒绝追加
保证金时，银行有权处置质押物

双方结束仓单质押，银行将仓单归还货主

图 13-6　一般的仓单质押业务操作流程

14 多式联运生态组织协同管理平台设计

14.1 平台设计需求分析

随着国家经济的进一步发展,工业化和城市化进程不断加快,物流业呈现出了快速发展的势头。当今社会,强大的物流管理对企业乃至整个国家的发展至关重要。协同管理平台的兴起正是抓住了这一趋势。

多式联运生态组织协同管理平台(以下简称协同管理平台)是指通过对各种不同的物流运输模式(如公、铁、水、空等)进行整合和优化,打造一个集运输计划、货物跟踪、数据分析、交互界面、安全保障和可扩展性于一体的智慧物流协同管理平台。协同管理平台可以通过信息化技术管理和控制各个节点的运输过程与物流信息流动,从而实现运输效率、货物安全性和客户满意度的提高,以及能源和资源消耗的降低。协同管理平台在物流行业中具有重要的地位和广泛的应用前景,是推进"智慧物流""绿色物流"发展战略的重要手段。

协同管理平台设计需求分析是指对建设这个平台所需要具有的各种功能和性能要求进行详细的研究与规划的过程。在这个过程中,平台设计需要考虑平台的目标、用户群体、数据管理、安全性、性能、实用性以及如何扩展等各个方面的需求,并且平台设计制定相应的验收标准来确保平台满足利益相关者的期望和需求。对平台设计需求的分析,可以为平台的开发和测试提供清晰而明确的指导,确保开发出符合预期效果的优质平台。以下将从平台业务需求、平台功能需求和平台建设需求三个方面来分析平台的设计需求。

14.1.1 平台业务需求

平台业务需求指的是一个企业或组织在实际业务运营中,对于其业务流程、产品和服务等方面所需满足的具体要求。协同管理平台的业务需求主要有以下几点。

1.集成与管理

协同管理平台最主要的业务需求是对各种物流信息系统进行集成、整合并能够全面地监控和管理所有物流环节,实现从人工管理到自动化管理的转变。随着技术的不断发展,更加高效的物流信息系统正在不断涌现,而这些信息系统往往需要在多个环节进行集成和整合,以满足复杂多变的运输需求和各类物流挑战。

协同管理平台通过数据信息汇集、整理、处理和分析,能够实现对物流全过程的实时监控和管理,包括采购计划和管理、生产计划和调度、仓储管理、运输管理、订单管理、物流跟踪、数据分析和预测等各项工作。同时,该平台还支持相关的可视化统计功能,将物流和交付过程中关键指标及时呈现给运营和管理人员,更好地评估和规划物流系统的表现,并实现精细化的调控和优化。

在具体操作方面,协同管理平台通过建立电子化信息平台,实现各种物流信息系统的集成、整合和互联,解决跨越物流管理中信息不透明和信息不对称的问题。通过电子平台上诸多功能模块的集成和支持,物流企业可以随时获取有关订单、物流跟踪、仓库管理、运输计划、出入库记录、费用核算等方面的重要数据和信息,以便数据共享和合同执行,可以利用先进的物流管理技术,加快物流信息化、智能化建设,并大幅提高物流配送能力、供应链能力以及服务效率,带动行业高质量发展。

2. 路线规划

道路拥堵一直是影响物流行业快速高效发展的一个重要因素。为了有效避免交通拥堵造成的时间延误和物流效率低下,协同管理平台需要依据不同的产品类型、运输速度、尺寸、货量等因素,采用规划最佳路线的方式,以达到快速和顺畅的运输效果。

规划最佳路线是协同管理平台的基本业务需求之一。通过综合考虑各种因素,并结合先进的路径优化技术和路况实时监测系统,该平台可以精准地确定最佳路线,以避免道路拥堵,解决交通瓶颈,并根据实际情况进行调整。该方法不仅有助于提高物流配送速度,还能够减少车辆跑空和重复运输的现象,同时有效缩短订单处理周期,帮助企业提高竞争力。

3. 仓储智能化

为了更好地支持多式联运,第三方物流企业一般会设立中央化仓储以及区域性的支援性仓库。对于这两种不同类型仓库之间的数据交互,构建完整的标准化信息管理体系是至关重要的。智能存储技术是实现这一目标的关键。先进物联网和大数据技术的智能存储系统对货物进行的管理,可以显著提升库房整体品质,并可与物流信息系统进行无缝链接,及时反馈货物位置、状态及温湿度等重要数据,从而提高仓储管理到物流运输全过程的效率和精细度。

此外,该平台还可以通过人工智能技术和机器视觉等方法,实现单货品的识别和分拣,并自动对货物进行分类、存储和取出。该平台对每一件货品进行合理安排,保证其操作容易、取用便捷和质量良好。通过可视化的设计,物流企业可以随时查询库存情况、货物状态及配送计划等关键信息,快速解决运输过程中的问题,并做出高效且优化的调整。

4. 车辆管理

随着物流行业的不断发展,高效的车辆管理和自动化驾驶已成为众多物流企业追求的目标。车辆管理是为了提高物流配送效率和提升服务品质,且利用物联网技术的解决方案,实现对物流车辆的实时监控和管理。

利用 GPS 追踪和传感器监测技术,物流企业可以随时了解车辆的位置、状态、速度等关键信息。基于这些数据,物流企业可以在线执行车辆调度、状态管理、在线求助以及交通管理任务,增强对货运车辆的运营控制,提高配送效率并保证配送过程安全可靠。除此之外,自动化驾驶也正成为越来越多物流公司发展的新方向。随着物联网技术、云计算技术、人工智能技术的进步,自动化驾驶技术逐渐成熟,其应用将提高运输效率和服务水平,并减少人为错误。

引入自动化驾驶技术可以打破传统物流行业受到人口密集、道路拥挤等因素限制的瓶颈,物流作业更快、更精确、更安全,同时还可降低成本。此外,自动化驾驶提高了物流车辆行驶的可靠性和安全性,缩短了交通运输时间,对减少能源消耗和环境污染也具有积极意义。

5. 客户服务

首先,协同管理平台设计更易用、更直观的界面,让客户也能轻松操作;同时引入定制化配货方案,基于客户的具体需求和条件,量身定制物流解决方案,提高驱服务质量和客户满意度。在线投诉反馈和7×24 h在线服务功能,确保客户能随时寻求帮助,并且能及时调整服务内容和方式,满足客户需求。

其次,该平台充分利用大数据技术,通过分析客户需求和行为数据,深刻洞察市场需求和客户偏好,为物流企业提供更准确、更高效的物流配送方案,促使物流企业与客户之间的合作关系更加紧密。

最后,协同管理平台为物流企业提供了一条探索数字化改革的新道路。平台的基础设施和功能模块不断完善,智能化技术和物联网技术广泛应用。这些创新技术手段对物流企业管理和运营起到了重要作用,有助于企业提高核心竞争力,进一步推进物流行业的数字化改革。

14.1.2 平台功能需求

平台功能需求是指一个平台应该提供什么样的核心功能和基础服务,以满足用户的需求和期望。这些需求通常是通过分析用户需求、参考市场需求和竞争情况来制定的。

协同管理平台是集成各种物流模块的智能化解决方案,其功能需求主要包括以下方面。

1. 系统核心功能需求

(1)数据采集:收集物流全程相关信息,如地点、时间、货物分类、批次等,实现数据可视化。

(2)实时监控:对运输过程中的整个数据信息进行全面、细致的跟踪,并在关键节点上放置传感器或GPS跟踪器,以确保货物追溯能力。

(3)发布物流信息:企业可以通过最新技术发布自己的物流信息和产品信息,与其他合作伙伴构建互联互通的物流网络。

(4)集成多模式运输:将公、铁、水、空等不同的物流渠道进行智能融合,形成"门到门"的运输效果。

(5)数据管理和分析:利用大数据技术分析、汇总历史数据和实时数据,快速反映实际和预期问题等,帮助用户制订切实可行的优化计划。

2. 物流处理及运营增值服务需求

(1)路线规划优化:基于目标成本、航行时间、交通情况、地形等因素,为客户提供"门到门"的优化路线推荐服务。

(2)仓储智能化:提供智能管理及安排货物、设备和人员,并结合先进的射频识别(Radio Freqvency Indentification,RFID)技术进行实时货物定位。

(3)运输跟踪:通过智能计划系统,提供运输过程中货物的实时监控、状态更新以及异常处理等服务。对于无效识别(如装运中看不到包裹)或是重要订单将采用更高频次的更新模式。

(4)定制化管理:根据不同需求,定制物流解决方案,并针对产品量身匹配适当的原材料供应链、运输模式和服务方式。

(5)物流成本管理:通过集中访问数据库和交易数据,分析各种描述卖方挂牌价和金属价格的数据库,更新全年度销售额报表,形成对运营利润的评估。

(6)质量管理:基于标准质量管理流程,对整个运营过程现场质量环节进行严密质量管控,确保物流过程中货物的完整性和安全性。

3.用户支持及服务需求

(1)在线客户服务:在平台上提供在线答疑、问题解答和投诉反馈等全天候高质量服务。

(2)用户管理:面向用户以及合作伙伴等,提供建立客户资料库的应用、一键式客户对接的确切优化方案。

(3)移动端应用程序:在智能手机和电子平板设备上支持应用程序开发和移动端服务,确保主要功能能够长期使用。

(4)业务培训:提供前端操作、后台管理和新功能培训,并确保用户每年都能够获得便捷的在线辅导帮助。

综上所述,协同管理平台的功能需求主要涵盖系统核心功能、物流处理及运营增值服务以及用户支持及服务三个方面。这些功能需求的完善可以优化物流效率、降低成本,为物流行业的发展做出更大的贡献。

14.1.3 平台建设需求

协同管理平台建设涉及的需求非常广泛和复杂,需要从不同维度考虑对平台的功能、性能、安全等方面的需求进行定义和管理。

1.建立完善的数据管理平台

协同管理平台要想实现高效运营,需要建立一个足够完善的数据管理平台,该平台能够通过数字化技术手段将所有相关信息以数字化形式存储,并实现各节点之间的数据共享和通信。

在协同管理平台中,对货物、车辆、司机等重要信息的管理至关重要。这些信息的集中管理和共享,可以避免固定在不同环节上的部分资源的浪费,使这些资源得到更好的利用,同时还能提高物流作业程序的有效性,最大限度地减小个人因素导致的错误率。例如,将完整的货物及运输清单(包括托运方、承运方、货物码头/仓库、目的地仓库等)的各组成部分归纳统计后,构成系统数据,从而实现对货物的全过程跟踪和快速监控。

除此之外,协同管理平台还需要具备足够灵活的配置,并根据用户需求提供行业应用软件服务,以便不同层次的用户可以按照自己的需求和偏好来定制自己的操作界面,实现更加个性化的信息管理和分析。比如,运输企业的管理员可以通过协同管理平台查看司机、车辆在路上的实时位置,而货主可以根据平台提供的数据对物流信息进行深度挖掘,也可将一些风险指标设置为敏感词,这样在货物或车辆出现异常情况时,可以第一时间得到提示和处理建议。

2.提高监控运营的能力

协同管理平台要想实现精细化管理,就要提高对物流运输过程进行监控的能力。协同管理平台可以利用车联网、物联网、大数据等先进技术,对运输过程中的位置、运行速度、温度、湿度等信息进行实时收集和处理,实现环节监管、风险提示、异常预警等功能,从而加强物流管理的实时性、准确性和可靠性。

在协同管理平台中,位置追踪和监控是其中重要的监管方式之一。通过 GPS 定位、移动通信网络以及高效低功耗无线通信技术,协同管理平台能够在实时记录货物或车辆的运输路径、到达时间等方面,促进车辆调度、路线优化和客户服务的精细化管理。

另外,针对物流运输过程中所面临的突发状况和异常情况,协同管理平台应当配备实时预警系统,如智能路径规划和城市拥堵预测、天气灾害预防等,从而在出现问题前提供第一时间的预警,或者在出错时提供快速解决方案。

再比如,在一些特殊条件下,如高温、潮湿、震动等,传统的物流管理过程往往不能满足要求,而协同管理平台则可以利用 IOT 设备、物联传感器等对物品运输过程中的温度、湿度、震动等参数信息进行采集和记录,从而保证货物的安全。

3. 整合业务流程

多式联运由多种不同的交通方式相结合而成,其业务流程较为复杂,需要一些支持系统对订单管理、供应链管理和车辆调度等流程进行优化整合。这样,协同管理平台就可以最大限度地避免人工干预产生的错误和不足,实现整个业务流程的高效自动化管理。

首先,在协同管理平台中,订单管理是其中重要的一环。智能的订单管理系统可以快速处理客户物流需求,提前进行线路规划和配载,根据不同的物流模式进行路径选择、费用计算及执行跟踪,并在整个物流过程中与各相关方(如仓储企业、航空公司、运输服务商等)进行信息互动,实现多样化的业务功能支撑。其次,在多式联运物流过程中,供应链管理也是关键的一环。供应链管理系统可以对所涉及的货品、数量、状态、价格、发票等信息进行在线跟踪和监控,从而保证能够随时掌握货物在运输过程中的实时动态数据,有效管理各种异常情况,强化货源管控,确保合作伙伴互联互通,以便全面提高物流和供应链的效率与服务质量。最后,协同管理平台需要配备车辆调度系统。通过该系统,协同管理平台可以对配载运输车辆、计划路径和行驶规划进行实时监管,快速反映各种延误情况以及突发事件,并在保证货物安全和运输时效性的前提下,实现资源的高效利用,降低成本并满足客户个性化需求。

4. 系统安全保障和运维管理

为了保障信息安全,协同管理平台需要采用现代数字安全技术以对平台整体进行防护。这里所涉及的安全漏洞攻击风险、恶意网络访问威胁以及隐私泄露等问题,都需要采取一系列针对性的措施来进行有效预防与管理。

首先,针对线下硬件设备安全问题,定期开展设备巡检和维护工作,对重要设备采取加密、防入侵、监测异常等安全措施,确保设备的稳定性和可靠性。其次,针对线上软件版本升级和运行时的安全漏洞攻击,提高敏感数据保护、安全隔离和反恶意代码能力,对有风险的应用程序或系统组件进行实时监测和审计,并根据风险评估结果及时进行应急响应。最后,对于定期巡检业务流程,制定完善的安全标准和流程规范,对运营过程中存在的安全隐患进行分析和排查,同时将发现的漏洞及时报告相关负责人并让其进行修复。

在售后支持方面,建立专业的安全响应和应急处理机制。在出现重大安全问题时,能够快速反应、有效处置,减少风险损失;同时,开展定期的保密培训和知识普及,提高员工的安全防范意识。此外,在协同管理平台的运营过程中,还需要保证其标准高、稳固性好。结合实际情况制定规范标准,开展系统性能测试以及崩溃恢复测试,确保多式联运操作体验良好、系统的故障自动修复能力较强,从而提高运行效率与用户满意度。

14.2　平台建设规划与设计

协同管理平台作为一种新型物流服务模式,需要在设计和规划时充分考虑客户需求、市场变化及未来发展趋势。其规划与设计旨在制定一套符合行业标准的商业模式,建立完善的物流网络体系,整合优质资源并进行科学配置,同时支持全过程跟踪管理、快速响应、高效协同,为客户提供更加便捷、安全、高效的物流解决方案。

14.2.1　平台规划设计的目标及原则

1.平台规划设计的目标

协同管理平台在交通行业中具有重要的地位和广泛的应用前景,是推进"智慧物流""绿色物流"发展战略的重要手段,它旨在推动货物多种运输方式的优化协同发展,提高全运输过程中的效率和服务质量,实现交通运输的可持续发展。其规划设计的目标主要包括以下方面:

(1)提高国内货运的信息时效性和服务质量

协同管理平台规划设计旨在将不同的运输方式作为不同的运输模块,打造一个整合各种物流需求、资源承载、最优路线选择、智能调度等功能的统一平台,以实现货物供应链的全生命周期受控。

1)构建多环节连接系统

围绕货运市场需求,构建多样化、智能化的物流服务体系,压缩系统极易出现的操作效率差异,减少传统物流中人工干预对业务的影响;同时,为用户提供更加高效、安全和可靠的货物运输服务,并具备即取即送的特点。

2)优化配送路径方案

依据用户需求和货物属性,制定适合不同运输方式的路径方案和优化体系,以最小化货物在全运输过程中的物流费用和时间成本;整个过程可以被实时监管,从而查找系统出现的漏洞、偏差等问题并更正。

3)推动智能化升级

以物联网、人工智能、大数据等技术为支持,对运输方案进行无缝升级,构建全局性视图,定向优化各个环节的吞吐效率,同时提高系统智能化水平。

(2)推动交通领域的绿色可持续发展

协同管理平台具有独特的优势和价值,将进一步推进交通运输领域的可持续发展,其具体目标包括:

1)减少能源消耗,提高效率

采用优秀管理方法,实施"高效、低碳、清洁"的运输理念,倡导合理利用多种运输方式,提高资源的利用率和运输效率,减少交通运输环境污染和碳排放量。

2)完善装备设施

建立统一管理、有效运转的智能控制平台和管理信息化系统,做好车辆与货物的智能管理,提高整个运输链条中每个环节的生产效率和服务质量。

3）加强协同配合

推进交通一体化发展,探索实施多种形式的互联互通方式,同时完善各级政府之间、各相关企业和机构之间的协作机制与协调配合,进一步推动交通领域的可持续发展。

2. 平台规划设计的原则

依据上文的设计规划目标,协同管理平台规划设计应当遵循以下原则:

（1）用户导向原则:以用户需求为中心,从用户的角度出发,优化用户体验与操作方式,提高系统易用性和有效性。

（2）技术先进原则:采用最新的技术、编程语言和开发框架,吸纳市场上领先的研发理念和经验,确保系统的稳定性和高效性。

（3）模块化设计原则:将协同管理平台分成若干不同功能模块,通过模块之间的协调配合实现更加高效和可靠的运行与维护;同时可以避免在功能单一的情况下整个平台的大面积崩溃,以免对平台的应急响应产生重大影响。

（4）安全保障原则:考虑系统安全性,制定相应的信息安全管理策略,并使用安全加密算法等技术手段,以提高系统防护和应急响应能力。

（5）灵活性原则:多样化地提供服务,支持多元化的业务形态和变化,使系统能够具备较强的适应灵活性,快速响应市场需求和用户变化。

（6）扩展性原则:考虑未来业务发展的需要,在系统架构上给予足够的扩张空间,以实现系统的可持续发展和升级。

（7）动态性原则:建立一个可持续发展的平台,充分考虑未来业务发展和技术变革的影响与挑战,及时反映运行过程中出现的问题,定期评估和优化运营策略和方案。

（8）可持续性原则:考虑减少对生态环境的影响,提高生态系统的自我修复能力,从而达到环境友好的目标。平台的建设要充分考虑与环境的协同,采用低碳、清洁、节能等技术手段,降低物流过程中的能耗,减少污染物排放。

（9）社会责任原则:承担社会责任,保障社会公共利益,切实满足人民群众的物流需求。平台规划设计需要充分考虑社会层面的因素,积极宣传倡导运输安全、文明交通的理念,推广节能的智慧交通方式,为社会提供更为安全、便捷和高效的物流服务。

14.2.2　平台的组织架构

通过分析平台规划设计的原则和目标,本书根据业务、功能和建设需求设计了协同管理平台的组织架构,如图 14-1 所示。

以下将协同管理平台分为三个子系统,分别是集团系统、事业部物流系统和物流供应链平台。

1. 集团系统

（1）战略绩效系统:协同管理平台中的战略绩效系统以企业整体战略为导向,把战略目标和业务流程相结合,从而实现公司绩效的监控、评估和改进。使用该系统能够帮助企业找准定位市场和发展方向,调整资源配置方案,提高企业的盈利水平和市场竞争力。

（2）全面预算系统:协同管理平台中的全面预算系统旨在为物流企业提供全方位的支持,满足其在财务预算、决策分析和绩效评估等方面的需求。该系统能够以管理员工、投资、运营

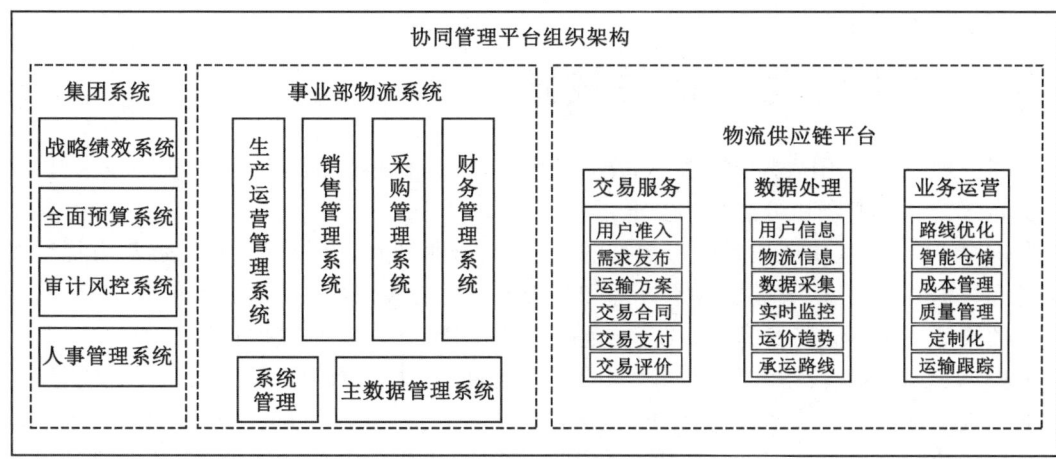

图 14-1 协同管理平台的组织架构

和市场等关键要素为核心,运用先进的数据分析技术和算法,实现对公司财务状况的精准统计及预测,帮助企业制定科学、合理的财务预算方案,提高企业的风险管理能力。

(3)审计风控系统:协同管理平台中的审计风控系统是一种基于大数据分析和人工智能技术的管理系统。该系统以风险防范为目标,通过对物流企业内外部环境进行全面和深入的调查,并根据调查结果实时预警,规避和降低潜在风险,提高企业管理的安全性和有效性。

(4)人事管理系统:协同管理平台中的人事管理系统是一种集合了招聘、考核、薪酬、绩效等众多功能的统一人力资源管理系统。该系统通过集成人工智能技术,为企业实现了员工全生命周期的自动化管理,提高了企业的用人效率和员工的综合素质。

2. 事业部物流系统

(1)生产运营管理系统:协同管理平台中的生产运营管理系统是一种集成了计划管理、生产管理、质量管理等一系列功能的全面性生产运营管理工具。该系统以提高企业运营效率和降低运营成本为目标,支持物流企业对自己管控范畴内的各个环节进行细致化、数字化和可视化管理,以更快速、准确地响应市场需求。

(2)销售管理系统:协同管理平台中的销售管理系统能够帮助企业提高销售效率和客户体验。该系统集成了销售统计、分析、跟进、报表等多个功能,使得企业可以清晰地了解客户需求,及时响应市场变化,从而快速成交,扩大市场份额。

(3)采购管理系统:协同管理平台中的采购管理系统通过数字化的管理手段,为企业提供完整的采购物料信息并完善采购管理流程,打造全生命周期的电子化采购体系,并且可实时跟踪采购过程中的各个环节,优化供应链的管理方式。

(4)财务管理系统:协同管理平台中的财务管理系统是一种集成了财务会计核算、成本控制、预算分析等功能的企业财务全面管控工具。该系统可以帮助企业快速分析经营情况,有效实现财务数据可视化、自动化、数字化,提高财务管理效率和精度。

3. 物流供应链平台

物流供应链平台的内容已经介绍,这里不再赘述。

14.3 平台建设相关技术

协同管理平台利用区块链技术、大数据技术、5G 传输技术、物联网和车联网技术,以确保实现更高效、智能、安全和可持续的交通运输。

在这个平台上,区块链技术确保数据的安全性、透明性和不可篡改性,为参与方提供可靠的交易和数据共享环境;大数据技术处理和分析海量的数据,从中提取有价值的信息,优化运输计划和决策;5G 传输技术提供高速、稳定的网络连接,支持实时数据传输和通信;物联网和车联网技术实现车辆、设备和传感器之间的互联互通,提供实时的监控、追踪和信息交换。

通过集成这些先进技术,协同管理平台将实现货主、物流运营商、运输供应商和政府监管部门之间的协同合作与数据共享。该平台提供实时的运输数据和状态监控、智能化的运输规划和调度、安全风险管理、可持续发展支持等功能,为参与方提供更高效、可靠和环保的运输服务。

14.3.1 区块链技术

区块链技术是一种去中心化的分布式账本技术,可以实现信息的安全传输和存储。它是由一系列数据块组成的,每个数据块包含一些交易记录以及一个指向前一个数据块的指针。这种链式结构使得数据一旦被添加到区块链上就无法被篡改。

区块链技术的主要特点是去中心化和不可篡改性。在传统的中心化系统中,数据由中心机构掌控和管理,容易出现数据被篡改或遗失的情况。而在区块链技术中,每个参与者都拥有一个完整的副本,数据被分散存储在多个节点上,这使得区块链具有较高的安全性和可靠性。

区块链技术对构建信息化平台有以下几个关键的帮助。

1. 去中心化的数据管理

传统的信息化平台通常采用集中式数据管理方式,数据存储在中心服务器或数据库中。而区块链技术通过分布式数据存储和共识机制,实现了去中心化的数据管理。每个参与者都可以拥有完整的数据副本,从而避免了单点故障和数据被篡改的风险。

2. 数据的不可篡改性

区块链上的数据一旦被添加到区块中就无法被篡改,这是通过区块链中每个数据块都包含前一个数据块的哈希值来实现的。这使得区块链成为一个可靠的数据存储和传输平台,适用于数据不可篡改的场景,如金融交易、知识产权管理等。

3. 透明和可验证性

区块链是一个公开透明的"账本",参与者可以查看和验证所有的交易记录。这种透明性有助于建立信任,提高信息化平台的可靠性。例如,在供应链管理中,区块链技术可以追踪产品的来源和流转过程,确保产品的真实性和合规性。

4. 智能合约

区块链技术支持智能合约的执行,这是一种基于代码的自动化合约机制。智能合约可以自动执行合约条款,减少了中间环节和人为干预的可能性,提高了合约的执行效率和可靠性。

在信息化平台中,智能合约可以用于自动化的数据交换、权限管理和支付结算等操作。

5. 安全和隐私保护

区块链技术采用密码学和分布式共识机制,保证了数据的安全性,保护了用户的隐私。参与者可以使用加密密钥对数据进行签名和验证,确保数据的真实性和完整性。同时,区块链上的数据可以使用匿名身份进行交互,保护用户的隐私。

综上所述,区块链技术通过去中心化、不可篡改性、透明和验证性、智能合约、安全和隐私保护等特点,为构建信息化平台提供了可靠的数据管理和交互机制,促进了信息的安全传输、可信验证和自动化执行。

14.3.2 大数据技术

大数据技术是指处理、管理和分析大规模、复杂、多样化数据集的一组技术和工具。它涉及从各种来源收集和存储大量数据,并使用先进的分析方法来提取有意义的信息并获取洞察力。

大数据技术主要包括以下几个方面:

1. 数据采集和存储

大数据技术能够处理各种来源的大量数据,包括结构化数据(如数据库记录)和非结构化数据(如文本、图像、音频、视频等)。数据采集包括数据提取、数据清洗和数据转换等过程。数据存储包括分布式文件系统和大规模数据库等,用于高效地存储和管理大数据集。

2. 数据处理和管理

大数据技术包括数据处理和管理的方法与工具。数据处理涉及对大规模数据进行处理、转换和聚合,以便进行后续的分析和应用。数据管理涉及数据的组织、索引和检索,以便快速访问和查询数据。

3. 数据分析和挖掘

大数据技术提供了各种数据分析和挖掘方法,用于发现数据中的模式、趋势和关联规则,包括统计分析、机器学习、数据挖掘和自然语言处理等技术。通过对大数据进行分析,企业可以获得对业务和用户行为的深入洞察,以支持决策和战略的制定。

4. 数据可视化

大数据技术还包括数据可视化的方法和工具。数据可视化可以将大规模数据转化为可理解和易于分析的图表、图形和仪表板等形式。这有助于用户更好地理解和解释数据,并从中获取洞察力。

5. 高性能计算和分布式计算

由于大数据规模庞大,传统的计算方法可能无法满足处理需求。大数据技术利用高性能计算和分布式计算技术,将计算任务分解为多个子任务,并在多个计算节点上并行执行,以提高计算效率和处理速度。

14.3.3 5G 传输技术

5G 传输技术是第五代移动通信技术,提供了更快的数据传输速度、更低的延迟和更大的网络容量,以支持更多的设备连接和更丰富的应用场景。5G 传输技术采用了新的网络架构和通信标准,包括更高频段的无线频谱、大规模天线阵列技术、网络切片和网络功能虚拟化等。

协同管理平台是一个综合的交通运输管理系统,涵盖了公共交通、城市出行和物流运输等领域。它为实现不同交通方式之间的无缝连接、智能调度和优化运营,提供了更高效、便捷和可持续的交通服务。

5G 传输技术在建立协同管理平台时发挥着重要作用,它具有以下几个方面的优势。

1. 高速数据传输

5G 传输技术提供更快的数据传输速度,可以支持大规模数据的实时传输。这对于协同管理平台来说至关重要,因为它需要处理大量的实时数据,如有关交通状况、车辆位置和乘客需求等数据。高速数据传输可以使平台更准确地监控和调度交通资源。

2. 低延迟通信

5G 传输技术具有较低的通信延迟,可以实现实时的数据交互和响应。在协同管理平台中,低延迟通信对于实时的交通控制和调度至关重要。例如,交通信号的实时优化和车辆之间的协同通信都需要快速响应的通信能力。

3. 大容量连接

5G 传输数据具有更大的网络容量,可以支持更多的设备连接。这对于协同管理平台来说非常重要,因为它需要连接大量的交通设备、传感器和终端设备。通过大容量连接,平台可以实时收集和分析更多的数据,提供更准确、更全面的交通信息。

4. 物联网支持

5G 传输技术为物联网设备提供了更好的支持,使得交通设备和传感器可以更方便地连接到平台。这为协同管理平台带来了更广泛的数据来源和更多的智能化应用。例如,交通信号灯、公交车辆和停车场传感器可以实时将数据传输到平台,实现交通流量优化和停车导航等功能。

14.3.4　物联网与车联网技术

物联网技术是一种将物理设备(如传感器、执行器、智能设备等)与互联网连接起来的技术,实现物理世界和数字世界的融合。物联网技术可以实现物理设备之间的互联和数据共享,从而提高设备的智能化和自动化水平,优化资源利用和提高效率。物联网技术主要包括以下几个方面:

(1)设备感知和数据采集。物联网技术需要使用各种传感器、执行器、智能设备等来感知和采集物理世界中的各种数据,如温度、湿度、压力、光线等。

(2)数据传输和通信。采集到的数据需要通过无线通信、有线通信等方式传输到物联网平台,以便进行数据处理和应用。

(3)数据处理和应用。物联网平台可以对采集到的数据进行处理和分析,生成有价值的信息,并根据需求提供各种应用服务,如远程监测、智能控制、安全管理等。

(4)安全和隐私保护。物联网技术涉及大量敏感数据和隐私信息,需要采取各种措施来确保数据的安全和隐私。

(5)系统集成和运维。物联网平台需要对各种不同的设备、网络和应用进行集成和管理,以确保整个系统的稳定运行和优化。

物联网技术的应用场景非常广泛,包括智能家居、智能交通、智能制造、智慧医疗等领域。例如,智能家居可以通过物联网技术实现家电设备之间的互联和控制,创造智能化的家居环境;智能交通可以通过物联网技术实现车辆之间和车辆与交通设施之间的互联和数据共享,提高道路交通效率和安全性;智能制造可以通过物联网技术实现设备之间的互联和数据共享,实现生产线的智能化管理和优化。

车联网技术是物联网技术在汽车领域的应用。它利用车载传感器、智能设备和互联网技术,将汽车与外部环境连接起来,实现汽车之间、汽车与道路基础设施之间的互联和数据共享。物联网技术和车联网技术的关系是包含与被包含的关系。物联网技术是一个更广泛的概念,指的是将物理设备与互联网连接起来的技术;而车联网技术是物联网技术在汽车领域的具体应用。

物联网技术可以应用于多个领域,而车联网技术专注于汽车领域,通过将车辆与外部环境、其他车辆和交通基础设施进行连接,实现汽车的智能化驾驶、交通管理、车辆安全和车辆远程控制等功能。

车联网技术与物联网技术的关系是相辅相成的。车联网技术是物联网技术的一个应用领域,它借助物联网技术的基础设施和通信能力,实现汽车的互联和智能化。物联网技术为车联网技术提供了所需的数据传输、通信和数据处理的能力,为车联网应用提供了技术支持和基础设施。

车联网技术和物联网技术在构建协同管理平台中发挥着重要作用。它们提供了以下关键能力,有助于实现平台的智能化和高效运营。

1. 实时数据采集和共享

车联网技术通过车载传感器和通信设备,实时采集车辆和交通设备的数据,如位置、速度、车况等。物联网技术则通过各种传感器和设备,采集城市交通设施、公共交通工具等的实时数据。这些数据可以通过平台进行整合和共享,为多式联运提供准确、实时的交通信息和车辆状态。

2. 智能调度和路线优化

利用车联网技术和物联网技术采集到的数据,协同管理平台可以进行智能调度和路线优化。该平台可以分析交通状况、乘客需求和车辆资源,实时调整车辆调度和路线规划,提高交通运输效率和服务质量。

3. 多模式交通连接

协同管理平台通过车联网技术和物联网技术,实现不同交通模式之间的互联和数据共享。通过该平台,公共交通工具、私人汽车、共享单车等交通方式可以实现互联和互通,乘客可以根据需求选择最优的交通模式,实现无缝的出行体验。

4. 实时安全监控

车联网技术和物联网技术具备实时的安全监控能力。通过车辆和交通设备的实时数据采集,该平台可以监测交通事故、交通违法行为等安全问题,并及时采取措施进行应对。同时,该平台可以实现车辆远程监控和紧急救援,提高交通安全性。

5. 用户体验提升

车联网技术和物联网技术为协同管理平台提供了更好的用户体验。乘客可以通过平台获取实时的交通信息、行程规划和车辆位置等,提前了解交通状况,缩短等待时间和降低不确定性。同时,该平台还可以提供个性化的推荐服务,根据用户需求提供最佳的出行方案。

综上所述,车联网技术和物联网技术可以为协同管理平台提供数据支持、智能化管理和优化运输模式,实现更加高效、智能、安全、绿色的交通运输。

14.4　平台功能设计

因为可以满足不断增长的运输需求并提高运输效率,多式联运成为一种越来越受关注的解决方案。多式联运通过整合不同的运输方式和资源,以及智能化的运营管理,为货主、物流运营商、运输供应商和政府监管部门等各方提供了协同合作和优化运输的机会,协同管理平台正是为了满足这一需求而设计的。协同管理平台需要具备以下功能:

(1)数据采集和处理:该平台应该能够接收和处理来自各种传感器、设备和系统的数据,包括车辆数据、交通流量数据、路况数据等。这些数据需要进行实时采集、传输和处理,以生成有用的信息供平台使用。

(2)数据分析和智能决策:该平台应该具备数据分析和智能决策的能力,通过对采集到的数据进行分析、挖掘和建模,可以实现实时的交通状况分析、路径规划、智能调度等。这些功能可以帮助提高多式联运的运输效率和降低多式联运的运输成本。

(3)多式联运管理:该平台应该能够管理不同的运输方式和运输资源,包括公路运输、铁路运输、航空运输等。该平台需要具备资源调度和协同功能,使不同运输方式之间能够有效配合,实现更高效的运输组织和调度。

(4)实时监控和追踪:该平台应该具备实时监控和追踪车辆与货物的能力,包括车辆定位、行驶状态监测、货物追踪等。这可以帮助运营人员实时了解车辆位置和状态,提供安全性和可靠性的保障。

(5)安全和风险管理:该平台应该具备安全和风险管理的能力,包括监测交通安全状态、预警和处理突发事件、进行风险评估和管理等。这可以提高多式联运的安全性和应急能力。

(6)用户界面和信息共享:该平台应该具备友好的用户界面,方便用户使用和管理运输需求。同时,该平台应该支持信息共享和互联互通,与相关机构和系统进行数据交换与共享,促进信息的流通和协同。

(7)可持续发展支持:该平台应该支持可持续发展的交通运输,包括优化路线规划、减少碳排放、推广电动车辆等。通过数据分析和智能决策,该平台可以提供支持可持续发展的运输方式和策略。

协同管理平台针对不同参与方应具有不同功能:

1. 货主/客户角度

(1)货物追踪和可视化:支持实时的货物追踪,让货主/客户能够随时了解货物的位置和状态。

(2)运输计划管理:提供运输计划管理工具,让货主/客户能够创建和管理运输订单,安排运输时间和方式。

(3)实时通知和报警:及时向货主/客户发送运输进展、延误、异常情况等通知和报警信息。

2. 物流运营商角度

(1)资源调度和协同:提供资源调度和协同工具,帮助物流运营商实现多式联运的资源优化和协同作业。

(2)实时监控和管理:支持实时监控和管理,让物流运营商能够实时了解车辆位置、运输状态和运力利用情况。

(3)运输效率分析:通过数据分析,提供运输效率分析报告和指标,帮助物流运营商改进运输计划和运输路线。

3. 运输供应商/运输服务提供商角度

(1)车辆调度和路径规划:支持车辆调度和路径规划,帮助运输供应商实现优化的车辆调度和路径规划,提高运输效率。

(2)数据共享和集成:支持数据共享和集成,与其他参与方的系统进行数据交换和共享,提高多式联运的协同性。

(3)运输费用结算:支持运输费用结算,帮助运输供应商进行运输费用的核算和结算。

4. 政府监管部门角度

(1)数据监控和分析:支持数据监控和分析,帮助政府监管部门实时了解交通运输状况和安全情况。

(2)安全管理和风险评估:支持安全管理和风险评估,提供实时报警、风险评估报告等功能,帮助政府监管部门加强交通安全监管。

(3)数据共享和合规性:满足与其他系统的数据共享和合规性要求,提供必要的数据支持和合规性报告。

通过满足不同参与方的需求,一个协同管理平台可以实现参与方之间的协同合作、数据共享和智能化运营,提高运输效率、降低运输成本,并改善整体的运输服务质量。

14.4.1　参与主体管理

管理参与协同管理平台的各主体的内容如下:

1. 货主/客户

货主/客户是运输需求的发起方,提供货物或需要运输服务。协同管理平台可以提供注册和身份验证机制来管理货主/客户的信息。对于订单管理和运输需求管理,协同管理平台应提供用户界面和功能,让货主/客户能够提交订单、查询运输进展和管理相关信息。

2. 物流运营商

物流运营商是负责组织和执行货物运输的专业公司,能够管理运输资源,包括车辆、仓库和人力资源,并提供运输服务。协同管理平台应提供物流运营商的注册和认证机制,以确保其合法性和可信度。协同管理平台支持资源管理和调度,让物流运营商能够管理运输资源、调度运输任务,并实时监控运输状态。

3. 运输供应商/运输服务提供商

运输供应商是提供具体运输服务的机构或个人,包括货运公司、航空公司、铁路公司等。协同管理平台可以建立供应商注册和资质认证机制,确保供应商的合规性和服务质量。通过协同管理平台,运输供应商可以接受订单、提供实时的运输服务,并与其他参与方进行数据交换和协同作业。

4. 车辆/设备

车辆/设备是运输过程中的重要资源,包括货车、船舶、飞机、传感器等。协同管理平台支持车辆/设备的注册和管理,包括车辆/设备信息、位置追踪、运输状态监测等。通过与车联网和物联网技术的结合,协同管理平台可以实现车辆/设备的实时监控、数据采集和信息共享。

5. 政府监管部门

政府监管部门负责监管和管理交通运输行业。协同管理平台可以与政府监管部门进行数据共享和合规性要求的对接,提供实时的运输数据和报告,以支持监管部门的监测、安全管理和风险评估工作。

对这些参与主体的管理,协同管理平台可以采取以下措施:

(1)注册和认证机制:建立注册和认证机制,确保参与主体的身份和资质合法、可信。

(2)数据安全和隐私保护:采用适当的数据安全措施,保护参与主体的数据安全和隐私。

(3)权限和权限管理:根据参与主体的角色和职责,设置适当的权限和权限管理机制,确保数据安全和平台功能的正常运作。

14.4.2 资源调度管理

在协同管理平台中,可以进行资源调度管理的主要资源包括以下几类:

1. 车辆资源

它包括货车、集装箱车、船舶、飞机等运输工具。协同管理平台可以记录和管理车辆的基本信息,如车牌号码、型号、运输能力等,并通过实时监控和位置追踪功能获取车辆的当前位置和状态。

2. 人力资源

它包括司机、操作员、调度员等从事运输工作的人员。协同管理平台可以管理人员的基本信息、资质和工作状态,并进行人员调度和任务分配。

3. 仓库资源

它包括物流中心、货物集散地、临时存储点等。协同管理平台可以记录和管理仓库的基本信息、容量、位置等,并根据需求进行仓库的调度和利用。

4. 路由资源

它是指路线和路径的资源,包括道路、水路、航线等。协同管理平台可以记录和管理不同路线的信息、时刻表、交通状况等,并基于实时数据进行路径规划和导航。

5. 货物资源

它是指待运输的货物。协同管理平台可以整合货物的基本信息、运输需求、优先级等,并根据需求进行货物的调度和跟踪。

资源调度管理可以通过以下方式进行：

（1）资源注册和管理：建立资源的注册机制，记录和管理资源的基本信息，包括车辆、人员、仓库等。协同管理平台支持管理功能，可以更新资源信息、查询资源可用性和状态。

（2）调度算法和优化：利用智能算法和优化模型，根据不同的调度目标和约束条件，对可用资源进行分配和调度，以实现最优的资源利用和最高的运输效率。

（3）实时监控和协同作业：通过车联网和物联网技术，实时监控资源的位置、状态和运输进展，与相关参与方实现协同作业，及时调整资源分配和运输计划。

（4）数据分析和决策支持：利用大数据技术，对历史数据和实时数据进行分析，提取有价值的信息，为资源调度提供决策支持，预测需求和优化调度策略。

通过综合以上资源调度管理措施，协同管理平台能够实现资源的有效调度和协同作业，提高运输效率，降低成本，并提供更好的服务质量。

14.4.3　区块与节点管理

在构建协同管理平台时，可以采用区块链技术作为基础架构。区块是区块链中存储数据的基本单位。在协同管理平台中，每个区块都可以包含运输订单、运输状态、交易记录、运输数据等信息。每个区块都包含一个时间戳和一个唯一标识符（哈希值），用于确保数据的时序性和完整性。区块链网络由多个节点组成，这些节点分布在不同的参与方之间。每个节点都有完整的区块链副本，并可以验证和记录新的区块。区块链网络可以是公有链、私有链或联盟链，其选择取决于平台的需求和参与方之间的信任关系。参与方节点是协同管理平台中的各个参与方，如货主、物流运营商、运输供应商等。每个参与方都可以拥有一个或多个节点，用于与区块链网络进行交互和数据共享。参与方节点可以提交交易、验证交易，并在区块链上记录相关信息。

对于区块和节点的管理可以采取以下措施：

1. 区块管理

确保区块的顺序和完整性，防止被篡改和重放攻击。使用密码学算法对区块进行哈希和签名，确保区块的完整性和可信度。设置访问控制策略，只允许授权的节点添加新的区块。

2. 节点管理

对参与方节点进行注册和身份验证，确保节点的合法性和可信度。维护节点的访问权限，限制未授权的节点访问区块链网络。监控节点的运行状态和性能，确保节点的可用性和稳定性。

3. 数据共享和隐私保护

管理参与方之间的数据共享机制，确保合适的数据可见性和隐私保护。采用加密技术保护敏感数据的安全性，确保只有授权的节点能够访问和解密数据。

4. 网络监控和安全管理

对区块链网络进行实时监控，检测和防范潜在的安全威胁与攻击。采用防火墙、加密通信和身份验证等安全措施，确保区块链网络的安全性和稳定性。

14.4.4 提单和合同管理

在构建协同管理平台时,提单和合同管理是非常重要的功能。以下是一些关键步骤和措施。

1. 提单管理

(1)提单创建:协同管理平台应提供用户界面和功能,供货主或客户创建和提交提单。提单包括货物信息、发货人和收货人信息、运输要求等。

(2)提单审核:协同管理平台可以对提单进行审核,确保提单的完整性和准确性。提单审核包括验证货物信息、发货人和收货人信息等。

(3)提单分发:审核通过的提单将分发给相应的物流运营商或运输供应商,以便进行运输操作。

(4)提单跟踪:协同管理平台应提供实时的提单跟踪功能,使货主和参与方能够随时了解提单的状态与进展。

2. 合同管理

(1)合同创建:协同管理平台可以提供合同创建模板,供货主或客户与物流运营商或运输供应商创建合同。合同包括双方的权利和义务、服务费用、运输条款等。

(2)合同签署:协同管理平台支持电子签署,使双方可以在线上签署合同,确保合同的法律效力和完整性。

(3)合同执行:协同管理平台应跟踪和记录合同的执行情况,包括服务进度、支付结算等。协同管理平台支持实时的合同执行情况报告和提醒。

(4)合同管理:协同管理平台可以管理和存档合同文件,确保合同的安全保存和易于检索。

对于提单和合同管理,协同管理平台可以采取以下措施:

(1)自动化流程:设计自动化的提单和合同管理流程,缩短人工操作和处理时间,提高效率和准确性。

(2)数据验证和一致性:对提单和合同信息进行验证和一致性检查,确保数据的准确性和一致性。

(3)实时通信和协作:提供实时的通信和协作工具,使货主、物流运营商和运输供应商能够及时沟通、解决问题和更新提单与合同信息。

(4)数据安全和隐私保护:采用适当的数据安全措施,保护提单和合同数据的安全性和隐私。

(5)数据分析和报告:通过大数据技术,对提单和合同数据进行分析,提取有价值的信息,为决策提供支持,并做出报告。

14.5　平台增值服务设计

14.5.1　全流程状态追踪

全流程状态追踪服务集成多源传感、机器视觉、物联网以及通信等技术,为协同管理平台提供了无间断全流程监控与追踪,实现货物状态的实时可视。全流程状态追踪需要多源数据的融合共享,构筑了多式联运资源和利益方之间的无缝桥梁,促进多式联运生态组织多元主体的协同联动,更进一步满足了提高多式联运经济效益以及获得竞争优势的需求。

全流程状态追踪服务涉及多项技术,其中状态感知技术担任着重要角色,能有效捕捉系统现状,并对未来可能的变化做出精准预测以及模型优化和改进。基于该技术,全流程状态追踪服务能随时获取并检测到货物状态,如温度、湿度等。此外,信息技术的高速发展让全流程状态追踪服务与物联网、5G 等信息技术紧密结合,逐渐形成了新的发展态势。它们共同实现了瞬时连接,让信息采集全面化、精准化、自动化,帮助平台及时获取各种运输资源信息,并为用户提供全程货物、车辆以及单证的动态追踪服务。交通状态感知方法框架如图 14-2 所示。

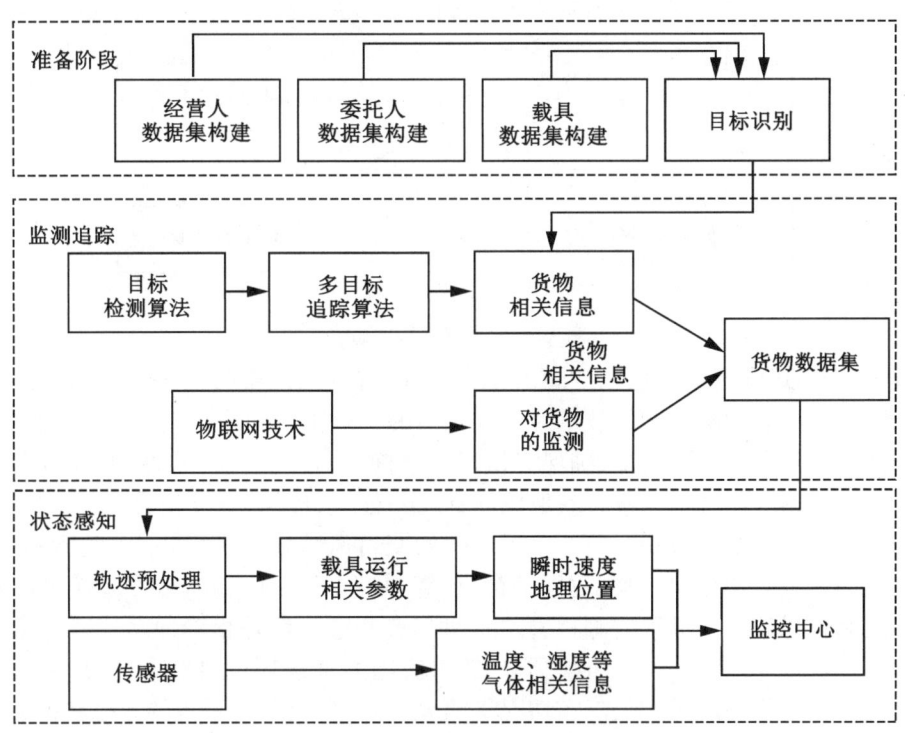

图 14-2　交通状态感知方法框架

在全流程状态追踪算法设计之初,构建经营人、委托人、载具等相关数据集,当接收发货人的托运申请后,与发货人确定运输计划,报关报检后,进入监测追踪阶段。在监测追踪阶段,采用目标检测、多目标追踪等相关算法,实时接受货物数据及相关信息。在状态感知阶段,对于气体成分信息的采集,使用无线数据采集控制装置,直接链接站点自动监测设备的传感器,实时获取监测信息(包括所测定的空气成分、含量信息以及设备运行状态信息),并通过 GPRS 将信息实时传输至监控中心。监控中心则通过调取装置设备的状态参数,评估仪器的运行情况,并定时进行校准。后台数据库软件将系统接收到的信息进行储存,一旦检测到异常数据,立即反馈给检测中心,相关人员立即采取解决措施,确保货物的完整性。

14.5.2　交付风险预警

多式联运全程环节的最后一项是货物交付,即货物运至目的地后,由目的地代理通知收货人提货。在交付的过程中可能会存在交付风险,出现因信息不流畅或突发事件、失误等而引起交付活动偏离预期目标的情况。交付风险的来源与多式联运货物运输中间环节相关,不同的多式联运货物交付风险有着不同的诱因,如交付延迟风险、交付地点风险、交付质量风险、交付数量风险等,如图 14-3 所示。等到风险发生时再处理可能造成大量损失,对货主和运输方均不利,因此有必要在协同管理平台集成交付风险预警服务,借助技术手段在交付风险发生前进行实时监控、预警,保证货物运输的完整性,防患于未然。

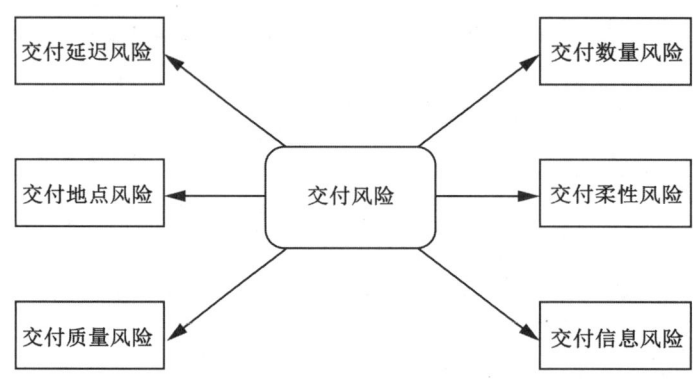

图 14-3　交付风险的分类

多式联运交付风险预警可以从空间、时间、天气、特种箱四个方面进行分析。基于电子围栏的交付风险预警,利用电子围栏技术对多式联运的一般主体集装箱进行实时监控,掌握货物运输动态、检测异常空间位置情况、确保货物运输准确进行。利用传感器、监控设备以及人工检测等手段,对货物的状态信息进行获取感知;收集、处理、传输、分析相关信息数据;根据数据处理结果,实时展示以供读取和决策。基于时间的交付风险预警,针对不同类型的运输方式,结合运输特点以及实时交通状况大数据平台,计算 OD(Origin-Destination,起点-目的地)点花费时间,从而对各时间节点进行监测预警。时间节点的稳定性是指确保多式联运全过程连贯一致、高效有序。基于天气的交付风险预警,针对我国的气候环境复杂多样的特点,通过对风速、空气中的细颗粒物、降雨情况、降雪情况等状况的监测,及时将采集的数据转换并传输至综合监测系统,确保货物多式联运的安全性和稳定性。基于特种箱的交付风险预警,主要针对特种物品装运所用的各类不同集装箱的监测预警,包括冷藏特种箱、油罐式特种箱等。特种箱内配备的传感器能够准确感知温度、湿度等重要指标,确保货物状态正常,防范交付风险。

14.5.3　商业智能决策

传统的运输决策方法是根据市场的当前状况进行调研,通过对现有数据进行整理、分析,选择最优的运输方案。商业智能决策方法的应用在很大程度上提高了分析决策的效率以及准确性,结合大数据、人工智能、云计算等信息技术,对多式联运供给端数据进行分析决策,可以更加全面地分析供给端市场情况,并结合供给端自身优势选择最佳的运输方案,以帮助运输企业和物流企业更好地管理和优化其供给链。

多式联运商业智能决策服务可以帮助企业提高物流效率和客户体验、提升运输安全性、优化资源配置等,进而提高企业的竞争力。因此,供需端利用商业智能决策方法,结合信息技术,可以进行信息决策、信息预测,通过对信息的收集、加工、处理、分析等,多元化、多方位、多角度地将零散、琐碎、复杂的信息结合起来,从而更加客观、精准、高效地解决实际问题。其中供需市场智能决策算法流程如图 14-4 所示。

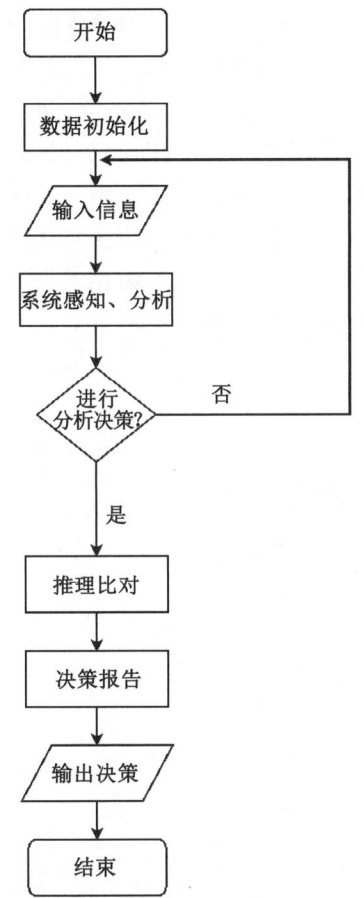

图 14-4　供需市场智能决策算法流程

14.5.4　综合绩效评估

多式联运的发展需要一套完整、科学、全面的评价指标体系,因此应对多式联运运输组织模式进行科学的综合绩效评估。

运输组织模式评估主要包括多式联运的生产运营管理评估、多式联运运输模式评估和多式联运的业务流程评估,一般的步骤是先建立评价指标体系,然后采用适当的评价方法来进行评价。评价指标体系架构流程如图 14-5 所示。在构建多式联运运输组织评价指标体系时,应遵循运输组织目标与经营目标一致、成本–效益、实际性、普遍比选、系统性等几个基本原则。

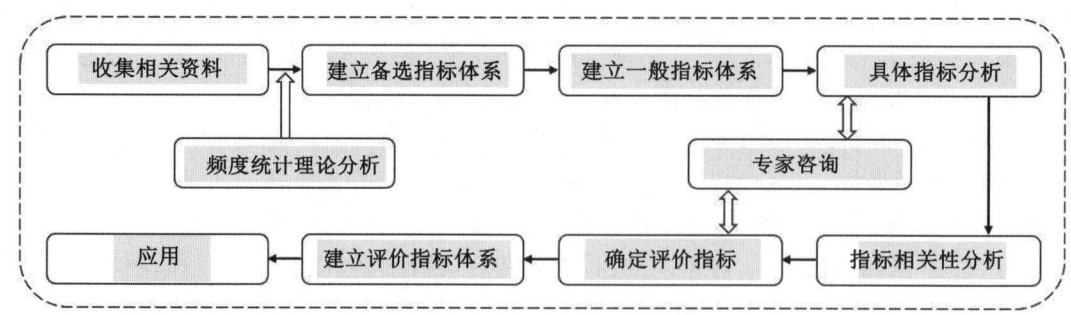

图 14-5　评价指标体系架构流程

多式联运运输组织模式的评估体系在构建时,要遵循科学的方法和流程,由繁入简、由一般到具体、由普遍到个别。第一,要大量收集相关资料,了解和掌握所要评价的内容和各个具体的方面。第二,可采用频度统计理论分析、借助大数据关键词识别,找到符合要求的备选指标,进而建立备选指标体系。第三,备选指标体系建立后,通过专家咨询的定性分析方法,筛选并整理出一般指标体系。第四,将概念具体化,与实际相结合,建立具体指标体系。第五,利用聚类分析等手段进行指标相关性分析,进一步排除相关性较高、冗余重复的指标。第六,确定最终的评价指标,建立评价指标体系并应用到实际当中。

参考文献

［1］ 程兴群，金淳，姚庆国，等. 碳交易政策下多式联运路径选择问题的鲁棒优化研究［J］. 中国管理科学，2021，29(6)：82-90.

［2］ ARCHETTI C, PEIRANO L, SPERANZA M G. Optimization in multimodal freight transportation problems：A Survey［J］. European Journal of Operational Research，2022，299（1）：1-20.

［3］ YE J, JIANG Y, CHEN J, et al. Joint optimisation of transfer location and capacity for a capacitated multimodal transport network with elastic demand：a bi-level programming model and paradoxes［J］. Transportation Research Part E：Logistics and Transportation Review，2021，156：102540.

［4］ FAN Y, DING J, LIU H, et al. Large-scale multimodal transportation network models and algorithms-Part I：The combined mode split and traffic assignment problem［J］. Transportation Research Part E：Logistics and Transportation Review，2022，164：102832.

［5］ FU H, WANG Y, TANG X, et al. Empirical analysis of large-scale multimodal traffic with multi-sensor data［J］. Transportation Research Part C：Emerging Technologies，2020，118：102725.